민주주의
공부

민주주의
공부

개나 소나 자유 평등 공정인 시대의 진짜 판별법

Democracy Rules

얀-베르너 뮐러 지음
권채령 옮김

윌북

차례

서문

> 민주주의? 현 상태에 만족해서든 현재의 고통스러운 상황을 비난하기 위해서든, 민주주의가 무엇인지 안다는 믿음은 환상에 불과하다. 민주주의는 그저 가까운 과거에 시작된, 열려 있는 여러 가능성의 놀음일 뿐이며 우리는 아직 제대로 된 탐험을 시작도 하지 못했다. ―클로드 르포르

모두가 민주주의가 위기에 처했다는 사실을 안다고 한다. 하지만 민주주의가 실제로 무엇인지 아는 사람은 얼마나 될까? 위기에 대한 인식이 널리 퍼져 있는 이유는 명백하다. 전 세계적으로 권위주의 정권이 늘어나고, 민주주의 사회 내에서도 정치에 대한 불만이 커져가고 있기 때문이다. 막연한 통계를 차치하더라도, 세계에서 가장 역사가 깊고 아직은 가장 강력한 민주주의 국가라는 곳에서 TV 리얼리티쇼 스타가 대통령에 당선된 일, 그리고 영국의 EU 탈퇴라는 2016년의 두 사건이 많은 이에게 이중의 트라우마를 안겨주었다. 부적격임이 명백한 후보자가 최고위 선출직에 올랐다는 것이 곧 민주주의의 위기를 의미할까? 아니면 이 유치한 인물이 임기 끝자락에 지지자들을 선동해 의회를 공격하도록 한 시점에 이르러서야 그 사실이 위기의 결정적인 증거가 된 것일까? 아니면 그조차 미국의 민주주의가 결국엔 그 충격을 정치 제도 안으로 흡수하며 회복탄력성을 과시한 것으로 봐야 할까? 모든 충격이 위기를 시사하는 것은 아니다. 위기crisis의 어원인 고대 그리스어 krisis는 '환자가 죽느냐 회복하느냐', '판결이 유죄냐 무죄냐' 같은 엄혹한 선택의 순간을 의미한다(실제로 '판결'이라는 뜻도 함께 지니고 있다).[1] 그렇다면 트럼프 대통령 당선일은 미국 유권자들

이 민주주의에 부적합한 존재임이 판명된 순간일까? 우리는 대통령이 트위터에서, 또 생중계 기자 회견에서 거짓말을 마구 내뱉는 것이 (특히나 팬데믹 상황에서 청자가 대통령의 말을 곧이곧대로 믿을 때는) 삶과 죽음을 가르는 문제가 될 수 있음을 알게 됐다. 하지만 라이솔 살균제를 인체에 주입해 코로나 바이러스를 죽일 수 있지 않겠냐는 헛소리가 민주주의를 저해한 것일까? 세계에서 가장 오래된 정당인 영국 토리당이 발의한 국민투표 결과에 따라 초국가적 기구를 탈퇴하기로 한 결정 역시 민주주의에 대한 치명타라고 할 수 있을까? 민주주의 정치 체제에서도 끔찍한 결과물은 얼마든지 만들어질 수 있지만, 큰 고민 없이 그 결과물이 체제를 파괴한다고 결론짓는 것은 소설가 솔 벨로가 한때 "위기 타령"이라 비난한 행태에 해당할 것이다. 민주주의의 '삶과 죽음을 가르는 순간'을 판명할 적절한 기준은 도대체 무엇일까? 그런 기준은 반드시 노골적으로 당파적이어야만 할까?

민주주의가 무엇인지 제대로 이해하지 못한 채 이 질문에 답을 내릴 수는 없다. 우리는 민주주의를 보면 그게 민주주의인지 알아볼 수 있다고 믿는다. 그러나 민주주의를 전복하려는 굳은 의지를 지닌 지도자들은 사람들로 하여금 민주주의가 사라진 지 오래일 때도 여전히 무언가가 남아 있다고 믿게 하는 데 매우 능숙하다. 민주주의의 필수 요소는 무엇일까? 민주주의는 정해진 한 가지 모습일까, 아니면 하나 이상의 무엇일까? 선거를 치른다면, 또는 언론의 자유와 같은 기본권이 있다면 일단 민주주의일까? 아니면 이보다 막연한 집단의 태도, 예를 들면 서로를 존중하며 정중하게 대하는 구성원 같은 것이 민주주의의 필수 요소일까?

기본으로 돌아가지 않고는 이런 문제를 깊이 탐구할 수 없을 것이다. "첫 번째 원칙으로의 회귀riduzione verso il principio" 없이는 위기를 해결할 수 없다고 썼던 마키아벨리의 조언에 따라, 이 책은 원칙으로 거슬러 올라가는 길을 모색할 것이다. 당연히도 우리는 미래를 볼 수 없지만, 우리가 어디서 왔는지, 지금까지 그 길이 어땠는지 대략이라도 파악한다면 우리가 정말로 완전히 길을 잃었는지를 알아보는 데 도움이 될 것이다(물론 길이 꼭 하나로 정해져 있다는 뜻은 아니다).

민주주의에 관한 오늘날의 모든 논의가 새로 등장한 권위주의에 대한 대응이라고 단정 짓는 건 실수다. 하지만 아무 일도 없었던 양 현실을 외면할 수 없는 것도 사실이다. 따라서 이 책의 첫 장에서는 힐러리 클린턴이 최근 회고록에서 던졌던 질문, "도대체 무슨 일이 있었나?"를 다시 논의할 것이다. 또한 민주주의의 수호자를 자처하는 수많은 이들이 경종을 울렸음에도 여전히 상황이 현재진행형인 이유에 대해서도 알아볼 것이다.

편리하지만 궁극적으로 매우 잘못된 두 종류의 해답이 있다. 하나는 국민을 비난하는 것이다. 개인의 권리를 우선시하고, 자본주의에 어느 정도 만족하며, 다양성을 중시하는 경향을 보이지만 동시에 민주주의가 다수에 의한 독재로 전락할 지속적 위험에 처해 있다는 인식을 물려받아 고뇌하는 리버럴 사이에서 특히 그런 경향이 두드러진다. 이들은 소위 '우익 포퓰리즘의 전 지구적 부상'이라는 현상을 19세기 군중심리학의 클리셰를 재소환할 핑계로 삼곤 한다. 즉 대중이 그 모든 재앙을 자초하며, 제대로 알지 못하거나 잘 알더라도 비합리적일 뿐인 평범한 자들이 언제나 선동에 넘어갈 준비가 되어 있다는 주장이다. 물론 시민 교육의 이상이 정치적 현실과 너무 멀다고 확신하는 사람이라 해도 점잖은 자리에서는 절대 입 밖으로 꺼내기 어려운 이야기다. 이 같은 분석에 따르면 해결책은 명확하다. 에둘러 '게이트키퍼gatekeepers'라고도 불리는, 사실은 전통적인 의미의 엘리트에 해당하는 이들에게 다시 힘을 실어주어야 한다는 것이다.[2] 더 구체적으로 말하자면, 미국에서 '평범한 시민'이라 불리는 이들의 의사결정 권능을 최소화하는 방식으로 예비 선거 제도를 재설계하자는 것이다.[3] 주민투표 같은 무책임한 직접민주주의적 관행을 다 없애버리고 정치가 전문직의 영역임을 인정하자는 이야기다.[4] 미국인의 3분의 2가 오디션 프로그램 〈아메리칸 아이돌〉의 심사위원 이름을 하나 이상 댈 수 있는 반면 대법원장 이름을 아는 이는 15퍼센트에 불과하다는 통계도 있지 않은가?[5] TV 토론회 무대 아래서 정치 달인의 퍼포먼스를 보며 박수를 치는 것까지는 아마추어들의 영역이지만, 토론회 도중, 특히 토론회가 끝난 후에는 안전하게 선 밖에 서 있도록 해야 한다는 것이다. 이런 시각을 가진 이는 평범한 사람들을 두려워하는 전통적인 의미의 데모포비아demophobia(대중 혐오자)로 오해받을세라 서둘러 대중에 대한 자신의 의구심을 뒷받침할 근거로 유행 타지 않는 사회심리학을 가져다 붙인다. 인간은 원래 부족주의적인 성향을 갖기 마련이고, 집단 간의 적대감으로 인한 대립은 모든 정치의 기본값이며, 명상 같은 심리적 훈련을 통해 평범한 사람들이 이러한 본성을 조금씩 억누를 수 있도록 해야 한다는 것이다.[6] 이들은 또한 세계 각국의 시민이 점점 '강력한 지도자', 나아가 무력 통치를 지지하는 쪽으로 기울고 있다는 설문조사 결과를 근거로 들기도 한다.

이 그림의 잘못된 점은 무엇일까? 우선 설문조사는 모호한 경우가 대부분이다. 민주주의의 생존과 죽음에 대해 예측할 수 있는 설문조사는 거의 없다고 봐야 한다. 설문조사만으로 사람들이 자기통치의 이상에 완전히 환멸을 느낀다는 결론을 내릴 수는 없다.[7] 태국이나 이집트 등의 쿠데타 주동자들이 공식적으로 민주주의와의 결별을 선언하지 않는 데는 다 이유가 있다. 오히려 이집트의 시시 장군처럼 민주주의 정권을 표방하거나, 태국의 경우처럼 조건이 갖추어지면 곧장 자치 정부로 돌아가겠다고 약속하는 모습을 보인다(물론 약속 이행을 미룰 핑계는 항상 있다).[8] 막을 수 없는 권위주의적 포퓰리즘의 물결, 또는 물결이라는 표현으로는 부족했는지 브렉시트 운동을 주도한 나이절 패라지가 '쓰나미'라고 묘사한 상황이 전 세계적으로 일어나고 있다고 추정하는 것은 부적절하다. 여러 국가에서 포퓰리즘이라는 딱지를 붙일 만한 정당들이 득표율을 높여가고 있는 건 사실이다(논란거리인 '포퓰리즘' 명명에 대해서는 곧 다시 논할 것이다). 하지만 이들 국가에서 실제로 다수가 권위주의적 지도자를 원한다는 주장은 한 가지 단순한 사실을 간과하고 있다. 지금까지 서구에서 우익 포퓰리즘 권위주의 정당이나 정치인이 기성 보수 엘리트의 협조 없이 정권을 잡은 사례는 단 한 번도 없었다는 사실이다.[9] 기성 보수 엘리트의 지지층은 보수 정당이나 중도우파 정당에 표를 던지면서 그것이 민주주의를 파괴하는 행위라고는 전혀 생각하지 않는다.

역사를 잠깐만 살펴보아도(물론 잠깐 살펴보는 것으로는 부족할 때도 많지만) 민주주의 사회에서 다수가 민주주의를 폐지하자고 결정한 경우는 거의, 어쩌면 아예 없다는 점을 알 수 있다. 파시스트 깡

패들이 로마로 진군할 때, 무솔리니 본인은 밀라노에서 침대차를 타고 평화롭게 로마에 입성했다. 국왕과 리버럴 엘리트들이 미래의 '두체Duce'에게 의회 정치가 만들어놓은 난장판을 수습할 기회를 주자고 결정했기 때문이다. 물론 무솔리니의 파시스트당도 독일의 나치당과 마찬가지로 열성 지지층이 있었다. 하지만 독일에서도 히틀러에게 확실하게 권력을 쥐어준 결정은 당시의 보수 기득권이라 불릴 만한 이들이 내렸다. 그렇다면 역사에서 얻을 수 있는 한 줄짜리 교훈은 다음과 같을 것이다. '이제 보니 민주주의를 끝내기로 결정한 건 시민이 아니라 엘리트였구나!'[10]

이는 우리 시대의 정치적 격변을 권력층 탓으로 돌리는 이들의 구미에 딱 맞는 해석이다. 실제로 최고 특권계층이 사회에서 스스로를 '분리'하는 현상에 대해서는 비판할 거리가 많다. 그러나 우리 시대의 모든 문제가 돈 많고 힘 있는 사람들이 악하고, 부패하고, 비뚤어진 데서 비롯된다는 단순한 주장은 상황의 복잡성을 설명하기에 충분치 않다. 그러한 주장을 좌파가 하건, 우파가 하건 마찬가지다. 힘 있는 자들이 어떤 행동을 하는 건 그럴 수 있는 힘이 있기 때문인데, 그 힘은 결국 민주주의 사회의 다양한 제도를 통해 주어진다. 특정 인물을 조롱하는 대신, 제도를 다시 살펴봐야 한다(조롱 역시 때로는 정당화될 수 있고 즐거운 것도 사실이다. TV에 출연해서 세금이 조금 높아진다고 울음을 터뜨린 억만장자2019년 11월 5일 CNBC 인터뷰에서 눈물을 보인 투자자 리온 쿠퍼맨Leon Cooperman을 말하는 듯하다—옮긴이를 떠올려보자). 다시 말해 문제의 원인을 개인에게서 찾는 것은 그 개인이 다수건(즉 비합리적이고 친권위주의적인 대중에 대한 일상적 혐오건) 소수건(이기적인 엘리트에 대한 만족스럽지만 결국은 그저 천박한 공격이건) 부적절하다는 것이다.

제도에 대해 생각하자는 것은 정치를 과정과 절차의 문제로 축소하자는 이야기가 아니다. 민주주의라는 게임과 그 비공식적 규범을 활성화하고 정당화하는 원칙들을 잘 살펴보자는 것이다.[11] 정치학도가 해낼 수 있는 대단히 중요한 통찰은 이처럼 성문화되지 않은 규범이 적어도 법률만큼이나 중요하다는 것이다. 민주주의의 게임이 계속 진행될 수 있도록 하고, 규정집에는 없는 방식으로 게임 참여자의 행위를 제한하는 것이 바로 이 규범의 역할이다.[12] 규칙이든 규범이든 그 자체만으로는 좋은 것이라고 할 수 없다. 드러난, 또는 드러나지 않은 불의 속에서 치러지는 게임의 진행 규칙과 규범이라면 더욱 그렇다. 20세기 미국 의회의 남부 출신 신사들은 당시 문명인의 규범을 당연히 준수했을 것이고, 나아가 다양한 사안의 초당적 해결을 위해 흔쾌히 타협하는 자세도 갖추고 있었을 것이다. 하지만 그들이 수호한 인종차별적 체제는 민주주의의 원칙과 근본적으로 양립 불가능했다. 법학 교수 제데다이아 퍼디의 말대로, 규범은 죽은 지도자의 동상 같은 것이다. 그가 어떤 가치를 수호하는지 모른다면 찬성해야 할지 반대해야 할지 알 수 없다.[13] 우리는 규칙과 규범 너머 그것을 작동하게 하는 원칙, 혹은 과거 정치 사상가들의 표현대로 그 뒤에 숨은 '정신'에 대해 질문을 던져야 한다. 권위주의적인 인물 때문에 중단된 게임을 재개하려면 규칙 준수를 호소하는 것만으로는 부족하다. 늘 똑같은 엘리트들이 번갈아가며 권력을 장악하는 것이 민주주의의 의의는 아닐 것이다.[14]

민주주의의 의의는 도대체 무엇일까? 민주주의는 자유와 평등이라는 원칙을 고수할 때만 정당화될 수 있다는 것이 고전적인 답변일 것이다. '다수가 결정한다'는 규칙이 좋은 이유는 그것이 최상의 결과를 낳거나 가장 효율적이기 때문만이 아니다. 다수가 결정하는 것이 옳은 이유는 그것이 평등에 대한 존중을 반영하고 모든 개인의 표를 빠짐없이 세는 형태를 취하기 때문이다. 군중 속에서 이루어지는 구두 투표와는 다르다. 모든 사람의 의견이 똑같이 중요하며, 모두가 정치적 판단을 내릴 능력이 있다는 것을 전제하는 방식이다.[15]

민주주의는 동등한 투표권만으로 완성되지 않는다. 언론과 집회, 결사의 자유도 있어야 한다. 조직은 개인의 정치적 표현권이라는 가치를 증폭하는가 하면 평등을 저해하기도 하는데, 후자의 역할이 전자에 비해 잘 드러나지 않는다. 더 많은 자원을 가진 사람, 더 훌륭하고 유려한 주장을 하는 사람은 집단적인 결정을 내리는 과정에서 더 큰 영향력을 행사할 수밖에 없다. 민주주의는 늘 평화로운 평등일 수 없다. 자신의 자유를 누리려는 사람들 간의 마찰이기도 하다. 그러나 결사(대표적으로 정당)가 없다면 불평등을 바로잡을 방법 역시 없어진다. 때로는 노예 주인의 집을 지을 때 쓴 연장으로 그 집을 리모델링할 수도 있는 법이다.

좋든 싫든 민주주의 사회에서 갈등의 틀은 여전히 매개 기구 intermediary institutions, 특히 정당과 전문 언론 매체가 만든다. 매개 기구는 19세기 이래 대의민주주의를 제대로 작동하게 만드는 필수적인 존재로 인정받았다. 오늘날 정당과 언론이 모두 큰 위기에 처했다는 건 일반적으로 통용되는 상식이다. 실제로 수많은 언론과 정당이 죽어가고 있으므로, 여기서 위기라 함은 말 그대로 위기다. 그럼에도 이 두 가지 위기를 논하기에 앞서 우리는 한 걸음 물러나 자문해야 한다. 즉 '원칙으로 회귀'해야 한다. 정당과 언론은 왜 민주주의의 필수 인프라인가? 적어도 과거에는 어떻게 필수 인프라로 기능했나? 언론과 정당은 시민들이 서로에게 닿을 수 있는 통로였다. 어찌 보면 우편 투표 인프라가 제대로 갖추어진 자유롭고 공정한 선거에서는 본인이 이길 수 없다는 (돌아보면 정확했던) 판단 아래 트럼프가 망가뜨리려고 했던 우체국과 비슷한 기능이다. 이런 인프라를 포함한 민주주의의 제도 뒤에 어떤 원칙이 숨어 있는지를 알면, 몇 가지 제도를 바꾸는 일도 덜 두렵게 느껴질 것이다. 권위주의적 포퓰리즘이 지나간 후 민주주의를 재건할 때, 과거와 똑같은 모습의 민주주의로 돌아갈 필요는 없다. 재건하는 과정에서 민주주의의 기저에 깔린 원칙에 더 잘 부합하는 혁신적인 부품들을 더 추가해 넣는다면 좋을 것이다.[16]

물론 인터넷 투표든 무작위로 선정된 시민 의회든, 이른바 '글로벌 민주주의 혁신 업계'가 만들어낸 부품 하나가 모든 문제를 해결해 줄 거라고 믿는 것은 순진한 정치적 해결지상주의다. 그럼에도 민주주의 필수 인프라의 리모델링은 반드시 필요한 첫걸음이다. 데모포비아에 시달리는 이들에겐 미안한 말이지만, 리모델링은 전통적 게이트키퍼들을 복권시키지 않고도 얼마든지 가능하다. 마지막 장에서 다시 설명하겠지만, 시민은 정당과 언론의 혁신 방안을 스스로 결정할 능력을 가지고 있다.

매개 기구를 포함해 민주주의의 모든 부품에 적용되어야 할 협상 불가한 원칙이 하나 있다. 모든 시민이 정치 체제의 자유롭고 평등한 구성원으로서 입지를 누려야 한다는 점이다. 이 원칙을 지키지 않는다면 물질적인 이해관계부터 성 정체성에 이르는 모든 것이 갈등의 소재가 될 것이고 게임은 그걸로 끝이다. 시민이라면 누구나 정치적 논쟁에서 동료 시민에게 온갖 불친절한 말을 쏘아댈 수 있지만, "당신은 이등 시민"이라거나 "너는 우리의 일원이 아니야"라는 말(트럼프가 진보 성향의 비백인 여성 의원들에게 "당신네들 나라로 돌아가라"고 한 것이 대표적인 사례다)만은 입 밖에 내지 말아야 한다. 일부 국가에는 정당이 시민의 범위를 줄이려 들거나 다른 방식으로 기본권을 침해하는 것을 처벌하거나 아예 금지하는 규정이 존재한다. 특정 정치 행위자에 대한 배제의 역사는 고대 아테네 민주주의로 거슬러 올라간다. 그러나 민주주의적 자기통치를 위한다는 바로 그 조치가 오히려 민주주의의 종말을 가져올 위험성을 생각한다면, 배제를 정당화하기란 어려운 일이다. 결사의 자유라는 기본적 권리를 침해받거나 "여기는 네가 있을 곳이 아냐"라는 말을 듣는 사회(그리하여 결과적으로 따돌림당하고 추방당할 수도 있는 예컨대 아테네 같은 곳)이 있다면 아무리 민주주의라는 이름을 갖다 붙인다 해도 제대로 된 민주주의 사회라고 할 수 없다.

규칙이 민주주의 게임을 가능케 하는 동시에 제약을 가한다면, 그런 규칙을 깨는 것은 나쁜 짓일까? 민주주의 정치에선 규칙을 따르는 것만이 전부가 아니다. 때로는 게임을 뒤집어 엎는 일도 필요하다. 고대 아테네인이 아테네 체제의 혁신 역량을 자랑하고, 그 적들이 아테네의 번덕스러움을 비난했던 것은 우연이 아니다.[17] 규범의 파괴라고 해서 다 똑같지는 않다.

기저에 깔린 원칙은 그대로 가져가면서 규칙을 깨는 일은 얼마든지 가능하다. 때로는 그 게임 자체를 보존하기 위해 구성원들이 민주주의 유지와 심화에 필요한 불복종을 행하기도 한다. 회의적으로 보면 이런 불복종은 무정부 상태나 권위주의로 가는 길이다. 무정부 상태를 일정 기간 이상 버텨낸 사회는 없기 때문이다(플라톤 이래 민주주의를 비판해온 모든 이들 역시 "너무 많은 자유"가 독재를 불러온다고 경고하지 않았던가!). 오늘날 민주주의의 적들에게 경악의 눈초리를 보내는 이에게도 의심의 순간이 있을 것이다. 우리가 지금 당장 거리로 뛰쳐나가 권위주의 정권에 대항하지 않는 이유는 도대체 무엇인가? 왜 이 사태를 멈추지 못하는 것일까? 왜 우리는 역사의 교훈에 집착하면서도 선조들과 똑같이 소심하게 물러서서 방관만 하고 있을까? 민주주의적 불복종이 정당화되는 상황과 속 좁은 패배자가 선거 결과를 받아들이지 못하는 상황, 나아가 당파적 신념으로 내전을 불사하는 태도 사이에는 어떤 차이가 있는 것일까?

이 책은 정치 안내서가 아니다. 한 가지 분명한 점이 있다면 우리에게는 아직 시간이 있고, 또 시간을 만들어서라도 '첫 번째 원칙'에 대해 생각해봐야 한다는 것이다. 고도로 구체적인 제도나 세부적인 규칙을 만들자는 것은 아니다. 민주주의의 모습은 한 가지로 정해져 있지 않고, 민주주의 사회를 운영하는 데는 한 가지 이상의 방식이 있다(민주주의가 아닌 것을 민주주의로 꾸며내는 방식이 여러 가지인 것과 마찬가지다). 프랑스의 위대한 정치철학자 클로드 르포르Claude Lefort의 통찰대로, 우리가 아직 떠올리지 못한 방식도 있을 것이다(민주주의를 망칠 방법 역시 마찬가지다). 또 한 가지 분명한 사실은 민주주의가 여전히 득세 중이라는 점이다. 전 세계적으로 많은 이가 여전히 민주주의를 바람직한 체제로 여기고 있다. 아직까지 많은 이의 믿음 속에서 민주주의는 문제가 어마어마하게 많지만 피지배를 피할 수 있는 가장 좋은 방법이자, 모두에게 꽤나 괜찮은 삶을 누릴 기회를 주는 정치 체제다.

1장   ○×   가짜 민주주의: 핑계 없는 무덤은 없다

인생의 끔찍한 점은 바로 모든 사람에게 자기 나름의 핑곗거리가 있다는 것이다. ─영화 〈게임의 규칙〉(1939) 중 옥타브의 대사

지난 한 달간 깊고 무한한 상실감에 시달렸다. 처음에는 무엇이 나를 괴롭히는지 몰랐다. 마침내 내가 잃어버린 것은 나라라는 사실을 깨달았다. ─헨리 데이비드 소로

그들의 모습은 제각각이다. 여러 가지 다른 점이 바로 눈에 들어온다. 하지만 모두를 하나의 정치적 가족으로 묶을 수 있다. 오르반 빅토르1998년부터 2002년, 2010년부터 2022년 2월 현재까지 헝가리 총리─옮긴이, 레제프 타이이프 에르도안2003년부터 2014년까지 총리를, 2014년부터 현재까지 대통령을 지내고 있는 터키의 정치인─옮긴이, 야로스와프 카친스키2006년부터 2007년까지 총리직을 역임한 폴란드 정치인. 대통령을 지낸 일란성 쌍둥이 동생 레흐 카친스키와 함께 법과 정의당을 창당하여 현재 대표직을 맡고 있다─옮긴이와 나렌드라 모디2014년과 2019년의 총선 승리로 현재 두 번째 총리 임기를 보내고 있는 인도의 정치인─옮긴이, 도널드 트럼프 전 대통령은 의심의 여지가 없고, 베냐민 네타냐후1996년부터 1999년, 2009년부터 2021년까지 총리를 지내며 장기집권한 이스라엘 정치인─옮긴이도 아마 포함될 것이며, 자이르 보우소나루2019년 1월부터 현재까지 브라질 대통령─옮긴이 역시 이 명단에 분명 들어갈 것이다. 권위주의의 세계적 유행이라고들 부르는 현상이 무엇인지를 이해하는 것은 매우 중요하다.

이런 식의 접근은 나라마다 근본적으로 다른 궤적을 마치 동일한 것처럼 보게 할 위험을 내포한다. 특히 우익 포퓰리즘의 부상 원인은 나라마다 다르다. 그러나 극우 포퓰리스트들은 하나의 전략, 나아가 공동의 권위주의-포퓰리즘적 통치 기술이라고 부를 만한 것을 만들

어냈다는 공통점 때문에, 한데 모아 보면 가족처럼 서로 닮아 있다.

이 포퓰리즘 기술의 확산은 탈냉전 시대의 환상 한 가지를 완전히 깨버렸다. 역사가 종말을 맞이한 것은 아니지만(애초에 종말이라고 믿은 사람이 정말 있었을까?) 민주주의 사회만이 스스로의 실수와 다른 민주주의 사회의 경험으로부터 교훈을 얻을 수 있다는 환상이었다. 그 환상이 옳았다면, 모든 권위주의 정권은 변화하는 환경에 적응할 수도, 스스로를 혁신할 수도 없기 때문에 1991년의 소련과 같은 운명에 처했을 것이다. 그러나 새로운 '국제 권위주의 연합'의 회원들이 극우 통치의 다양한 테크닉을 시험해보고 다듬기도 하면서, 자유민주주의의 안일한 자기인식은 무색해지고 말았다. 최고 혹은 최악의 권위주의적 관행은 국경을 넘어 확산된다.

권위주의적 포퓰리즘 통치의 기술은 대체로 인종주의적 색채를 띤 민족주의에 기반을 두고 장악한 국가를 열성적인 당파주의자들의 손에 넘기며, 더 은밀하게는 경제를 무기화해 정치 권력을 잡는 방식, 즉 문화 전쟁과 지지자에 대한 후견주의의 조합으로 구성된다. 이들의 민족주의는 주권의 모의 실험이자 집단적 자기주장의 계획된 퍼포먼스라는 형태로 나타나는데, 실제로는 별로 변하는 것이 없다. 세계화 반대를 외치는 수많은 구호가 사실은 국경을 넘나드는 자본에 대한 지속적 탈규제를 비롯해 타국 엘리트 계층의 배를 불리는 여러 정책과 얼마든지 사이좋게 양립한다.

현대의 우익 포퓰리즘을 파시즘과 동일시하거나, 포퓰리즘을 국제적으로 성공을 거둔 새로운 사상이라고 보거나, '보통 사람들'이 권위주의에 대한 열망으로 이 모든 사태를 자초했다고 보는 정치적 진단은 이런 부분을 놓치고 있다. 역사학자들은 과거로부터 교훈을 얻겠다는 일념하에, 오늘날 우리가 목도하는 현상의 전례를 찾으려고 노력했다. 물론 비교 분석에는 그 나름대로 의미가 있고, 20세기의 참상과 현재의 유사점을 찾으려는 모든 노력을 싸잡아 금지할 필요는 없다. 일단 비교해보지 않으면 차이점도 알 수 없기 때문이다. 그러나 정치적 판단을 할 때 비유는 지나치게 쉬운 길이 되곤 한다. 비교를 하다 보면 다른 점보다는 비슷한 점이 눈에 더 잘 들어오기도 하고, 자신이 선호하는 정치 전략을 정당화할 근거만을 골라내려는 의도를 갖고 그림을 보게 될 수도 있다. 오늘날은 사실상 잊혔으나 20세기 초반엔 상당한 영향력을 행사했던 민주주의 진단 전문가 제임스 브라이스가 말했듯이 "역사의 가장 중요한 실용적 역할은 그럴듯한 역사적 유추를 제공하는 것"이다. 이는 언제나 적용할 수 있는 경고 문구다. 우리 시대에 좀 더 가까운 역사학자 토니 주트의 분석을 따르자면, 우리는 역사의 교훈을 가르치는 데 극도로 능숙해졌지만 실제 역사를 가르치는 능력은 떨어지고 말았다.

　사실 오늘날 민주주의에 대한 위협은 20세기의 경험과 유사점이 거의 없다. 도널드 트럼프가 미국 대통령에 당선된 2016년 11월 8일 이후 서점으로 달려가 조지 오웰의 『1984』나 한나 아렌트의 『전체주의의 기원』을 구입한 이들은 아마 처음 몇십 페이지 정도를 읽다가 책을 덮었을 것이다. 특히 일반적 의미의 권위주의나 인종주의와도 구분되는 파시즘의 경우, 오늘날 부활의 기미는 전혀 찾아볼 수 없다. 대중 동원이나 전 사회의 군사화 사례는 찾아볼 수 없으며[1] 취약한 소수 집단에 대한 혐오가 확산되고는 있지만 목숨 건 싸움을 인간 존재의 절정으로 미화하는 조직적 폭력 숭배가 생겨나고 있는 것도 아니다. 헝가리, 브라질, 미국의 최상부에서 특정 인종과 종교에 대한 적대감을 정당화하는 현실이 있음을 부정할 수는 없지만, 인종주의를 기반으로 나라 전체가 재건되는 상황이라고 하기는 어렵다.

역사에서 교훈을 얻는 데 반대하는 사람은 없으나 우리는 은연중에 선한 이들만이 역사로부터 뭔가를 배울 수 있다고 생각한다. 특정한 형태의 반민주주의적 과거가 반복되지 않는 이유는 오늘날의 반민주주의자들 역시 역사로부터 교훈을 얻기 때문이다. 이들은 현대 권위주의 정치의 레퍼토리에 눈에 띄는 대규모 인권 침해 사태가 포함되어서는 안 된다는 것을 너무나 잘 안다. 20세기 독재 정권들을 연상시키면 곤란하다는 것쯤은 이들에게 상식이다. 2016년 이래 터키의 에르도안 정부가 저지르는 대규모 탄압도 강력함보다는 나약함의 징후로 보아야 한다. 트럼프가 극우 취미 워리어와 음모론자, 컨트리클럽 공화당원으로 이루어진 자신의 '군대'를 부추겨 의회로 보낸 것은 절박함의 표출이었지, 파시즘적 국가 장악을 위한 마스터 플랜이라고 보기는 어렵다. 우리가 어떤 사건을 계기로 역사적 전례를 떠올린다 해도, 실제로 전례가 되풀이되는 경우는 거의 없다. 그렇다면 지금 일어나고 있는 일은 도대체 무엇일까?

그나저나 우익 포퓰리즘이란 대체 무엇인가?
좌익 포퓰리즘은 또 뭔가?

지금까지 이 책에서는 의미가 너무나 자명해서 설명할 필요도 없다는 듯이 '포퓰리즘'이라는 단어를 썼지만, 사실 포퓰리즘의 정의는 그렇게 간단한 문제가 아니다. 포퓰리즘을 '엘리트에 대한 비판'이나 '반反기득권적 태도'와 동일시하는 것은 분명 부적절하다. 그런 뜻으로 널리 통용되기는 하지만, 실은 매우 고유한 사상에서 비롯된 용어이기 때문이다. 그 어떤 오래된 시민교육 교과서를 봐도 '권력자를 잘 감시하는 것이 훌륭한 민주 시민의 덕목'이라는 내용이 들어 있는데도 요즘은 그런 행태가 바로 '포퓰리즘적'이고 따라서 민주주의와 법치에 해롭다는 것을 우리 모두 끊임없이 주입받고 있다. 포퓰리스트가 야당일 경우 (다른 모든 야당과 마찬가지로) 집권 정부를 비판하는 것은 사실이다. 그러나 포퓰리스트는 거기서 그치지 않는데, 이 부분이 중요하다. 포퓰리스트는 어떤 방식으로든 자신이, 그리고 오직 자신만이 '진짜 국민' 또는 '침묵하는 다수'를 대표한다고 주장한다.

　　얼핏 보기엔 이 점이 딱히 특출나게 사악하게 느껴지지 않는다. 인종차별이라든지, 유럽연합에 대한 광적 혐오, 법원과 특정 언론을 '국민의 적'이라 부르는 행태에 비하면 딱히 나빠 보이지 않을 수도 있다. 그러나 대표성에 대한 도덕적 독점 선언은 민주주의에 두 가지 치명적인 악영향을 미친다. 우선, 포퓰리즘 세력이 오직 자신만이 국민을 대표한다고 일단 선언하고 나면 이는 곧 선출직을 두고 경쟁하는 다른 모든 이가 근본적으로 정당성을 결여했다는 주장으로 이어진다. 이는 결코 정책에 대한 이견의 문제도, 심지어는 가치관에 대한 문제도 아니다. 정책이나 가치관에 대한 입장이 엇갈리는 것 자체에는 아무런 문제가 없고, 오히려 민주주의 사회에서는 의견 불일치가 건설적인 결과를 가져올 수 있다. 포퓰리스트는 자신의 라이벌이 부패하고, 악하고, 비뚤어진 존재이기 때문에 국민의 뜻을 받들 수 없다고 주장한다. 도널드 트럼프가 2016년 대선에서, 그리고 또다시 2020년 대선에서 상대 후보에 대해 했던 말들은 극단적이었지만 예외적인 것은 아니었다. 모든 포퓰리스트가 그런 식의 언어를 구사하기 때문이다.

대놓고 말하지는 않지만, 포퓰리스트는 또한 자신의 국민 개념에 동의하지 않는 사람(따라서 포퓰리즘에 정치적으로 동의하지 않는 사람)은 애초에 '국민'이 아니라고 주장한다. '진짜 국민'이라는 것이 존재한다는 주장은 '진짜 국민이 아닌 사람'의 존재를 내포한다. '국민'인 척하는 사람, 어떤 방식으로건 정치 체제를 해칠 수 있는 사람, 잘 해봐야 이등 시민인 사람이 이에 속한다.[2] 자신을 비판하는 사람들을 "미국적이지 못하다"고 버릇처럼 몰아붙이던 트럼프나, "반역 유전자를 타고난 폴란드인이 있다"던 카친스키, "분열은 오직 특정 정치인들의 마음속에만 있지, 인도는 하나이고 조화롭다"고 주장한 인도인민당BJP 정치인들을 떠올려보자.

포퓰리스트는 언제나 자신이 국민을 통합했다거나 사회가 이미 통합되어 있다고 주장하지만 이들의 실제 정치 모델은 시민들을 최대한 분열시키는 것이다. 일부만이 진짜 국민에 속한다는 메시지는 특정 시민의 입지를 구조적으로 약화한다. 이미 여러 가지 이유로 정치 체제 내에서 입지가 취약한 소수자, 최근 입국한 이민자, 애국심이 부족하다고 의심받는 이들이 여기 해당된다. '국가 시민 명부'를 만들겠다던 나렌드라 모디의 정책을 떠올려보자. 표면적인 명분은 (인도인민당의 예전 당 대표 아미트 샤가 "벵골의 토양 속 해충"이라 칭한 바 있는)

불법 이민자를 가려내겠다는 것이었지만, 힌두 민족주의자들은 그 명부가 '진짜 국민', 즉 힌두교도만을 국민으로 인정하고 특정 소수 집단, 즉 이슬람교도 시민에게 공포를 심어주기 위한 것이라는 사실을 완벽히 이해하고 있었다.

　포퓰리스트가 권력을 잡게 되면 어떤 시민은 더 이상 법 앞에서 온전한 평등을, 심지어는 법의 보호를 누리지 못하게 된다. 이들은 꼭 법정에서 판결을 받을 때뿐 아니라, 상부의 뜻을 잘 이해한 관료들을 일상 속에서 마주할 때마다 명백한 차별 대우를 받게 된다.[3] 반드시 길거리와 광장에서 혐오의 목소리가 터져 나오는 게 아니다. 일례로 트럼프의 선거 유세가 지역 내 정치적인 동기를 가진 폭력 사건의 증가로 이어졌다는 연구 결과도 있다. 아시아계 미국인은 팬데믹 기간에 훨씬 더 잦은 공격에 시달렸다. BLM[Black Lives Matter, '흑인의 목숨도 중요하다'—옮긴이] 시위대를 향해 무기를 들이댄 부부에게 베푼 공화당의 관용은 분명히 트럼프의 자경대에게 힘을 실어주었다. 2019년 미국에서 반유대주의적 사건이 역대 최고로 많았다는 사실도 잊어서는 안 된다(이 글을 쓰는 시점에 2020년의 통계는 아직 나오지 않았다).[4] 철학자 케이트 만이 이야기한 낙수 공격[trickle-down aggression 트럼프 당시 대선 후보의 여성혐오에 대해 기고하면서, 높은 지위의 인물이나 상위 계층의 공격적인 언행이 아래로 흘러넘쳐 사회 전체에 영향을 준다는 의미로 사용했다—옮긴이] 개념은 이러한 현상을 완벽하게 담아낸다.[5]

　국민의 이름을 내건 우파의 과격화가 그 자체로 민족주의와 같다고는 할 수 없다. 민족주의는 문화를 가진 모든 민족이 자신만의 국가를 가져야 하고 외국인보다 동포에게 도덕적·정치적 의무를 지며 그러한 국가를 보존할 의무에 도덕적인 무게가 실린다는 주장이다.[6] 포퓰리스트에게 자신의 '국민' 개념을 뒷받침할 뭔가가 필요하다는 것만큼은 확실하다. 우익 포퓰리스트가 민족 기반 국가, 나아가 노골적인 생득설을 추구하게 되는 건 우연이 아니다. 그러나 원칙적으로는 국민 개념이 정치적이거나 이념적인 경우에도 포퓰리스트가 될 수 있다. 우고 차베스의 21세기 볼리바르 사회주의 개념을 떠올려보자. 핵심은 이 사상이 인정하는 '진정한 국민의 대표'와 의견이 다른 사람은 곧 정당성을 상실하고 법 밖에(프랑스어로 hors la loi) 놓이게 된다는 것이다.

통치의 기술

따라서 권위주의적 포퓰리즘 정권은 끊임없이 사회를 분열시키려 들며 특히 '진짜 터키인', '진짜 인도인', '진짜 미국인' 같은 이상을 계속해서 앞세운다. 문화적 지배를 강화하려는 이 같은 시도는 훨씬 더 일상적인 작업과 함께 진행된다. 바로 정실자본주의crony capitalism적 경향이다. 오늘날의 권위주의 정권 중 다수는 1960년대 말 폴란드계 영국인 사회학자 스타니슬라프 안드레스키가 처음으로 사용하고 정의 내린 개념인 '도둑정치kleptocracy'에 해당한다. 간단히 설명하자면 이렇다. 도둑정치 체제에서는 법적·정치적 규제의 부재로 공금의 사적 이용이 훨씬 더 용이해지고, 미래의 처벌을 피하기 위해 사법과 정치 체제에 대한 통제를 더욱 강화할 필요성이 생겨난다. 한편 정치적인 설명도 가능하다. 범죄 행위에 다른 사람을 동원해야 정권에 대한 충성을 강요하기 좋다. 대중 후견주의, 즉 지지에 대한 대가로 지지자의 뒤를 봐주는 것은 곧 대중의 충성을 강화하는 효과를 낳는다. 권위주의적 포퓰리즘 정권을 지지하지 않는 사람을 일자리나 복지로 위협하면, 직접적 정치 탄압이라는 무기를 지나치게 휘두르지 않고도 사회에 대한 통제력을 유지할 수 있는 것이다.

전통적 도둑정치를 뛰어넘는 이 같은 역학 관계는 헝가리의 사회학자 마자르 발린트가 조국에서의 '마피아 국가' 부상을 논하며 염두에 두었던 바다.[7] 마피아 국가라고 해서 테이블 아래로 현금을 주고받는 손이 곳곳에 존재하는 게 아니다. 국가라는 체제와, 표면적으로는 합법적 수단으로 보이는 것들이 적극 활용된다. 예를 들어 도둑정치 국가의 공공 조달은 언제나 권력자 측근의 단독 입찰이거나, 허수아비 입찰자와 짝을 지은 측근의 실질적 단독 입찰로 진행된다. 마피아 국가는 마자르가 '정치적 확대 가족'이라 칭한 집단에 의해 장악되고, 혜택도 이들에게 돌아간다('확대 가족'이라지만 트럼프나 오르반, 보우소나루, 에르도안의 자녀들처럼 통치자의 실제 가족이 포함되는 경우도 많다. 특히나 사악한 역할은 사위가 주로 맡는다). 절대적인 충성의 대가로 물질적 보상이 주어지며, 물질적 보상만큼이나 중요한 것은 유효 기간이 무한한 법적 보호다. 어떤 이가 헝가리를 두고 말했듯, "현대 관료주의 국가 장악의 주요 혜택은 죄 없는 이를 기소할 수 있는 권력이 아니라 죄지은 사람을 보호할 수 있는 권력"이다.[8]

여기서 이데올로기는 정치적 복종과 가족 내 복종을 잘 보여주는 지표로도 기능한다. 지도자의 도발과 터무니없는 규범 파괴에 동참하며 잘 묻어가느냐가 곧 리트머스 테스트다. 잘못 행동했다가는 제대로 된 민주주의에 대한 믿음을 여전히 유지하는 사람으로 의심받을 수 있다. 나아가 규범 파괴는 정치적 가족의 구성원에게도 해를 끼칠 수 있으므로, 이들은 한데 뭉쳐 서로를 보호함으로써 신뢰를 구축해야 한다(진짜 마피아 조직의 본질적인 특성이기도 하다).

새로운 권위주의적 포퓰리즘 국가들은 역사적으로 우리에게 익숙한 파시즘 국가가 아닐뿐더러, 한 가지 중요한 면에서 나치 정권의 패턴을 뒤집은 형태를 보인다. 독일에서 영국으로 망명한 에른스트 프랭켈의 설명대로, 나치 체제는 독재나 전체주의가 드러내는 전통적 이미지, 즉 완전한 무법 상태와 혼란이라는 특징을 보이지 않았다. 오히려 생활 면에서 정상적이고 예측 가능한 측면이 훨씬 많았다. 결혼과 이혼이 정상적으로 이루어졌고, 사업 계약이 체결되고 집행되었다. 그러나 이처럼 상대적인 법적 정상성 바로 옆에, 완전히 예측 불가로 무책임해질 수 있는 '특권적 국가'의 위협이 상존하고 있었다. 프랭켈은 이같이 정상적이고 규칙이 지배하는 삶과 예측 불가능한 압제라는 분열적 상태를 묘사하기 위해 '이중 국가dual state'라는 개념을 만들었다.[9]

오늘날 우리가 마주하는 것이 과거와는 다른 이중 국가라면? 오늘날의 이중 국가에선 일견 합법으로 보이는 각종 조작을 제외하면 정치의 영역은 상대적으로 정상이지만, 경제 부문에서는 자의적인 권력 행사가 이루어지고 있다. 정치적 가족에 대한 충성이 경제적 성공에 필수적이고 처벌 여부는 얼마든지 예측 가능하니, 어쨌거나 일정한 규칙이 있다는 점에서 오히려 자의적이라고 하기 어려울 수도 있겠다. 정부는 깡패를 보내서 현금을 수금하는 대신, 그저 조세 당국에

추가적인 감사를 요청하면 된다. 털어서 먼지 안 나는 곳은 없다. 결과적으로, 눈에 띄게 정권에 충성하지 않는 힘 있는 기업인은 '거절할 수 없는 제안'을 받고 자신의 지분을 팔게 된다. 이는 헝가리 야당인 사회당에 동조하는 듯한 기업인들에게 늘상 일어나는 일이다. 사회학자 킴 레인 샤펠리가 지적한 바와 같이, 이런 패턴이 외부인의 눈에 늘 쉽게 들어오는 것은 아니다. 본질적으로는 정치적인 행위를 언제나 경제·금융 관련 일로 포장할 수 있기 때문이다(미국 우체국 서비스에 대한 트럼프의 뻔뻔한 공격이 효율성에 대한 비판이라는 명분을 두르고 있었지만, 실은 2020년 대선에서 우편 투표를 어렵게 만들겠다는 뻔한 정치적 목적을 갖고 있었던 것과 마찬가지다).[10]

모든 우익 포퓰리스트 정부가 완성된 형태의 마피아 국가를 운영하는 것은 아니다. 국제 경제에 노출된 상태로 마피아 국가를 수립하기는 쉽지 않기 때문이다. 우익 포퓰리스트가 신자유주의의 적이라는 것은 널리 통용되는 상식이나, 오르반 같은 인물은 국제 투자자들과 우호적인 관계를 구축한 것으로 보인다. 오르반이 독일 자동차 산업에 제공한 것은, 누군가의 표현대로 "유럽 한가운데서 중국과 같은 조건으로" 사업할 수 있는 환경이었다. 죄르Győr 지역에 대규모 공장을 설립한 아우디에 헝가리 정부는 어용 노조나 무노조 같은 조건은 물론이고 환경운동단체의 시위나 그와 비슷해 보이는 모든 것에 대한 강력한 진압 등등까지 제공했다. 혹자는 이를 두고 "오토크라시 autocracy(전제 정치)를 넘어 아우디크라시Audi-cracy"라고 비난하기도 했다.[11] 폴란드 우익 포퓰리스트 정부의 마테우시 모라비에츠키 총리는 "우리는 실용주의"라면서 "유럽의 정치 엘리트와 언론에는 불만이 있지만 보통 사람들과는 아무런 문제가 없고, 폴란드에 투자한 외국인 투자자의 97퍼센트가 다시 돌아와 투자한다"고 강조했다.

힘을 충분히 갖추게 되면 포퓰리스트는 국가 전체를 식민지화하려 든다. 오르반과 피데스Fidesz당이 2010년 집권하자마자 바꾼 것 가운데 하나가 바로 공무원법이었다. 초당파적이고 중립적이라 여겨지는 관직에 정권 지지자를 앉히기 위한 조치였다. 리버럴 좌파가 나라를 장악해왔기 때문에 이들을 숙청해야 한다는 것이 명분이었다. 국민의 유일한 진짜 대표를 자처하는 세력답게, 포퓰리스트는 국가가 국민을 위해 존재하므로 자신이 행정부를 장악하는 것이 곧 국민이 제 몫을 찾는 것이라고 주장한다. 트럼프의 경우 이 같은 논리를 이해하는 데 시간이 좀 걸리는 듯했지만, 종국에는 연방 정부 내 부정행위와 정실주의를 감시하는 감찰관을 해임하기에 이르렀다.

헝가리의 피데스당이나 폴란드의 집권당 '법과 정의'PiS당은 공통적으로 법원을 장악하고 국영 매체를 압박하는 작업에 주저함이 없었다. 언론인이 '국가의 이익', 즉 집권당의 이익에 반하는 보도를 해서는 안 된다는 점은 곧 명확해졌다. 마치 나폴레옹 3세처럼, 이들도 법관과 언론인에게서 받는 모든 비판을 "국민의 선택을 받은 게 누구더라?"라는 질문으로 받아쳤다. 인도의 재무장관은 "민주주의가 비선출직의 독재가 되어서는 안 된다"고 선언했고, 폴란드의 법무장관 역시 독립된 사법부를 끊임없이 공격하면서 폴란드는 민주주의 국가지 '법원지배courtocracy' 국가가 아니라고 주장했다.

독립적인 언론을 '국민의 적'이라 선언한 사람은 트럼프 말고도 더 있다. 권위주의적 포퓰리스트의 언론 장악은 완벽할 필요가 없다. 앞에서도 언급했듯이, 너무 명백한 정치적 획일화(독일어로 Gleichschaltung)는 시민과 외부인 모두에게 20세기의 독재 정권을 연상시키기 때문이다. 일례로 헝가리의 경우 여전히 독립적인 인터넷 사이트가 다수 존재하고 TV에서도 독일의 민간 채널을 볼 수 있지만, 지역 신문은 모두 친정부 성향의 대기업에 넘어갔다고 해도 과언이 아니다. 2018년 말 이들은 자신의 지분을 "헝가리 내의 신문과 라디오, TV, 온라인 미디어 등 대중 매체로 가치를 창출하고 헝가리의 민족 정체성 강화 활동을 고취할" 새로운 재단에 "기부"하기에 이른다. 사회학자 가보르 폴리악Gábor Polyák에 따르면 500개 매체로 구성되어 있으며 등록 주소지가 오르반 주요 측근의 별장으로 되어 있는 이 재단은 헝가리 미디어 시장 매출의 16퍼센트를 차지한다. 헝가리 정부는 경쟁법에 명시된 특별 조항에 따라 통폐합이 '국가전략적 중요성'의 문제라고 선언했다. 공식적으로 미디어 권력 집중을 완화하는 역할을 맡은 부서가 차후 어떤 조치도 취할 수 없도록 선수를 친 셈이다.

　정권에 비판적인 매체, 나아가 잠재적으로 비판적일 수 있는 매체까지 모두 폐쇄해버린 나라도 있다. 코로나 사태 속에서 각국 정부는 잘못된 정보나 노골적인 허위 정보의 확산을 막는 방법을 배워가고 있지만, 권위주의 정권하에서 정부 대응에 대한 비난은 모두 '가짜 뉴스 전파'나 '공포심 조성'으로 취급된다. 헝가리 경찰은 정부의 팬데믹 정책에 비난 댓글을 단 시민들을 체포하고 휴대전화와 컴퓨터를 압수하는가 하면, 그 모든 탄압 행위를 페이스북에 공공연하게 전시하기도 했다.

　이처럼 노골적인 위협이 통하지 않는 곳에서는 아예 정부가 나서서 최대한 잘못된 정보를 만들어내기도 한다. 트럼프의 전략집에는 기자 개인, 특히 여성 기자에 대한 위협뿐 아니라 스티브 K. 배넌의 표현을 빌리자면 "구역 전체에 똥칠을 해버리는" 전략이 포함되어 있었다. 한때 트럼프주의 수석 전략가였던 배넌은 이후 멕시코 국경 장벽 프로젝트를 둘러싼 모금 사기 혐의로 기소되었다가, 누가 봐도 마피아를 연상시키는 여러 사면 대상자들과 함께 정치 사면을 받은 인물이다. 최상부에서 내려오는 "혼란의 창조"(미디어 비평가 제이 로젠의 표현)에 전문 언론인으로서 맞서는 것은 불가능에 가깝다. 기자는 대통령의 말이 거짓인 것을 뻔히 알면서도 대통령의 입에서 나온 말이기 때문에 이를 보도할 수밖에 없다. 전문 매체에 '정치적 반대파' 프레임을 씌우는 배넌 같은 인물 역시 상대하기가 만만치 않다. 기자는 스스로의 공정성을 증명해야 하는 부담감 때문에 그 어느 때보다도 왜곡된 방식으로 '균형'과 '객관성'을 전시하기에 이른다(이를테면 인체에 소독제를 주입하는 것이 코로나 치료에 도움이 된다는 주장에 완전히 반대하지는 않는 전문가를 찾아내 인터뷰하는 식이다). 한편 진실을 전달하고 민주주의를 수호하는 투사로 꾸준히 스스로를 마케팅하는 기자도 있는데, 이런 저항군 이미지는 트럼프나 배넌 같은 이들의 주장을 오히려 뒷받침해주는 굴레가 되는 듯하다(중립은 아니되 '객관적'이라는 신뢰를 유지하면서도 우익 포퓰리스트에게 맞서 민주주의의 기본적인 규칙들을 동시에 강화할 방법이 없는 건 아니다. 이에 대해서는 마지막 장에서 다시 논할 것이다).

시민사회 내부로부터의 저항은 포퓰리스트에게 특별한 골칫거리를 안긴다. 자신만이 국민을 대변한다는 주장을 뿌리부터 흔들 수 있기 때문이다. 해결책은 블라디미르 푸틴이 이미 완벽한 수준으로 다듬어둔 전략을 따르는 것이다. 푸틴은 여러 면에서 현대 우익 포퓰리스트들의 롤모델이자, 도둑정치계의 진정한 혁신가라 부를 만한 인물이다. 푸틴은 시민사회가 사실은 전혀 시민사회가 아니며, 거리에서 반대 목소리를 내는 사람들이 진짜 국민과는 아무런 상관이 없다는 점을 '증명'하면 그만이라는 점을 몸소 보여주었다. 이는 무엇보다도 포퓰리즘의 논리에 완벽하게 맞아떨어지는 전략이다. 일단 "우리가, 우리만이 국민을 진정으로 대표한다"고 주장하고 나면. 국민의 진정하고도 유일한 대표를 반대하는 사람들은 가짜 국민일 수밖에 없지 않겠는가?

이들은 어째서 가짜 국민인가? 답변은 늘 준비되어 있다. 우익 포퓰리즘 정권은 NGO와 평범한 시위대에 외부 세력의 도구라는 프레임을 씌우기 위해 갖은 애를 쓰고, 심지어는 이들을 외국의 스파이로 낙인찍는 법을 통과시키기도 한다. 일례로 트럼프는 무슬림 입국 금지 법안에 반대한 수백만 시민을 "돈 받고 일하는 활동가"라 칭했고, 브렛 캐버노 대법관 지명에 반대 목소리가 나왔을 때도 같은 표현을 사용했다(추가로 "악마"라는 표현도 썼다).

각국 정부가 단골로 내놓는 유력한 용의자도 있다. CIA 또는 조지 소로스가 이 모든 것의 배후라고 주장하는 것이다. 그러나 진짜로 창의적인 음모론자에게 상상력의 한계란 없는 법이다. 에르도안의 참모는 2013년 게지공원 시위가 이스탄불의 신공항 개항 후 터키항공과의 경쟁을 두려워한 루프트한자의 소행이라는 설명을 내놓기도 했다(이스탄불 신공항이 세계에서 가장 큰 공항이라는 주장에는 이론이 있지만, 독일 기업으로 하여금 가짜 터키인들을 대거 동원하고 조직하게 할 만큼 크고 중요한 공항임에 틀림없나 보다).

심지어 포퓰리스트는 시위를 좋아하기에 이르기까지 한다. 포퓰리스트가 좋아하는 문화 전쟁이라는 불길에 시위가 좋은 땔감이 되기 때문이다. 트럼프 임기 첫해에 배넌이 "저항은 우리의 친구"라고 말한 이유도 여기에 있다(같은 논리에 의해, 야당 친화적인 '가짜 언론' 역시 트럼프주의자의 친구다). 그러니까 시민이 거리 시위에 나서지 말아야 한다는 이야기는 아니다. 다만 포퓰리스트가 반대의 목소리를 자신에게 유리하게 활용하고, 나아가 배타적인 정체성 정치의 한 형태를 정당화하는 프레임을 만드는 일에 얼마나 재빠르고 능숙한지를 우리가 인식해야 한다는 것이다.

이런 종류의 정체성 정치는 신념의 문제가 아니다. 내가 진짜 국민의 범주에 포함되는 사람임을 증명하는 문제다. 상대적으로 덜 알려진 냉전의 유산 가운데 하나는 모든 정치적 갈등의 근원을 중요한 사상가의 신념에서 찾을 수 있다는 믿음이다. 푸틴을 이해하고 싶다면? 새로운 차르의 왕좌를 떠받치고 있는 지성은 '유라시아주의' 철학자 알렉산드르 두긴으로 알려져 있다. 서구의 전문가들이 '세계에서 가장 위험한 철학자'로 추켜세우는 인물이다. 보우소나루의 기이함을 진정 이해하고 싶은가? 독학으로 철학을 공부했다는 전직 점성술사이자 골초 음모론자이며 현재는 버지니아주의 '진짜 미국인'들 사이에서 거주 중인 올라부 지 카르발류의 유튜브 채널을 구독하자. 트럼프주의를 이해하고 싶다면 유럽 뉴라이트의 정신적 지주리는 이탈리아의 전통주의자 율리우스 에볼라 등을 비밀리에 탐독하는 배넌을 주목해야 한다는 이야기도 수없이 들어보았을 것이다.

　이런 식의 지적 뿌리 찾기는 정치 행위자가 어떠한 포괄적인 세계관에 영향 받았다는 사실을 전제한다. 또한 우파 정당이 성공하는 이유는 유권자들이 특정 철학에 매력을 느끼기 때문이라는 결론에 별 근거도 없이 도달하는 계기가 된다.[12] 하지만 실제로 리더들은 자기 이상을 제대로 실현하지 못했다며 비난해올지도 모르는 특정 사상가와 얽히기를 원치 않는다. 대부분의 시민이 권력의 지적 배후로 지목되는 이들의 심오한 사상에 대해 별로 아는 게 없다는 것도 사실이다.

　광의의 리버럴 사상가들이 부지불식간에 반대편을 반자유주의의 철학적 거장으로 만들어버린 까닭을 이해하기는 어렵지 않다. 그래야만 정치 이론가로서 논의를 시작이라도 해볼 수 있기 때문이다. 배넌이 에볼라의 전통주의 철학에 대한 질문을 받았을 때 "내가 뭐 대단한 놈도 아니고, 그냥 그때그때 지어냈을 뿐"이라고 답해도 '저렇게 특정 정치 사상을 부정하다니 오히려 사상적 깊이를 감추기 위한 책략'이라고 해석하게 되는 것이다.[13]

국민의 뜻

　모든 리버럴이 두긴이나 카르발류의 전문 분야인 점성술의 심오한 세계나 아리아인의 북극 기원설 따위에 관심을 갖는 것은 아니다. 또 하나의 대안이 있으니, 국민들이 뭘 제대로 모르고, 비합리적이고, 실은 권위주의를 간절히 원한다는 시각을 적극 수용하는 것이다. 이는 19세기 초반 이래 수많은 리버럴들이 취해온 기본자세라고 할 수 있다. 힐러리 클린턴도 한 인터뷰에서 우익 포퓰리즘은 "누군가가 시키는 대로 하고 싶은 심리적·정치적 열망"을 충족해준다고, 정말이지 아무런 근거도 없이 주장하지 않았던가.

하지만 시민들이 정말로 그렇게 강력한 권위를 원하는 것일까? 정말로 대다수가 극우파로 개종해버린 걸까? 전문가는 물론이고 포퓰리스트들이 직접 제시한 도미노 이론, 즉 브렉시트로 시작해 그다음엔 트럼프, 그다음엔 르펜 등으로 우익 포퓰리즘의 득세가 줄줄이 이어진다는 주장이 무색하게도, 지금까지 서유럽이나 북미에서 우익 포퓰리스트가 기성 엘리트 보수층의 도움 없이 정권을 잡은 사례는 한 건도 없다. 브렉시트는 나이절 패러지 혼자서 이뤄낸 것이 아니다. 오랜 보수당 각료 마이클 고브, 그리고 브렉시트가 정말 좋은 아이디어라고 유권자들을 설득해낸 보리스 존슨의 도움이 있었기에 가능했다. 트럼프는 흔히들 말하는 '성난 백인 남성 노동자 계층'의 자발적인 풀뿌리 운동에 힘입어 대통령에 당선된 것이 아니라, 엄연한 기성 정당의 후보였다. 크리스 크리스티, 루디 줄리아니, 뉴트 깅그리치 같은 공화당의 거물급 인사들이 앞다투어 트럼프의 인성을 보증하고 나섰다. 2016년 11월 8일에 벌어진 일은 어찌 보면 가장 시시한 정치학적 설명으로 해석이 가능하다. 트럼프의 당선은 그저 당파 정치의 결과일 뿐이었다. 스스로를 공화당 지지자로 여기는 시민들이 대부분의 유권자가 선거일에 하는 일, 즉 투표소에 나가서 자신의 당에 한 표를 던지는 행위를 한 결과라는 것이다. 후보자가 평범하지 않았을 뿐, 이 행위 자체는 평범하기 그지없다.[14] 그런 일이 2016년에 한 번, 2020년에 또 한 번 일어났을 뿐이다.

　　물론 후보자가 평범하지 않다는 사실을 사람들이 알아채지 못한 건 아니지만, 이는 다른 우려를 상쇄할 만한 요소가 되지 못했다. 공화당원 중에도 공식 석상에서 트럼프는 대통령 자격이 없다고 말한 이들이 있었다. 하지만 그런 말을 한 뒤에도 그들은 트럼프에게 투표했다는 사실을 숨기지 않았다. 자아분열적으로 보이는 이런 행동의 배경에는 어떤 명분에 대한 열렬한 지지보다 어떤 것 또는 어떤 이에 대한 열렬한 반대가 더 중요해진 오늘날의 선거가 있다. 정치적 편 가르기는 존 스튜어트 밀이 칭한 '공동의 지지'보다는 '공동의 반감'에, 또는 정치학자들이 '부정적 정체성negative identity'라고 부르는 것에 기반해 이루어진다. 다수의 미국 우파, 그리고 일부 좌파에게 힐러리 클린턴은 무슨 일이 있어도 절대 뽑을 수 없는 사람이었다.[15] 다수의 브라질 유권자가 중요하게 여겼던 건 룰라의 노동당에 표를 주지 않는 것이었다.[16] 헝가리의 오르반과 폴란드의 카친스키라고 2010년과 2015년의 결정적인 선거에서 법치주의를 파괴하겠다는 공약을 내세웠을까? 그렇지 않다. 오르반과 카친스키는 자신의 당을 주류 중도우파로 연출했다(특히 오르반의 경우에는 유럽에서 가장 강력한 기독민주당과 헝가리의 자동차 제조업계가 그러한 연출을 확실히 뒷받침해줬다). 시민들은 마음속 깊이 숨겨둔 권위주의에 대한 열망을 표출했다기보다, 민주주의 이론에 따라 양당제에서 한 정당이 신뢰를 잃었을 때 마땅히 해야 할 행동을 했을 뿐이다. 헝가리에서는 사회당이 부정부패와 엉망인 경제 성적표로, 폴란드에서는 도날트 투스크의 기독민주시민연단이 너무 오랜 집권에 따른 안일함으로 국민의 신뢰를 잃어버린 상태였다.[17] 오르반과 카친스키는 확실한 승리를 거머쥐고 난 후에야 정치 제도를 손봐야 한다고 선언했다.

　권력을 잡은 포퓰리스트는 선거에서의 승리가 곧 자신을, 그리고 자신만이 국민의 뜻을 대표한다는 명제를 모두가 받아들여야 한다는 의미라고 주장한다(그리고 그 주장이 받아들여지면 다른 세부 사항은 별로 중요하지 않다. 인도 출신 지인이 말했던 것처럼, 모디를 지지하기만 하면 소고기 버거를 먹어도 괜찮다). 상기 인물들이 실제로 (압도적 다수는 고사하고) 다수당 지위를 확보하지 못한 경우도 있음은 말할 것도 없다. 일례로 인도인민당은 2019년 선거에서 겨우 37퍼센트를 득표했지만 단순다수대표제 덕분에 의회에서 다수당 지위를 획득할 수 있었다. 2015년 폴란드에서도 '법과 정의'당이 총 유권자 수의 19퍼센트에 불과한 37퍼센트의 득표율로 국회에서 다수당이 되었고, 이를 법치주의 해체의 명분으로 삼았다. 헝가리에서 오르반은 2010년 선거 결과 자신의 정당이 유권자 과반수의 표를 얻고 의회에서 압도적 다수당이 되자 이를 "투표소에서 일어난 혁명"이라 칭하며 공약에는 있지도 않았던 헌법 개정은 물론 사회·정치 전반의 '개혁'을 추진할 명분으로 해석했다.

　우익 권위주의 포퓰리즘 정권하에서 일어난 모든 일은 시민이 쭉 바라온 바였다는 식으로, 권위주의의 결과물을 신비로운 국민의 뜻으로 해석하는 건 실수다. 포퓰리스트가 국민의 정치 참여를 이끌어냈다는 해석도 잘못되었다. 오르반이 "국민과의 상담"이라는 이름으로 정책에 대한 대국민 정기 설문조사를 요란하게 실시했던 것은 사실이다. 오르반은 이 대국민 설문조사 결과가 리버럴 엘리트, 특히 브뤼셀 EU 본부에 앉아 있는 "리버럴 허무주의자"들의 강압에 저항할 힘을 얻은 평범한 국민들의 뜻을 보여준다고 주장했지만 실상은 달랐다. 설문조사는 특정한 답변을 유도할 수 있도록 설계되었고, 아예 말도 안 되는 질문이 포함되는 경우도 많았다. 일례로 한 설문조사에서 응답자들은 존재하지도 않는 '소로스 계획'이라는 난민 정책에 찬반 의사를 밝혀야 했다. 헝가리 정부는 이런 엉터리 설문조사에서도 국민이 '정답'을 선택할 수 있도록 수백만 달러를 들여 난민과 EU에 대한 혐오를 조장하는 프로파간다를 펼쳤다. 응답률이 저조해 조사가 무산되었을 때도 대통령이 변함없이 국민의 유일한 대변자를 자처했다는 사실은 많은 것을 말해준다. 우익 포퓰리스트는 스스로 세운 규칙마저도 존중하지 않는다. 언제고 상황이 불리해지면 '투표소의 숫자 놀음' 따위는 무시하고 '진정한 국민의 뜻'을 들먹일 수 있기 때문이다.

이를 통해 포퓰리즘과 직접민주주의의 관계에 대해 더욱더 일반적인 사실을 알아낼 수 있다. 우리는 대표자나 중간 단계 없이 국민이 직접 발언한다는 원칙을 수호하는 사상과 포퓰리즘을 연관 짓는 일반적인 통념을 버려야 한다. 국민투표는 포퓰리스트에게 매우 구체적인 의미를 갖는다. 포퓰리스트에게 국민투표는 시민 간 의견을 교환하고 논쟁하는 제약 없는 과정이 아니다. 포퓰리스트가 말하는 '진짜 국민'의 정의를 통해 추론할 수 있듯이, 국민투표의 정답은 언제나 미리 정해져 있다. 국민의 역할은 정치에 참여하는 것이 아니라, 포퓰리스트 리더가 '국민의 뜻'이라고 주장해온 것을 확인해주기 위해 정답 칸에 표시를 하는 것이다. 결과에 그 어떤 불확실성도 존재해서는 안 된다.

지금까지 등장한 포퓰리스트 정권들이 정치 시스템을 평범한 시민에게 더 개방하는 방향으로 개혁하지 않은 것은 우연이 아니다. 이들 정권은 오히려 선거에서 불확실성을 최대한 제거하기 위해 유권자 억압과 게리맨더링선거구를 특정 후보나 정당에 유리하도록 기형적으로 변경하는 행위. 1812년 매사추세츠주의 엘브리지 게리 주지사가 상원의원 선거구 개정법을 입안하면서 자기 소속 정당인 공화당에 유리하도록 개정을 강행한 데서 유래했다—옮긴이, 상기한 포퓰리스트 통치 기술 등 갖은 방법을 동원해왔다.

그렇다면 혹시 힐러리 클린턴의 지적이 옳았던 것일까? 사람들이 권위적인 지도자를 원하거나, 최소한 그런 지도자를 참고 봐줄 마음이 있다는 뜻일까? 지금까지 등장한 리더 가운데는 진정으로 대중의 지지를 받은 사람도 있다. 그러나 이를 권위주의에 대한 명확한 집단적 열망으로 해석해서는 안 된다. 문제는 평범한 사람들이 민주주의를 끝장내고 싶어한다는 것이 아니다. 문제는 양극화되고 분열된 사회에서 국민에게 주어지는 선택지다.[18]

이중 분리 현상

양극화의 책임이 포퓰리즘에만 있는 것은 아니지만, 포퓰리스트의 주요 전략이 양극화임을 이해하는 건 중요하다. 포퓰리스트는 사회를 여러 집단으로 나눈 다음, 일부 집단이 근본적으로 정당성을 결여했고 심지어 존재론적인 위협이 된다는 점을 넌지시 시사한다. 포퓰리스트의 정치 세계에서 집단의 성격은 다양한 정치 집단을 가로지르는 정체성이나 이해관계로 규정되지 않으며, 존재론적 중요성을 갖는 하나의 선에 의해 단순화된다. 대략 '나쁜 편이 이기면 우리 모두 죽는다'는 식이다. 포퓰리스트의 세계관에서 상대편의 승리는 단순히 우리의 일시적인 패배가 아니라, 보통 사람들의 삶을 향한 중대한 위협이며 나아가 정치 체제의 종말을 의미한다(2016년 퓨 리서치 센터의 설문조사에 따르면 공화당원의 45퍼센트, 민주당의 41퍼센트가 상대당을 '국가의 안녕에 대한 위협'으로 보았다).[19]

미국이 안고 있는 다른 여러 문제와 달리, 양극화는 내재된 본성과 거리가 멀다. 인간의 뇌는 부족 중심주의에 맞추어 프로그래밍되어 있지 않다. 그럼에도 깊이 분열된 사회에서는 정치적 양극화를 이끌어내기가 더 쉽다. 그렇다면 사회는 왜 분열되는 것일까? 왜 우리는 누가 국민인지, 또 우리가 한 집단의 구성원으로 함께 있어야 하는 이유가 무엇인지 합의하는 데 어려움을 겪을까? 통상적인 답변으로는 여러 나라에서(국민 의식에 관한 다양한 이론에 대해 쓰고 말하는 사치를 누리는 사람들이 관심을 갖는 나라에 한해서지만) 이민자와 난민의 수가 늘어서 그렇다는 주장이 있다. 인구 감소에 대한 불안감, 더 구체적으로는 인종 간 출생률 차이로 인한 인종적 구성의 변화에 대한 불안감이 존재한다는 것이다(인구 감소와 인종 구성 변화는 '거대한 교체'에 대한 공포를 부추기는 데 안달난 우익 포퓰리스트들의 상상력을 자극해왔다).[20] 그러나 이는 지나치게 단순한 접근이다. 이런 식의 설명은 특정 정책 과제 한 가지가 사회의 정치적 분열을 좌우하는 요소라고 결론지어버린다.

브렉시트와 트럼프는 포퓰리즘의 부상, 혹은 포퓰리즘의 어마어마한 정치적 파워를 잘 보여주는 예로 흔히 함께 언급된다. 하지만 이상하게도 좀처럼 지적되지 않는 사실이 하나 있다. 힐러리 클린턴과 EU 탈퇴 반대파의 슬로건이 매우 비슷했다는 사실이다. 유권자 설득에 처참히 실패한 두 캠프의 슬로건은 각각 다음과 같다. "함께 더 강하게Stronger Together", "유럽 안에서 더 강하게Stronger in Europe". 투표 결과를 보면 상당수의 시민들은 '함께하지 않음으로써' 더 강해진다고 느낀 것 같다.

두 슬로건이 우연히 비슷했다는 사실에 지나치게 큰 의미를 부여하고 싶지는 않다. 슬로건이 선거 결과를 결정짓는 것도 아니다. 그럼에도 여기에는 매우 중요한 시사점이 있다. 오늘날 '함께'가 의미하는 바에 근본적인 의문이 제기되고 있다는 사실이다. 한 설문조사에서는 프랑스인의 35퍼센트가 자신은 동료 시민들과 공통점이 전혀 없다고 답했다.[21] 많은 이가 '우리가 도대체 왜 여기 함께 있는가? 왜 내가 이 이질적인 사람들과 운명 공동체로 묶여야 하는가?'라는 의문을 제기하는 것이다.

2차 대전 직후에 비해 오늘날 누가 국민에 속하는지의 문제가 더 중요해진 거라면 그동안 도대체 어떤 변화가 있었던 것일까? 이민만을 탓할 문제가 아니다(실제로 이민은 몇 년 전에 시작된 최신 트렌드도 아니다). 나는 오늘날의 중산층이 경험하는 스트레스의 증가로 인해 악화된 '이중의 분리'라는 현상을 원인으로 꼽고 싶다. 설명하자면 다음과 같다.

첫 번째 분리는 거칠게 말하자면 특권층의 분리다. 오늘날 이들은 '리버럴 코스모폴리탄 엘리트'라는 카테고리로 뭉뚱그려지는데, 이 용어는 우익 포퓰리스트들이 멸칭으로 쓰기도 하지만 전문가나 사회과학자 사이에서도 점점 더 많이 사용되는 추세다. 이러한 명칭은 두 가지 면에서 오해의 소지가 있다. 첫째, 엘리트 가운데 다수가, 실제로는 몰라도 최소한 잠재적으로 이동이 자유로운 사람들인 것은 사실이다. 그러나 '코스모폴리탄', 즉 '세계시민'을 '비행기를 자주 타고 다니며 모든 인간이 도덕적으로 동등한 관계를 맺고 있으며 국경에는 어떠한 도덕적 중요성도 없다고 믿는 사람'이라고 정의한다면, 오늘날의 '엘리트'가 반드시 '코스모폴리탄'이라고 할 수는 없다. 이동이 자유롭다고 해서 곧 보편주의자가 되는 것은 아니다. 19세기, 철도 덕분에 민족주의가 사라질 것이라는 환상이 여지없이 깨져버렸을 때 이미 명백해진 사실이다. 위대한 도덕적 보편주의 철학자 이마누엘 칸트가 평생 자신의 고향인 쾨니히스베르크 밖으로 한 발짝도 나간 적이 없다는 사실도 떠올려보자.[22]

세계적 스타를 비롯한 엘리트 계층의 유명 인사들이 대대적으로 국제 자선 활동을 펼치는 것은 사실이지만, 정치철학에서 말하는 진정한 글로벌 정의, 즉 전 세계적 자원과 생명의 실질적인 재분배를 수호하는 이는 찾아보기 힘들다. 1990년대에서 21세기 초반까지 세계화 예찬론자들이 세계화를 정당화할 명분으로 '세상 모두에게 유익한 영향력'이 아니라 '각 국가에 돌아갈 이익'을 꼽은 것은 시사하는 바가 크다.

'코스모폴리탄'이라는 용어는 또 다른 면에서도 오해를 불러일으킨다. 특권층의 '이동성'은 이동이라는 선택지를 갖는 것, 또는 일상적인 비행 경험을 의미하지 결코 실질적인 이주를 뜻하지 않는다. 서구 국가에서 경제와 행정 부문의 엘리트는 여전히 대부분 자국 내에서 교육과 커리어의 기회를 찾는다.[23] 동시에 이들은 나머지 사회 구성원에 대한 실질적인 의존에서 자유로워 보이기도 한다("자유로워 보인다"고 표현한 이유는 이들이 당연히 경찰 서비스나 도로 따위를 이용하기 때문이다). 모든 엘리트가 말 그대로 외부인 출입 제한 주택가에 사는 것은 아니지만, 오늘날 부유층의 '자기분류'와 동질화 경향은 매우 명백하다. 교육 수준이 높고 부유한 사람들은 끼리끼리 결혼하고 같은 동네에 살면서 특권을 대대손손 물려준다. 이런 행태가 그 자체로 부도덕한 것은 아니다. 사장이 비서와 결혼하던 시절이라고 다 좋기만 했을까? 젠트리피케이션을 몽땅 되돌린다고 도심 지역이 다시 살아난다는 보장은 없다. 그러나 이 같은 현상은 우리가 사회를 이해하는 방식, 더 구체적으로 말하면 시민들이 서로를 바라보는 시각에 분명한 영향을 준다. 진정한 의미에서 '사회적 거리 두기'를 할 수 있는 사람들은 당연히 왜 자신이 저 나머지 사람들과 같은 공동체로 묶여야 하는지를 의심할 수밖에 없다. 도덕적 독립성 따위는 차치하더라도, 실용적인 면에서 왜 나에게 동료 시민이 필요한지가 불분명해지는 것이다. 공급망의 세계화로 인해 노동자들이 같은 정치 체제 안에 속해 있을 필요가 없어졌다. 자유무역 체제하에서 소비자들의 국적은 달라도 상관이 없다. 냉전 이후 대규모 군대가 줄어들면서, 동료 시민의 군복무에 나의 안녕을 의지할 일도 점차 사라지고 있다.[24] 2020년 팬데믹 사태를 통해 드러났듯이 '필수 인력'마저도 모두에게 똑같이 필수적인 존재가 아니다. 특권층은 그들만 이용할 수 있는 '컨시어지 의료 서비스'를 통해 바로 의료진의 도움을 받고 30분 만에 검사 결과를 받아볼 수 있다.

실리콘밸리의 억만장자 피터 틸은 이 같은 경제 특권층 분리의 공공연하고도 사뭇 희화적인 버전을 잘 보여준다. 틸은 리버테리언

libertarian 정부 권한의 최소화와 개인의 정치적 자유 극대화를 주장하는 사람. '자유지상주의'로 번역되기도 하는 리버테리어니즘은 개인의 자유를 근간에 두는 정치철학으로, 미국 정치의 맥락 속에서 공화당이나 민주당 어느 한쪽을 지지하기보다는 경제적으로는 보수적인 입장을, 사회적으로는 진보적인 입장을 취하는 유권자 집단을 형성하기도 한다—옮긴이을 자처해온 인물이지만, 대선 후보 트럼프를 '있는 그대로'는 아니라도 진지하게 받아들여야 한다고 선언한 후 종국에는 트럼프의 자문 역할을 했다. 그는 나아가 트럼프주의를 실질적인 사상으로 포장하려 시도한 인물 가운데 하나다.[25] 틸은 "우리 시대 리버테리언에게 주어진 큰 임무는 전체주의와 근본주의의 재앙에서부터 소위 '사회민주주의'를 이끄는 생각 없는 대중에 이르기까지, 모든 형태의 정치에서 벗어날 방법을 찾는 것"이라고 썼다.[26] 그는 "우리를 세상에 드러나지 않은 나라로 이끌 새롭고, 지금까진 시도된 적 없는 과정"에 희망을 건다고도 했다. 아쉽게도 '세상에 드러나지 않은 나라'는 거의 없기 때문에, 틸은 '사이버 공간'과 '우주 공간'과 '바다 위 공간seasteading'에 희망을 건다. 공간보다 시간을 정복하고자 하는 이들은 인체 냉동 보존술('지금 얼려주세요, 나중에 되살아날게요')에 투자해, 유한한 삶을 사는 평범한 인간들로부터 완전히 분리되기를 꿈꾸기도 한다.

틸의 대중 무시 발언, 특히 "1920년에 복지 정책의 수혜자가 크게 늘어나고 여성에게 선거권이 주어졌는데, 이 두 집단은 리버테리언에게 몹시 까다로운 집단이며, '자본주의적 민주주의'가 모순적이라는 인식을 만들어냈다"는 표현은 큰 주목을 끌었다. 이후 그는 사람들에게서 투표권을 박탈해야 한다는 뜻은 아니었다고 해명했다. 발언의 핵심은 가망 없는 대중과는 (그 규모가 현격히 줄어들었다 해도) 도

모할 수 있는 바가 별로 없으므로, 최소한 거리를 두는 것이 차선책이라는 것이었다. 이러한 태도 역시 분리 욕구라고 볼 수 있다. 틸처럼 철학으로 포장한 기술적 클리셰를 동원해 자신의 입장을 정당화하는 경우도 드물지만, 이런 입장 자체를 대놓고 밝히는 경우 역시 잘 없다. 그러나 부유층의 분리는 분명히 진행 중이다.[27] 발견되지 않은 땅에 대한 틸의 열망에 부합하는 추악한 현실로는 이중 국적, 조세 피난지의 호화 주택, 대재앙에도 끄떡없을 거라는 뉴질랜드에 지은 세 번째 혹은 네 번째 별장, 국적 없는 조직을 활용한 초국가적 회계 비법 등을 꼽을 수 있다. 저명한 경제학자 두 사람의 지적대로 2016년 미국 기업은 해외 영업 이익의 20퍼센트 이상을 '무국적 조직', 즉 어디에도 법인 조직이 되어 있지 않기 때문에 어디에서도 과세 대상이 아닌 페이퍼 컴퍼니에서 얻었으며, 이를 통해 실질적으로 다른 행성에서 1000억 달러의 수익을 올릴 수 있는 방법을 찾아냈다.[28] 당연한 이야기지만 이 같은 분리는 '어디에도 속하지 않은 시민'이 추진한 것이 아니며, 저들이 벌어들인 돈도 '어디엔가 속한 시민'에게로 돌아간 것이 분명하다. 언제나 문화 전쟁에 뛰어들 준비가 되어 있는 우익 포퓰리스트들이 뭐라고 하건 간에, 이러한 분리 현상은 도덕적 세계시민주의, 하다못해 문화적 세계시민주의과도 아무런 관계가 없다. 그럼에도 엘리트 계층에 대한 비판에는 일말의 진실이 담겨 있다. 바로 일부 시민이 최소한의 사회적 계약에서도 이탈하고 있다는 점이다.

이 모든 것이 아주 새로운 현상은 아니라는 점은 짚고 넘어가야겠다. 프랑스 혁명의 지도자였던 에마뉘엘 시에예스는 프랑스 귀속에 대해 "특권층은 자신을 다른 종으로 인식하게 되었다"고 지적한 바 있다. 물론 당시의 특권층은 혁명의 결과로 자신들이 다른 종이 아님을 깨닫게 되었다. 마찬가지로 오늘날의 특권층 역시 종국에는 "세상에 드러나지 않은 나라"란 존재하지 않으며, 바이러스는 장소를 가리지 않기 때문에 컨시어지 의료진을 두어봤자 사회에서 가장 안전하지 않은 장소 이상으로 안전해질 수는 없다는 사실을 깨닫게 될 것이다.

그렇다 해도 오늘날의 사회적 거리 두기는 이전 시대와는 조금 다르다. 다시 한번 강조하지만, 진정한 의미에서 과거가 다시 돌아오는 일은 없다. 계급사회에서와 달리 오늘날의 불평등은 공개적으로 정당화되는 대신 숨겨져 있는 경우가 많다. 분업이 고도화된 복잡한 민주주의 사회에서는 얼핏 보면 모두가 운명 공동체에 속한 것처럼 보이지만, 다양한 집단에 각각 다른 규칙이 적용되는 것이 실상이다.

이런 복잡성을 꿰뚫어 본 사회과학자들은 일부 민주주의 국가, 특히 미국이 실질적 과두제 국가가 되어버린 것 아니냐는 정치적 금기에 가까운 질문을 던지기도 했다. 미국을 1990년대 러시아의 도둑 정치나, 선거 결과에 상관없이 정치적 요직이 종교 지도자나 다름없는 정치 지도자로 채워지던 내전 후의 레바논 상황과 나란히 놓는다는 뜻은 아니다. 과두제에는 두 가지 특성이 있는데 그 두 가지가 항상 함께 가는 것은 아니다. 아리스토텔레스의 첫 번째 기준에 따르면, 과두정의 지배 계급은 엄청난 부를 가질 뿐 아니라 계속해서 더 많은 것을 원하는 욕구와 필요에 지배를 받는 사람이다(그리스어로는 pleonexia라고 한다). 2016년 2월에 나온 트럼프의 네바다주 경선 승리 연설이 이해에 도움이 될 것이다.

돈을 거절하는 것이 내게는 힘든 일입니다. 내 평생 해온 일이기 때문입니다. 나는 움켜쥐고, 움켜쥐고, 또 움켜쥐는 사람입니다. 나는 돈을 원할 때 탐욕스러워집니다. 앞으로 우리가 할 일이 무엇입니까? 탐욕스러워져야 합니다. 우리는 이제부터 미국을 위해 탐욕스러워져야 합니다. 우리는 움켜쥐고, 움켜쥐고, 또 움켜쥘 것입니다. 돈을 엄청 많이 끌어오고, 뭐든지 엄청 많이 끌어올 것입니다.[29]

물론 돈이 많거나 탐욕의 지배를 받는다고 해서 모두 과두정의 지배 계급인 것은 아니다(트럼프 역시 '움켜쥘 수 있는 것은 뭐든지 움켜쥔다'는 것 외에 다른 기준을 충족하는지에 대해서는 이견이 있을 수 있다). 아리스토텔레스가 제시한 두 번째 기준은 자신의 부를 활용해 종속 관계를 만들어내고 정치 과정을 왜곡하는지 여부다. 거칠게 말하자면, 부자들은 정치적으로 아예 딴 세상에서 논다는 뜻이다. 정치학자 제프리 윈터스는 "평범한 부자"와 "돈이 너무 많은 나머지 '수입방어 산업income defense industry'에 큰돈을 지불할 수 있을 만큼 돈이 많은 부자"의 차이를 결정적인 경계선으로 본다.[30] 케이맨제도에 조세피난처를 만들어줄 회계사와 변호사를 고용할 수 있는 사람만이 (워런 버핏처럼) 자신의 비서보다도 세금을 덜 낼 수 있는 것이다.[31]

'선행에 앞장서는 리버럴 세계주의자'라는 클리셰와는 반대로, 상위 0.1퍼센트 초부유층이 선호하는 경제 정책은 극도로 보수적이다. 이들은 자신의 선호가 나머지 사회 구성원들의 의견보다 더 많이 반영되도록 확실한 조치를 취한다. 과두정의 지배 계급이 독난석으로 총기 규제나 임신 중단 정책을 결정하지는 않는 것처럼, 초부유층이라고 해서 모든 정책 사항에 다 관여하는 것은 아니다. 그러나 세금이나 무역 정책에 관해서는 이들의 선호가 항상 반영되는 경향이 있으며, 정책의 세부 사항이라는 것은 (종종 의도적으로) 매우 복잡하기 때문에 다수의 대중은 물론이고 전문직 종사자들조차도 초부유층이 특정 정책으로 인해 얼마나 큰 혜택을 누리는지를 잘 이해하지 못한다 (여기서 초부유층이란 당연히 대중 앞에서 "움켜쥐고, 움켜쥐고…" 따위의 연설을 하지 않아도 자신의 뜻을 정책에 얼마든지 반영할 수 있는 사람들이다).[32] 이 그림을 꿰뚫어보는 이가 있다 해도 그 점을 시정하기 위해 자원을 동원하기란 매우 어렵다. 2020년 팬데믹 위기 속에서도 기업, 특히 부동산 업계를 위한 정책으로 긴급 법안을 가득 채워 넣었던 공화당 같은 존재에 맞서야 하기 때문이다.

유명 인사 중 정반대 경우도 있기는 하지만, 미국에서는 과두정의 지배층이라고 부를 만한 인물이 점점 더 과격화 중인 극우와 나란히 발을 맞추기도 한다. 진짜 장벽을 쌓아올리지는 않았지만 '월'스트리트에는 세금을 깎아준 트럼프 식의 포퓰리즘 전략을 이들은 적극 수용했다. 2017년 세금 감면 및 일자리 법안Tax Cuts and Jobs Act의 혜택 가운데 80퍼센트가 직접적으로 상위 1퍼센트에게 돌아갔다(공화당 후원자들이 세금을 깎아주지 않으면 후원금은 없다고 분명히 한 덕이다). 트럼프의 주요 공약은 멕시코인 입국 금지였지만, 당선 후 대표 법안은 가장 힘센 미국인들의 세금 부담을 덜어주고 '컨시어지 사회'를 유지하며 살 수 있도록 해주는 내용이었다. F. 스콧 피츠제럴드의 소설 「부잣집 아이The Rich Boy」에 대한 헤밍웨이의 유명한 말이 있다. "엄청나게 돈이 많은 사람들에 대해 알려주지. 그들은 당신이나 나 같

은 사람과는 달라." 부자는 단지 돈이 많을 뿐 아니라 돈을 지킬 힘이
있다는 점에서 보통 사람들과 결정적으로 다르다는 말이다.

중요한 건 이 같은 실질적인 분리가 어떤 음모를 통해서가 아니
라 두 주류 정당 중 한쪽을 장악하는 것으로 가능하다는 점이다(물론
다른 한 정당에도 어느 정도 영향력을 행사해야 한다). 제이컵 S. 해커와
폴 피어슨이 지적한 대로, 공화당과 그 후원 세력은 자신이 선호하는
정책 방향이 유권자 전반의 폭넓은 지지를 받지 못한다는 사실을 잘
알고 있다. 그렇기 때문에 조금이라도 이길 가능성이 있는 문화 전쟁
을 끊임없이 일으키면서 거기에 경제 정책을 엮어간다. 문화 전쟁에
서 승리할 수 있는 것도 오로지 그저 비도시 지역 유권자가 (특히 상원
에서) 과대대표되는 미국 선거 제도상의 구조적 이점을 누리기 때문
이다.[33] 또 항상 대비책으로 투표 억압 등의 전략을 구사하여 실질적
인 소수 독재 체제가 유지되도록 하는데, 이는 공화당이 존경한다고
주장하는 건국의 아버지들이 민주주의 국가를 세우면서 깊이 우려했
던 시나리오다.

아리스토텔레스에게는 미안한 말이지만, 우리가 관심을 가져야
할 것은 부유층의 심리가 아니라 민주주의의 기저 인프라다. 특히 부
유층의 분리를 용이하게 하는 인프라의 핵심은 정당 제도와 선거 자
금 규정이다.

또 하나의 우려스러운 분리는 눈에 잘 드러나지 않는다. 평민이
무리 지어 도시를 떠나 총파업에 돌입함으로써 정치적인 변화를 도모
했던 로마 공화국의 평민 철수 투쟁secessio plebis과는 다르다. 고대 아
테네 민주정의 빈민들이 부유층의 쓸모없음을 깨닫게 된 것과도 다르

다. 자신도 편견 없는 관찰자는 아니었지만, 플라톤은 그 깨달음의 순
간을 다음과 같이 묘사했다.

> 그을린 피부에 깡마른 가난한 자가 전투에서 부유한 이 옆에 서게 되었는데,
> 뚱뚱하고 실내에서만 지내온 부자는 가쁜 숨을 몰아쉬며 정신을 차리지 못
> 하고 있었다네. 가난한 이는 부자가 부자인 이유가 자신의 비굴함 때문이라
> 고 생각하게 되지 않을까? 가난한 이는 사적인 자리에서 다른 가난한 이를
> 만나 이렇게 말할걸세. "우리가 이길 수 있어. 이 사람들 아무짝에도 쓸모가
> 없어."[34]

민주주의가 빈자가 부자의 것을 빼앗을 가능성을 늘 내포한 체제
라고 걱정하는 이들에게는 위와 같은 각성이 두렵기 짝이 없는 일이
겠으나, 오늘날 그런 기미는 전혀 보이지 않는다. 오히려 저소득층에
서 점점 투표를 비롯한 모든 형태의 정치 참여가 줄어들고 있다. 이것
이 두 번째 분리 현상이다. 틸의 우주 개척 판타지처럼 의식적인 계획
에 따라 진행되는 분리가 아니다. 가난한 이들에게 "발견되지 않은 나
라" 따위는 없다. 오직 결핍과 조용한 절망의 땅이 있을 뿐이다. 완곡
한 표현으로는 "사회적인 혜택을 받지 못하는 커뮤니티"이며, 지도 위
에 실재하는 땅이자, 사람들의 마음속에도 존재하는 장소다.[35]
　이러한 분리는 잘 드러나지 않으면서 동시에 자기강화의 성격을
띤다. 정당은 투표하지 않는 사람들에게 관심을 가질 이유가 없고, 정
당의 관심이 없으니 가난한 사람은 자신의 삶과 정치가 무관하다는
생각을 점점 굳혀간다. 그 결과 참여는 줄어들고, 나아가 왜곡된다. 이

현상에 대한 독일의 정치학자 클라우스 오페의 설명은 다음과 같다. "사람들이 자신의 권리와 정치적 자원을 '낭비'하도록 길들여지면, 정치 엘리트와 정당은 유권자의 일부가 정치 자원을 덜 활용한다는 점을 이해하게 되고, 이들을 방치하면서 실제로 '표가 되는' 유권자에게만 관심을 쏟게 된다."[36] 요컨대 정치 엘리트와 가난한 시민이 서로를 밀어내며 멀어지는 악순환이 반복되는 것이다.

2020년 코로나 팬데믹은 모두가 이 사태에서 자신이 늘 얻고 싶어 하던 정치적 교훈을 얻었다는 점에서 로르샤흐 테스트^{피실험자에게} <small>좌우대칭의 잉크 얼룩을 보여주고 무엇이 연상되는지 말하게 하여 심리상태와 성격을 파악하는 검사—옮긴이</small>와 같았다. 또한 없었던 문제를 만들어낸 것이 아니라 기존의 구조적인 문제를 노출시켰다는 점에서 엑스레이 검사와도 같았다. 특권층은 집 안으로, 초특권층은 별장으로 대피했다(프랑스에는 340만 채의 별장이 있다고 한다). 과두정의 지배 계급은 햄튼에 위치한 호텔식 별장 단지로 거처를 옮기거나, 하인을 대동하기가 까다롭기는 해도 요트를 타고 먼 바다로 나가 확실한 거리 두기를 실천했다. 한편 어려운 처지에 놓인 이들은 계속해서 죽어나갔고, 명목상의 미국 민주주의가 실은 여러 면에서 인종적 카스트 사회임을 확인하는 계기가 됐다. 가난한 사람은 기저 질환을 앓고 있거나, 좁고 붐비는 공간에서 생활하고 있을 확률이 훨씬 높았다. 형편이 나은 사람도 배달 노동자의 건강에 의지해야 했지만, 그런 현실조차 "우리는 같은 배를 타고 있다"거나 (시인 W. H. 오든을 인용하자면) "서로 돕지 않으면 죽는 순간"이라는 인식으로 이어지지 못했다. 의존을 인정하는 것이 곧 갈등이나 정치적 충돌의 종말은 아니었겠지만, 적어도 자신과 타인을 위해 마스크를 쓰는 것마저 정치적인 행위로 해석하는 문화 전쟁이 얼마나 터무니없는지 드러내는 계기가 되었을 것이다. 하지만 현실은 그렇지 못했다. 19세기 영국에 대한 벤저민 디즈레일리의 묘사가 21세기 일부 서구 국가에서도 여전히 유효했다.

> 서로 간에 교류나 공감이 전혀 없는 두 개의 나라. 완전히 다른 구역에 사는 양 서로의 습관, 생각, 감정에 무지하다. (…) 전혀 다른 방식으로 양육되고, 전혀 다른 음식을 먹고, 전혀 다른 매너를 배우고, 전혀 다른 법의 통치를 받는다.[37]

꼭대기 층에는 정치에 깊이 관여하지만 언제든지 이곳을 떠나 살 수 있는 사람들이 있고, 바닥에는 정치에 거의 참여하지 않으면서도 여기 말고는 달리 갈 곳이 없는 사람들이 있다. 이는 물론 상황을 극단적으로 단순화해 묘사한 것이다. 그 사이에는 점점 더 큰 스트레스에 시달리는 중간층이 있음을 잊어서는 안 된다. 일부 국가에서는 부유한 전문직으로 구성된 중상위 계층도 이 집단에 속한다. 미국에서는 바로 이 계층이 증가하는 교육비와 좁아지는 대학문 때문에 불안감에 시달리고 있다. 이들에게 '위대한 교체'는 무슬림 인구가 늘어나는 것이 아니라 기계가 회계 및 경영 직군의 일자리를 대체하는 것이다.

시민들이 자신과 아래 세대의 경제에 대해 점점 비관적으로 전망한다는 연구 결과는 차고 넘친다. 미국인의 60퍼센트, 유럽인의 64퍼센트가 자식 세대는 자신보다 경제적으로 어려울 것이라고 생각한다. 정치학자 애덤 셰보르스키가 지적한 바와 같이 "세대 간 진보에 대한 뿌리 깊은 믿음의 붕괴는 문명 규모의 현상"이다. 중산층이 민주주의 원칙과 법치의 파괴를 때로는 용인하는 것처럼 보이는 이유가 바로 여기에 있다. 많은 이들이 적어도 오르반이나 트럼프 부류가 민주주의를 해치고 있다는 것 정도는 안다. 그럼에도 양극화와 불평등이 심한 사회에서는 사람들이 자신의 경제적 이익(실질적 이익이건, 공허한 기대건)을 위해 그 정도는 눈감아줄 의사가 있는 것이다.[37] 문제는 포퓰리스트가 '우리 아니면 저들'이라는 의식을 부추길 때, 또는 '우리 나라를 빼앗긴다'는 패닉을 조장할 때 가장 심각해진다. 정치학자 래리 바텔스가 말한 "종족적 적대감ethnic antagonism"은 권력을 잡으려 하거나 국가에 너무 많은 것을 요구하는 비백인에 대한 적대감을 뜻하는데, 공화당원을 자처하는 미국인 사이에서 민주주의 원칙 준수에 대한 의지가 낮아지고 있는 현상에 대한 설명이기도 하다. '종족 국가'를 방어하기 위해 예의 따위는 차리지 않겠다는 수준이 아니라, 무법상태, 나아가 폭력을 명백히 옹호하는 이들이 생겨난 것이다.[38]

즉 오늘날 일부 시민은 자신에게 이득이 될 듯한 것, 또는 자기 자식의 미래에 도움을 줄 듯한 것과 민주주의 훼손을 일종의 트레이드오프로 받아들이고 있다. 민주주의를 다른 어떤 것과 교환하고자 하는 충동은 경제적·인종적 불안감에 시달리는 다수나 공포심에 사로잡힌 중산층만 느끼는 것이 아니다. 가장 높은 곳에 있는 특권층은 민주주의의 열렬한 수호자를 자처하지만 그건 자신이 내는 세금이 오르지 않을 때의 이야기다. 민주주의의 원래 의미는 모두가 '함께 나아간다'와 비슷한 것이었다. 그래서 고대 그리스에서 민주주의의 적들에게 민주주의란 가난한 이가 물질적인 이득을 얻기 위해서 부유한 이를 위협하는 체제였다.[39] 민주주의에 대한 부유층의 지지는 언제나 조건부였다.

　2020년 미국 대선 경선 당시, 골드만삭스의 전 회장이자 민주당원 로이드 블랭크파인은 "트럼프에게 표를 주는 것보다 버니 샌더스에게 투표하는 게 더 어려울지도 모르겠다"고 인정한 바 있다. '억만장자 계급'에 대한 샌더스의 공격에 대해서는 다음과 같이 말했다. "나는 범주화에 따른 명예훼손을 좋아하지 않습니다. 그런 식의 공격은 미국적이지 못하고 파괴적이며 난폭합니다. 실제로 만나본 적도 없는 사람들을 폄하하는 트럼프 같은 인물과 마찬가지로 반미국적입니다. 적어도 트럼프는 경제에 신경을 쓰죠."

　이렇게 과두정 체제의 지배 계급이 우익 포퓰리즘 정당에서 긍정적인 점("적어도 트럼프는 경제에 신경을 쓰죠")을 찾아내는 이유는 그 정당이 자신의 경제적 이익에 도움이 되기 때문이다. 이것이 바로 금권정치적 포퓰리즘plutocratic populism이다. 한편, 중산층은 우익 포퓰리즘 정당이 빈곤층, 소수 인종 등 온갖 자격 없는 '타자'에게서 '진짜 국민'을 구해줄 구세주라고 여길 수 있다. 독일 극우 정당 대표의 말대로, "다수를 움직이려면 겁먹은 자들이 필요한 법"이다.[40] 경제적으로 가장 어려운 사람들은 투표를 아예 하지 않거나, 하더라도 오로지 항의의 뜻을 표현하기 위해 표를 던지는 경우가 많은데 우익 포퓰리스트 후보는 종종 (영화 감독 마이클 무어의 표현을 빌리자면) "세상에 가장 큰 엿 먹이기"를 상징하는 것처럼 보이기 때문에 유리하다.

　1930년대 민주주의의 위기를 다룬 장 르누아르 감독의 영화 〈게임의 규칙〉에 등장하는 옥타브의 말대로, 핑계 없는 무덤은 없다. 아주 좋은 핑계를 찾아낸 사람의 생각을 완전히 바꾸기란 매우 어려운 일이다. 우리가 바꿀 수 있는 것은 그 사람이 처한 상황과 그에게 주어지는 선택지, 즉 민주주의의 필수 인프라다. 이를 위해서는 우선 민주주의의 기본 원칙이 무엇인지를 분명히 해야 한다. 즉 "첫 번째 원칙으로의 회귀"가 필요하다. 하지만 그 여정을 시작하기 전에, 우익 포퓰리즘의 승리에서 얻을 수 있는 교훈을 하나 더 짚고 가보자.

타협할 수 없는 경계

우익 포퓰리스트와 좌익 포퓰리스트가 자신의 방식대로 권력층의 분리에 대해 이야기할 때는 그 나름대로 일리가 있을 수 있다. 그러나 모든 갈등을 소속의 문제로 축소하거나, 사신과의 대립을 곧 부정의로 몰아가는 태도('반대자는 곧 역적')에는 분명 문제가 있다. 진정한 좌익 포퓰리스트, 즉 특정 좌익 사상을 내세워 국민의 뜻을 독점한다고 주장하는 정치 행위자가 민주주의 제도를 훼손하는 경향을 보이는 것도 이 때문이다. 일단 상대가 민주주의 게임에 참여할 자격이 없다고 결론짓고 나면, 상대의 정치적 기본권 따위를 보호해줄 이유가 없는 것이다. 차베스와 마두로 집권 당시의 베네수엘라가 바로 여기에 해당한다.

우익 포퓰리스트는 종종 흥미로운 정치적 투사를 전시한다. 자기 나라에서 부당하게 이방인 기분을 느끼고 있는 '진짜 국민'을 어디선가 찾다 끌어내는 것이다. 노스다코타주에 백인우월주의 꿈동산을 만들고자 하는 미국의 극우주의 세력이나, 유럽 내전에 대비한다며 그림같이 예쁜 호텔을 구입해 금을 숨겨둔 오스트리아의 극우 정당 자유당을 예로 들 수 있겠다. 즉 '나라 잃을 공포'를 부추기면서 자기 생각에 '진짜 국민'이 아닌 이들을 정치 체제에서 퇴출하고 싶어 하는 것이다. 이때 배제되는 이들은 당연히 권력과는 거리가 멀다. 대개는 이미 취약한 소수자들이 오히려 괴롭힘을 당하거나 권리를 빼앗기게 된다. 팬데믹 속에서 미국의 밭을 일구는 외국인 노동자, 전세기에 실려 독일의 가공육 공장으로 파견된 불가리아와 루마니아의 노동자를 보며 '진짜 국민'도 '이방인 소수자'에 의존할 수밖에 없다는 교훈을 얻었다면 좋겠지만 그런 일은 없었다. '세계시민'이라는 리버럴 엘리트 계층은 오히려 실내에 머무르며 재택 근무를 했다.

우익 포퓰리스트는 이런 상호의존성을 인정하지 않는다. 상호의존성을 인정한다는 것은 곧 타인도 나에게 권리를 주장할 수 있음을, 따라서 타인의 주장도 정치 과정 속에서 제대로 다루어져야 함을 인정하는 셈이기 때문이다.[41] 우익 포퓰리스트 정치인은 다수가 오히려 공격받는 피해자라는 인식을 부추기거나, 그게 안 되면 최소한 모두가 분노하는 그림을 만들어낸다.[42] 분노는 소수자들이 실제로 요구하는 것이 있다는 사실에서 비롯된다. '저들이 우리에게서 뭔가를 빼앗아가려고 한다'는 인식 때문에, 소수자들의 요구는 우익 포퓰리스트 정당 지지자의 이해를 받을 수 없다.

그렇다면 결국 모든 '국민 운운'은 그 자체로 위험하고, 언제나 반자유주의적이며, 노골적으로 배타적인 것일까? 그렇지 않다. 민주주의를 논하면서 국민의 개념에 대한 논의를 완전히 배제하기는 어렵다. 정치인이 국민을 위한 비전에 대해 질문을 받았을 때, "그런 건 잘 모르겠고 지역 하수 처리의 기술적인 문제에 대해서만 논하겠다"고 답할 수는 없지 않겠는가?

직업으로서의 정치에는 국민의 정의에 대해 생각해볼 의무가 포함되어 있다고 해도 전혀 이상할 것이 없다. 포퓰리스트와 포퓰리스트 아닌 정치인의 결정적인 차이는 후자가 국민 개념을 '오류가 있을 수 있는 명제', 즉 투표소에서 일시적으로나마 뒤집힐 수 있는 하나의 가설로 본다는 점이다.[43] 반면 포퓰리스트는 '누가 국민인가?'라는 질문에 대해 언제나 하나뿐인 답을 이미 갖고 있을 뿐 아니라 정답은 정해져 있는 것, 반박 불가한 팩트라고(또한 어쩌다 보니 내가 알고 있는 것이 바로 정답이라고) 여긴다. 그 답은 실제 선거나 국민투표의 결과로는 결코 뒤집을 수 없으며, 다른 결과가 나왔다면 그건 선거가 부정선거였음을 증명할 근거일 뿐이다. 포퓰리스트는 광의의 민주적 정치인들과 달리 국민의 뜻을 따르거나 만들어가겠다고 하지 않는다. 국민의 뜻은 정답이 하나뿐인 국민의 정의에서 추론할 수 있기 때문에, 포퓰리스트는 그저 국민의 뜻을 '찾아낼' 뿐이다.[44]

물론 이 차이가 상당하기는 하지만, 그것만으로 비포퓰리즘적인 국민 개념이 무엇인지를 전부 설명할 수는 없다. 이에 대한 정치철학계의 논쟁에서는 두 가지 극단적인 견해가 팽팽히 맞선다. 한쪽에는 도덕적으로 올바른 이론이 국민의 정치적 경계를 명확하게 정의할 수 있고, 그렇게 정의한 경계는 영구히 바뀌지 않는다는 견해가 있다. 일례로 민족주의를 도덕적인 이론이라고 여기는 이들은 문화를 공유하는 모든 집단이 정치적으로도 자결권을 누려야 한다고 주장한다. 한편, 그런 식의 분류가 윤리학자들의 비민주적인 강요라고 여기는 시각이 있다. 국민의 정의는 온전히 어떠한 통제도 없이 이루어지는 지저분한 정치적 싸움에 의해 결정되어야 한다는 의견이다. 이에 따르면, 위에서 정해주는 모든 집단 분류는 민주적인 과정을 방해하는 부당한 행위다(물론 윤리학자가 실제로 그런 결정권을 갖는 것은 윤리학자의 꿈속에서나 가능한 일이다).[45]

하지만 정치적 싸움에 모든 것을 맡기고 파편이 어디에 떨어지든 개의치 않는 태도를 고수하다가, 구조적으로 소수의 힘을 빼앗고 권리를 박탈하려 드는 정치인이 나타나면 매우 난감해진다. 정치의 장에서 치열하게 싸워 국민 개념을 결정해야 한다는 주장은 하나의 도덕적인 정답이 존재한다는 명제에 대한 의심에서 나온다. 유일한 정답이 이미 존재한다면 대중은 철학자들이 하사해준 올바른 계획을 감사히 받아드는 역할밖에는 할 수 없기 때문이다.[46] 한편, 논쟁의 결론이 배타로 이어질 가능성 역시 받아들여야 한다. 축출을 통해 국민의 범위를 축소해야 한다는 주장이 승리할 수도 있는 것이다.[47]

그렇다면 두 가지 견해 모두 문제가 있어 보인다. 어쩌면 질문이 잘못되었기 때문이 아닐까? 우리는 지금 지구를 위에서 내려다보면서 이 많은 사람들을 적당히 분류할 옳은 방법이 무엇인지를 밝히려는 것이 아니다. 지렛대로 지구를 들어올릴 수 있는 아르키메데스의 지점을 찾으려 애쓰는 것은 부질없는 짓이다.[48] 그러므로 다른 경로를 제안하고자 한다. 여기서 관건이 되는 '국민'은 막연한 개념적 국민이 아니라 '민주사회의 국민'이다. 물론 여기에도 상당한 추정이 개입되어 있다. 특히 특정 집단이 평등과 자유라는 원칙에 기반한 삶의 방식을 만들어나갈 의지가 있다는 것이 주요 전제다.[49] 다음 장에서 이런 원칙이 민주주의와 어떤 관계가 있는지에 대해서도 자세히 논하겠지만, 지금은 우선 하나의 전제를 추가하고자 한다. 평등과 자유라는 원칙에 따라 살아가고자 하는 구성원 모두의 의지가, 그런 의도를 강화하는 제도적 시스템, 다른 말로 '국가'를 유지하려는 의무감으로 이어진다는 전제다.[50]

증명해야 할 부분을 전제로 삼아버린 것 아니냐는 의문을 제기할 수도 있겠다. 하지만 이렇게 그려낸 '민주사회의 국민'이라는 대강의 스케치가 국민 개념을 둘러싼 끝없는 논쟁에서 하나의 구체적인 답안으로 곧장 이어지지는 않을 것이다. 다음 두 가지의 그 나름 중요한 면에서 논쟁에 제한을 두고자 할 뿐이다.

첫째, 민주사회의 국민은 다른 시민을 제명하거나 다른 시민의 권리를 빼앗을 수 없다. 즉 타인의 의지에 반해 타인을 배척할 수 없다. 또한 특정 시민의 입지를 부정할 수 없다. 이는 민주적 평등의 가치에 반하는 행위이기 때문이다. 이런 행동은(설령 수사에 그친다 해도) 민주적 충돌의 경계를 넘어서는 것이다. 다른 시민을 쫓아내거나 권리를 빼앗으려 하는 이들의 소망을 거부하는 것은 민주주의 원칙에 대한 위배가 아니다. 그런 행동을 하는 시민은 애초에 합의된 집단적 민주주의 프로젝트에 동의했다고 볼 수 없기 때문이다. 이들은 정치체제의 합의된 틀 자체를 전혀 받아들이지 않으므로, 이들을 대상으로 특정 정책을 정당화하기 위한 노력을 들일 필요도 없다.[51] 다른 시민을 제명하거나 권리를 박탈하자고 주장하는 시민들이 정당을 조직함으로써 개개인일 때보다 훨씬 더 사회에 심각한 위협이 되는 시나리오는 마지막 장에서 더 자세히 다룰 것이다.

둘째, 국민의 정의를 둘러싼 논쟁에서 어떤 국민 개념이 '자명하다'고 주장해서는 안 된다. 특정한 인종적 분류에 따른 국민 개념을 선호하는 쪽에서 그런 경향이 두드러지는데, 지도자란 그저 대중의 뜻을 밝혀낼 뿐이라고 주장하는 포퓰리스트만 그런 주장을 하는 게 아니다.[52] 이민을 제한하자는 주장이 반드시 민주주의 논쟁 밖의 주장이라고는 할 수 없다. 주장 자체보다는, 주장하는 방식이 관건이다. 국민의 개념은 이미 정해져 있기 때문에 정치적인 논쟁의 여지가 없다고 말하는 것이 문제다. 이민 때문에 저숙련 노동자의 임금이 낮아진다(사실이라고 단정 지을 근거는 없지만)고 주장하는 것과, 오로지 기독교인만이 미국인이 될 수 있으며 논쟁은 그걸로 끝이라고 주장하는 것은 전혀 다르다. 법학자 크리스토프 묄러스의 지적대로, 국민의 개념에 대한 최종적 확신이 있는 곳에 민주주의의 끝이 있다.[53]

이렇게 두 가지 제한을 두어도, 민주적 논쟁의 여지는 충분하다. 국민 개념이 이미 정해져 있다는 주장('미국인은 백인 기독교도여야 하고 미국은 백인 기독교도들의 나라'라는 식의, 공화당이 민주주의 훼손을 감수하고서라도 관철하고 싶어 하는 주장)을 배제할 뿐이다. 물론 누군가는 이런 제한 역시 특정 정치 체제의 핵심을 떼어다 정치의 영역 밖에 두자는 '주장'일 뿐 아니냐고 반문할 수 있을 것이다. 핵심은 두 가지 제한 사항이 민주주의의 필수 요소, 즉 평등이라는 가치로 정당화될 수 있다는 점이다. 물론 비민주주의 국가에서는 이런 걱정도 없고, 논쟁의 규범적 경계 따위도 필요 없을 것이다.[54]

실제로 국가의 경계가 절대 바뀌어서는 안 된다거나, 국민의 규모를 축소하는 결과로 이어지는 모든 과정이 틀렸다는 말이 아니다.

쿠르드족 같이 언제나 소외되는 문화적 소수 집단을 떠올려보자. 이들에게는 자신을 표현할 방법이 없다. 지배적인 다수가 자신의 문화를 고양할 수단으로 국가를 도구화했기 때문이다. 이런 상황은 실제 법적인 분리로 이어질 수 있고, 그렇게 되면 그곳에서 국민 개념은 축소되는 셈이다(물론 분리나 독립이 이루어지더라도 민주주의 사회의 구성원에게 타인을 추방할 권리라는 것은 있을 수 없다).

이렇게 '국민'의 정의에 대한 문제는 결국 민주주의로 돌아올 수밖에 없고, 민주주의는 우리로 하여금 평등의 개념을 더 자세히 들여다보도록 한다. "타협할 수 없는 경계A Hard Border" 내에서 어디에 소속될 것인지에 대한 문제로 고전할 가능성을 열어둘 필요가 있다는 사실이 곧 민주주의 필수 인프라의 질을 가늠하는 문제와 이어진다는 점 역시 주목하자. 논쟁에 참여하는 국민은 하나의 개체가 아니다. 철학자이자 정치 이론가였던 주디스 슈클라가 「위선자가 되지 맙시다Let Us Not Be Hypocritical」라는 명료한 제목의 에세이에 썼던 것처럼, 한때의 희망과 달리 "국민은 곧 정치 체제"가 아니며, 현실은 여러 정당, 조직된 운동, 지도자들로 구성되어 있다.[55] 그 현실은 더 좋을 수도, 더 나쁠 수도 있다. 민주주의의 기본으로 돌아가면 무엇이 민주주의를 더 낫게 만드는지, 또 더 나쁘게 만드는지를 좀 더 명확하게 볼 수 있을 것이다.

진짜 민주주의: 자유, 평등, 불확실성

갈등 없이 어떻게 합의에 이를 수 있는가? 갈등은 열린 사회의 핵심이다. 민주주의를 악보로 표현하자면, 주요 테마의 화성은 불협화음일 것이다. 모든 변화는 움직임을, 움직임은 갈등을, 갈등은 열기를 의미한다. ─솔 앨린스키

한 모양으로 만들려는 이 모든 열정은 어디서 비롯하는 것일까? (…) 다양성이 옳은 것이다. "승자는 아무것도 얻지 못한다"는 말이야말로 이 나라의, 아니 모든 나라의 위대한 진리다. 삶이란 살기 위한 것이지 통제당하기 위한 것이 아니다. 인간다움이란 눈앞에 패배가 확실하다 할지라도 계속 승부를 겨룸으로써 획득되는 것이다. 우리의 운명이란 하나가 되는 것이면서도 다수가 되는 것이다. ─랠프 엘리슨, 『보이지 않는 인간』 중에서 문예출판사의 송무 번역본을 참고했다─옮긴이

경쟁은 패배자들이나 하는 것이다. ─피터 틸

우익 권위주의 포퓰리스트는 모든 시민이 진짜 국민은 아니라는 뉘앙스를 풍긴다. 어떤 구성원은 아예 국민에 속하지 않고, 잘해봤자 이등 시민이라는 것이다. 이처럼 멸시, 또는 노골적인 혐오를 선동하는 행위는 '낙수 공격'으로 이어질 가능성이 높고, 그렇지 않더라도 기본적인 민주주의 원칙에 위배되는 행위임에는 틀림없다. 민주주의 사회에서 모든 시민은 마땅히 근본적인 정치적 평등을 만끽해야 한다.

　민주주의를 특정 위험으로부터 보호하기 위해서는 다음과 같은 인식을 공유하면 좋을 것이다. 민주주의가 번영과 평화를 가져오기 때문에 좋은 것이라면, 다른 어떤 정치 체제가 같은 목표를 더 효율적으로 달성 가능한 경우 민주주의는 버릴 수 있는 안이 된다. 이상화된

중국 권위주의 체제를 예로 들 수 있겠다. 반면 우리가 거부하는 것이 구성원 일부가 근본적으로 우월한 지위를 누리는 카스트 사회라면, '인간의 얼굴을 한 권위주의'라는 대안이 있더라도 사람들은 민주주의를 선호할 것이다. 그 경우에는 높은 성과를 내는 시스템이라 하더라도, 지저분하고 느리고 때로는 비합리적으로 느껴지는 민주주의 체제를 쉽게 이길 수는 없을 것이다.[1]

여기에는 평등에 대한 두 가지 이해가 있다. 하나는 평등한 권리에 대한 이해이고, 다른 하나는 '사회적 평등', 즉 상대가 나와 다르지만 우리 모두는 평등하다고 여기는 구성원들의 관계에 관한 이해다. 프랑스 귀족 알렉시 드 토크빌을 놀라게 한 것은 미국인의 일상에 경의 표시와 권력이 부재하다는 사실이었다. 토크빌은 '앙시엥 레짐'이 공식적으로는 막을 내렸음에도 지위의 차이가 말 그대로 모든 것인 세상에서 살아온 인물이었다. 이런 종류의 평등은 다른 사람의 눈을 똑바로 쳐다보고 싶어 하는 인간의 본능적인 욕구에 부응한다. 평생 남의 눈치를 보고 머리를 숙이면서 살고 싶어 하는 사람은 없다.[2] 그런 의미에서의 동등한 관계는 비민주적인, 즉 정치적인 위계가 존재하는 사회에서는 불가능하다.[3] 물론 자유롭고 공정한 선거가 치러지는 국가라고 해서 평등한 사회적 관계가 보장되는 것은 아니다. 현대인의 삶 역시 가부장적인 가정에서부터 직원이 화장실 가는 횟수를 제약하는 기업에 이르기까지, 구석구석 평등하지 못한 관계로 점철되어 있다. 명목상으로는 민주주의 사회의 동등한 시민이지만 실은 권력자의 지배를 받고 있는 것이다.

사회적 평등을 중시한다면, 저녁 뉴스를 틀었을 때 가장 먼저 나오는 '공식적 정치'와 직장 및 가정에서의 일상 경험은 깔끔하게 분리할 수 없다.[4] 삶의 모든 영역에서 선거가 필요하다는 의미는 아니다. 정당화될 수 있는 위계나, 곧장 지배로 이어지지 않는 위계도 존재한다(근무 중 화장실 가는 횟수를 제한하는 지시와 달리, 상대의 열등함을 전제하거나 존엄성을 해치지 않고도 예컨대 내가 교수로서 학생에게 무언가를 지시하는 건 가능할 것이다). 그럼에도 민주주의는 삶의 다른 영역으로 '침투'해 들어가게 되며, 이는 바람직한 일이다. 권력을 가진 자에게는 자신의 위치를 정당화해야 한다는 압박으로 작용하기 때문이다. 민주주의 사회에서는 "세상은 남자가 움직이는 거야"라든가 "스타 교수라면 여학생의 말을 중간에 끊어도 돼" 같은 억지 주장으로 위계를 정당화할 수 없다.

사회적인 관계에서건 정치적인 권리에서건, 평등은 동일함이나 동질성을 의미하는 것이 아니다. 평등의 반대는 '다름'이 아니라 '불평등'이다.[5] 다름은 정치적 평등과 얼마든지 공존할 수 있다. 나아가 법적 평등이나 사회적 평등에 사람들의 합의는 필요 없다. 민주주의 정치에 대한 아주 흔한 오해 가운데 하나는 바로 분열과 갈등이 그 자체로 문제적이고 위험하다는 것이다. 트럼프와 끝이 좋지 않았던 제임스 매티스 국방장관은 처음에 "근본적인 친절함"(토크빌에게 깊은 인상을 남겼던 미국인의 무던함 같은 것)이 필요하다고 강조했지만, 나중에는 미국에 "정치적인 단결"이 부재한다며 한탄했다.[6] 그러나 민주주의의 약속은 우리 모두가 뜻을 하나로 모으겠다는 것이 아니다. 민주주의는 시민들에게 알렉산더 해밀턴("우리는 하나지만 같지 않다"는 노래를 불렀던 정치사상가)[7]이 말한 "원칙과 행동의 통일"을 요구하지 않는다. 개인적으로 원하는 인생과 공동선에 대한 생각은 시민마다 다르다. 그러한 차이는 비단 비합리성이나 정보의 부족, 정치 교육과 재교육의 부재 때문에만 발생하는 것이 아니다. 기질의 차이, 인생 경험의 차이, 같은 것을 두고도 다르게 판단하는 가치관 때문에 발생하기도 한다.[8] 자유롭고 평등한 시민으로 이루어진 사회에서 그 모든 차이와 그로 인해 발생하는 갈등을 마술처럼 사라지게 할 방법은 존재하지 않는다.

　　의견 불일치는 '비존중disrespect'과 다르다. 여기서 비존중이란 단순히 예의 없고 점잖지 못한 태도를 의미하는 것이 아니라, 정치 공동체의 자유롭고 평등한 구성원으로서 상대 시민의 지위를 부인하는 태도를 뜻한다. 이렇게 더 구체적인 의미를 적용했을 때 좋은 점은 세상에 '비존중'이 생각처럼 많지는 않다는 것이다(일례로 트럼프 같은 인물은 자신을 비판하는 사람, 특히 자신을 비판하는 여성에게 마구잡이로 "무례하다disrespectful"는 딱지를 붙였지만 대통령에 대한 비판은 앞서 정의한 '비존중'과 거리가 멀다). 나쁜 점은 진정한 '비존중'이 평범한 무교양보다 훨씬 더 민주 정치에 중대한 위협이라는 것이다. 이 책의 마지막 장에서 우리가 어떻게 하면 민주주의의 기준을 위배하지 않으면서도 대립각을 세울 수 있는지에 대해 다시 논할 것이다.

　　이론상 시민 간 평등한 관계는 지배에 이해관계가 없는 중립적인 중재자에게 모두가 결정권을 위임할 때만이 가능하다. 루소 등 여러 학자의 저서에 등장하는, 완벽한 정치 체제를 세워놓고 마술처럼 사라지는 신비의 인물을 떠올려보자. 혹은 사회 구성원 전체의 선호를 동등하게 반영해 누구도 소외감을 느끼지 않게끔 최선의 정책을 뽑아내는 슈퍼 컴퓨터를 상상해보자.

　민주주의에 대한 직관에 비추어 볼 때, 이런 그림이 딱히 매력적이지 않은 것은 부인할 수 없다.[9] 우선, 인격이 없는 조직체에게 동등한 대접을 받는 것과, 사람들이 적극적으로 서로를 동등한 사회 구성원으로 존중하는 것에는 차이가 있다.[10] 체제 내에서 동등한 대접을 받는 것 이상으로, 우리는 선택지를 갖기를 원한다. 아무리 잘 만들어진 기계가 좋은 결정을 내려준다 해도, 우리는 단순히 결정의 수혜자가 되기보다는 행동하고, 또 권력을 쟁취하고 싶어 한다. 선거는 그저 나쁜 통치자를 평화롭게 몰아내기 위한 수단이 아니다. 선거는 시민에게 언론과 집회의 자유와 같은 근본적인 권리를 활용해 말하고 행동하며 선택할 여지를 주는 제도다. 다시 말해 선거는 정부를 상대로 집단적 찬성 또는 반대 의사를 표시하는 수단에 그치는 것이 아니라, 구성원이 주도해 새로운 형태의 정치적 발언이나 전례 없는 정치 조직 등 새로운 무언가를 만들어내는 기회인 것이다(그런 일이 자주 일어나는 것은 아니지만 기회는 반드시 열려 있어야 한다). 이런 움직임은 솔 앨린스키의 표현대로 갈등을 낳을 가능성이 높으나 이는 지난 장에서 논한 파괴적인 양극화와는 종류가 다르다.

　자유는 정치에 참여할 수 있음을 의미한다. 동시에 정치에 관여하지 않겠다는 선택도 할 수 있음을 의미한다. 누군가는 동네를 돌며 유세 활동을 펼치고 이웃집 문간에 선 채로 열정적인 정치 토론을 벌이겠지만, 다른 누군가는 어떤 이유에서건 정치는 자기랑 안 맞는다는 판단을 내릴 수 있을 것이다. 그렇다고 해서 시민들이 서로를 존중하지 않는 것은 아니다. 시민의식이 투철한 사람이 정치 냉담자를 경

멸할 수는 있을지언정 이 역시 민주주의 사회에서 누군가의 위치를
부인하는 것과는 다르다.[11]

　　민주주의에는 평등과 자유가 모두 필요하다. 그런데 바로 이 두
가지의 조합 때문에 구성원들이 국정에 동등한 영향력을 행사할 가능
성, 심지어는 영향력을 행사할 기회를 동등하게 가질 가능성이 낮아
진다. 선거 운동에 뛰어드는 시민은 무관심한 시민에 비해 더 큰 영향
력을 행사하게 된다. 설득력 있는 주장을 펼치기 위해 시간과 노력을
들인 사람은 그러지 않은 사람에 비해 더 큰 족적을 남길 수밖에 없다.
평등과 자유의 긴장 관계, 즉 하나를 강조하면 하나가 희생될 수 있다
는 점을 이해하기 위해서는 고대 그리스의 민주주의, 그것도 가장 급
진적인 형태의 그리스 민주주의를 살펴볼 필요가 있다. 고대 그리스
의 경험은 영향력을 행사할 기회를 동등하게 갖는 것이 완전히 불가
능한 이상은 아님을 잘 보여준다. 동시에 선거, 그리고 선택지의 존재
가 민주주의의 유일한 핵심 요소라고 생각하는 현대인의 절대적인 신
념도 실은 상대적이라는 것을 알려준다.

하루 동안 대통령 되기?

　　정치적 결과에 동등한 영향력을 행사할 수 있는 가능성로서의 평
등이라는 것이 정말 가능할까?[12] 대표자를 선거로 뽑는 민주주의 사
회에서, 대답은 '아니오'인 것 같다. 어떤 후보자는 설득력과 카리스마
가 뛰어나지만, 그렇지 않은 후보자도 있다. TV 리얼리티쇼에 사업가
나 대통령으로 출연했기 때문에 온 국민이 이미 아는 후보자도 있다.

내가 도널드 J. 트럼프나 볼로디미르 젤렌스키가 아니라는 이유로 체제에 평등이 부재하다고 불평할 수는 없다(현 우크라이나 대통령 젤렌스키는 2019년 우크라이나 대선 당시 〈인민의 일꾼〉이라는 코미디 드라마에 현직 대통령 역할로 출연 중이었고, 선거 광고가 금지된 선거 전날까지도 해당 프로그램은 끊임없이 재방송됐다).[13]

　출연 중인 TV 프로그램이 없는 사람에게도 '동등한 영향력'은 본질적으로 바람직하지 않다고 다음과 같이 설득할 수 있다. 모든 사람이 정치 과정에 똑같은 영향력을 행사해야 한다면, 형편없는 주장이나 부정확한 정보도 팩트에 근거한 조리 있는 주장과 똑같은 무게를 얻게 된다. 모두가 똑같은 영향력을 행사해야 한다면, 일부 시민은 활동의 제약을 받게 되고("선거당 방문 유세는 x회로 제한됩니다!") 정치에 참여하고 싶지 않은 시민도 참여를 강요받게 된다.[14]

　'동등한 영향력' 말고 '동등한 기회'라면 불가능한 이상은 아니다. 고대 도시 국가에서는 매우 정교하며 조작이 어려운 추첨제, 즉 제비뽑기로 공직을 채웠다. 아테네의 경우, 적어도 아테네 출신의 남성은 돌아가면서 지배하고 지배받는 현실을 누렸다. 아테네의 민회는 누구나 참석해서 거수 투표에 참여할 수 있었는데, 아테네의 모든 시민은 민회에서 논의할 의제를 준비하는 위원회의 장이 될 가능성이 있었다. 위원장은 아테네의 인장과 국고의 열쇠를 소지하고, 다른 도시 국가와의 회담에서 아테네를 대표하는 역할을 겸해서 수행했다. 다만 임기는 단 24시간이었다(고대 아테네인은 대표를 자주 교체하는 것에 이렇게나 진심이었다. 공직자에게 특수한 전문성이 요구된다고 생각하는 현대인으로서는 상상하기 어려운 일이다). 역사학자 모겐스 한센의 설명은 다음과 같다. "30세 이상의 시민 둘 중 하나는 한 번 이상 위원회의 위원으로 복무했고, 위원 넷 중 셋은 1회에 한해 민회 의장epistates ton prytameon으로 하루 밤낮을 복무해야 했다. 간단히 계산해보면 남성 넷 중 하나가 '나는 24시간 동안 아테네 대통령을 지냈다'고 말할 수 있지만, 24시간 이상 대통령을 지낸 이는 아무도 없다는 놀라운 결과가 나온다."[15] 즉 아테네의 '대통령직'에 국가의 전반적 계획을 수립할 수 있는 특권이 없다고 해도, 그 자리를 차지할 기회만큼은 정말로 모두에게 동등하게 주어졌던 것이다.

물론 선출직도 있었다. 군 지휘관인 스트라테고스strategos는 특정한 능력을 보고 뽑았는데, 페리클레스 같은 인물이 계속해서 사람들의 선택을 받았다. 재정 역시 숫자를 특별히 잘 다루는 사람들의 손에 맡겼다. 바로 이 때문에 현대의 정치 사상가 중에는 대표를 선출하는 것이 오히려 가장 좋은 귀족 지배의 한 형태이고, 이는 추첨제 같은 진정한 민주주의적 제도와 대비된다고 주장하는 학자들이 있다.[16] 시민에게 투표를 통해 아리스토이aristoi, 즉 가장 훌륭한 사람(가장 부유한 사람이 아니다)을 뽑을 임무가 주어지는 것이기 때문이다.[17] 우리는 아무나 우리를 대표하길 원치 않는다. 역량과 카리스마를 갖춘 인물인지, 적어도 TV에서 대통령다운 모습을 보여줄 수는 있는 인물인지 확인하고 싶어 한다(젤렌스키는 대통령 흉내라도 냈지만, 트럼프는 그저 트럼프 자신을 연기했을 뿐이었다).

우리가 진심으로 평등을 추구한다면, 제비뽑기에 아무런 거부감이 없을 것이다.[18] 민주주의자로서, 우리는 동료 시민(이제는 여성과 소수 인종도 포함해서!)이라면 누구나 국정을 이끌어나갈 자격이 똑같이 있다고 믿어야 한다. 일부 국가에서 연령이나 출생국을 따지기는 하지만, 선거에 출마하는 데 어떤 선제 조건이 필요한 것은 아니지 않은가. 시민이라는 직책(그렇다, 시민 역시 직책이다!)을 맡기 위해서도 어떤 능력을 증명해야 하는 것은 아니다. 그러니 우리가 진심으로 정치적 평등을 추구한다면, 모두에게 동등한 성공의 가능성을 보장하는 추첨제를 채택하는 것이 당연하다.

제비뽑기로 지도자를 뽑자는 이야기에 반감을 갖는 사람도 있을 것이다. 그것이 우리가 정치적 평등에 그다지 진심이 아니라는 증거일까? 그렇지 않다. 선거와 대의의 원칙이라는 것은 그 자체로 민주주의적이지는 않지만, 그렇다고 반드시 귀족주의 정치와 묶여 있는 개념도 아니다. 나중에 더 자세히 논하겠지만, 지금은 일단 선거와 대의가 지난 장에서 말한 "타협할 수 없는 경계" 내에서 일어나는 고질적이고도 정당한 갈등을 해결하는 방식이라고 해두자. 대표자, 특히 정당의 지도자는 서로 다른 이해관계와 사상을 논하지만, 동시에 정체성을 논하는 사람이다. 자신의 조건을 유권자들에게 제시한 뒤 (투표소나 TV, 트위터 등지에서) 싸움을 시작하게 된다. 싸움의 본질은 정해져 있는 것이 아니다. 갈등을 어떻게 정의할지부터가 갈등의 일부다. 정치학자 E. E. 샤트슈나이더는 미국 정치에 대한 현실적인 시각을 반영하여 다음과 같이 썼다. "정치적 갈등은 이슈의 정의를 미리 동의하고 들어가는 학술 토론과 다르다. 오히려 대안의 정의가 최상의 권력 도구다. 정적끼리 이슈가 무엇인지에 동의하는 경우는 거의 없다. 이슈가 무엇인지 정의 내리는 행위 자체에 권력이 개입되기 때문이다."[19] 갈등의 당사자가 되는 시민은 이제 그 게임에 판돈을 건 셈이

된다. 내가 게임에 참여했고, 누군가가 내 뜻을 대변하고 있다는 느낌을 갖게 되는 것이다. 앞서 잠시 살펴보았듯이 고대 아테네에서도 당연히 갈등은 존재했지만, 이를 해결하기 위해 당사자나 집단을 안정적으로 대표하는 주체는 없었다(민회에서 생각이 같은 사람들끼리 모여 앉는 정도도 없었다고 한다). 실제로 '정당'이나 '정치인'을 의미하는 단어가 아예 없었다.[20]

갈등이 드러났을 때 대표자 회의를 구성하기 위해 선거를 치르고, 서로 자기 편을 대변하는 유명한 후보자들이 선거에 출마해 경쟁하는 것은 한 가지 면에서 제비뽑기에 비해 확실히 우월하다. 선거 결과는 적어도 주관적인 의견 불일치의 영역이 아니다. 반민주주의자들이 "숫자로 뽑은 왕"을 비하의 의미로 쓰곤 하지만, 숫자는 개인적인 해석의 영역이 아니라는 점에서 오히려 장점이 있다.[21] 이처럼 단순한 차원에서, 선거는 갈등을 해결하는 기능을 한다. 확실하게 승자와 패자를 결정지어주기 때문이다.[22] 다시 매우 현실주의적인 입장으로 돌아와 정치가 늘 내전의 가능성을 내포하고 있다고 전제한다면, 선거는 폭력적인 갈등의 잠재적 당사자들이 근육을 자랑하는 무대라고 할 수 있다. 실제로 총을 쏘지 않고 누가 더 강한지를 결론 내는 자리인 것이다.[23] 따라서 선거는 월트 휘트먼의 말대로 "고대 로마의 모든 전쟁이나 현대 나폴레옹의 전쟁보다 더한, 칼 없는 싸움"이면서 종국에는 평화를 만들어내는 제도다.[24]

반면 추첨제는 여러 집단 간 정치적 힘의 균형을 전혀 반영하지 못한다. 패자들이 다시 뭉쳐 다음번에 재도전하는 일도 불가능하다. 모든 시민의 역량이 동등하다는 집단적인 믿음을 강화하는 효과는 있겠지만, 지속되는 갈등을 해결하는 데는 도움이 되지 않는다.

물론 이게 다 맞는 말이라도, 대표자 회의를 선거로 구성하는 체제가 귀족정치적이라는 의심을 덜어주지는 못한다는 반문이 있을 수 있다. 선거 제도의 핵심은 어떤 갈등이 가장 시급한지, 또 누가 어떻게 내 목소리를 대변하고 (가끔은) 해결도 해줄지를 결국은 시민이 직접 결정한다는 데 있다. 선거에서 어떤 사람을 뽑을지에 적용할 기준을 '강요'받는 이는 없다. 다시 말해, 민주주의에서는 '최고'가 무엇인지에 대해 주어진 정답도, 합의된 답안도 없다. 내 기준으로 봤을 때 가장 좋은 것을 '제안'하는 사람을 뽑을 자유가 시민에게 있다는 뜻이다 (그리고 이론적으로는 후보 명단에 내가 찾는 사람이 없다면 직접 출마하는 길도 열려 있다).[25]

리버럴이 두려워하는 TV 리얼리티 쇼 대통령의 망령은 바로 이 지점에서 탄생한다.[26] 그럼에도 이는 동등한 정치적 자유 개념의 핵심이다. 나에게 가장 중요한 것이 무엇인지를 개인이 자유롭게 결정해야 한다. 물론 무엇이 가장 중요한지에 대해 대화를 나누는 것은 도움이 된다. 대화를 통해 다른 사람의 마음을 바꿀 수도 있고, 내 선택이 틀린 정보에 기반한 것이라면 바로잡을 수도 있기 때문이다(리얼리티 쇼에 등장했던 거물 기업인은 알고 보니 자기 회사 하나도 제대로 꾸려나가지 못하는 인물이었다). 그러나 한 명 이상의 후보자가 내 기준을 충족시켰을 때, 나의 기준이나 최종 선택을 누구에게 설명해야 할 이유는 전혀 없다. 민주주의는 본질적으로 집단적인 제도지만, 투표라는 행위가 고립된 익명의 행위라는 사실은 의미심장하다.[27] 시민은 프랑스어로 "이졸루아르isoloir"라 불리는 기표소 안에서 스스로를 '고립

isolation'시킨다. 이처럼 의식적인 '고립'은 본래 권력자에게서 유권자를 보호하기 위한 조치이자 부패를 방지하기 위한 장치였다. 누구를 찍는지 확인할 방법이 없다면 표를 사려고 뇌물을 주는 행위는 아무 소용이 없기 때문이다.

하지만 돈이나 (19세기 미국 선거에서 흔한 뇌물이었던) 어마어마한 양의 위스키가 영향력을 발휘하지 못하도록 할 수 있다면? 굳이 (윈스턴 처칠의 민주주의 묘사대로) "작은 인간이 작은 부스로 걸어 들어가" 투표를 해야 하는 것일까? 부당한 압력만 없다면 비밀 투표를 할 필요가 없다고 주장하는 정치 사상가들도 있다. 자기 결정을 공개해야 한다면 더 나은 선택을 하게 되리라는 주장이다. 존 스튜어트 밀 같은 19세기 리버럴은 "유권자 본인의 선호가 그를 잘못된 길로 이끌더라도, 타인에 대한 책임감이 그의 길을 바로잡을 수 있다"며, 투표는 비밀로 할 것이 아니라 공개적으로 해야 한다고 주장하기도 했다.[28]

가부장이든 고용주든, 권력자들이 가하는 압박이 여전히 실재한다는 현실은 잠시 접어두자. '공개된' 선거가 치러지는 곳이라면 어디서든, 현직자가 재선에 성공할 확률은 도전자에 비해 압도적으로 높다.[29] 나아가 우리가 어떻게 투표하는 것이 옳고 그른지를 쉽게 판단할 수 있다는 가정 자체에도 문제가 있다. 판단 기준을 스스로 세울 자유가 모두에게 있다는 원칙에도 위배된다. 여러 연구 결과에 따르면, 대부분의 시민은 진심으로 공공의 선을 위해 투표하고 싶어 한다.[30] 문제는 그 수요가 너무 적거나 너무 많다는 것이다. 수요가 너무 적다는 것은 위원회나 기업 회의, 또는 정치 모임에 참여해본 사람이라면 누구나 알 수 있듯이 특정 일부의 우려 사항을 일반적인 관심 사안으로 포장하는 것이 너무나 쉽다는 뜻이다. 반대로 수요가 너무 많은 이유는 민주주의가 모든 이에게 언제나 이타적일 것을 요구하는 체제가 아니기 때문이다. 우리가 민주주의를 편안하게 받아들이는 이유는 민주주의가 자신의 이해관계를 강하게 주장하고 그것을 기반으로 공동 전선을 구축할 수 있는 체제이기 때문이다(물론 자유와 평등이라는 기본 원칙을 해치지 않는 범위 안에서다. 시민의 절반을 사회에서 몰아내자고 외치는 대중 시위를 벌여야만 나의 이익이 존중받는다는 주장은 허용될 수 없다).

존 스튜어트 밀은 자기도 모르게 마음속 깊은 곳의 우려를 실토한 바 있다.

집주인, 고용주, 고객에 의한 강압의 시대는 지나갔지만 (…) 이제는 이기심, 또는 유권자의 이기적인 편파심이 더 큰 악의 원천이다. 다른 사람의 결정 때문에 나올 결과에 대한 두려움보다는 유권자 개인의 이익, 계급의 이익, 자기 마음속의 나쁜 감정으로 인해 '비열하고 짓궂은 투표'가 이루어지는 일이 훨씬 잦아졌다. 비밀 투표를 하면 유권자는 부끄러움이나 책임감에서 벗어나 자유롭게 악한 영향력을 행사하게 된다.[31]

밀은 "유권자 스스로가 과두정의 지배 계급처럼 되어간다"며 두려운 심정을 토로했다.[32] 그러니까 1895년에 노동자 계급이 자신의 '물질적인' 이익을 위해 공공의 선을 저버릴 것을 걱정했다는 이야기다.[33] 그때나 지금이나 시민이 공정하고 자유롭고 열려 있는 민주주의적 절차에 따라 자신의 이익을 주장하는 것에는 아무런 문제가 없다

(상위 1퍼센트가 그 절차 자체를 자신에게 유리하게 바꾸려는 시도와는 전혀 다르다).

밀은 당대의 진보 지식인이었지만, 탐욕스러운 대중을 견제해야 한다고 믿었다. 교육받은 사람에게는 표를 한 표보다 많이 주어야 한다고 주장하기도 했다. 특권층이 천한 것들과 마찬가지로 이기적인 선택을 할 가능성은 미처 생각하지 못한 모양이다. 어찌 됐든, 선거가 허락하는 자유 가운데는 (익명성의 보호하에) 후보를 차별할 자유도 포함된다.[34] 어떤 후보도 시민들이 자기를 차별해서 선거에서 진 거라고 불평할 수는 없다(물론 민주주의의 탈을 쓰고 언론 다원주의를 구조적으로 억압하는 체제에서 자기 주장을 제대로 펼칠 수 없었다고 불평할 수는 있겠다).[35]

대의 혹은 민주주의?

대의민주주의에서 우리는 '최고의 대표자'를 판단할 기준을 스스로 세울 자유를 누리며, 동료 시민의 판단 역시 존중해야 한다. 아리스토텔레스가 이야기한 자기통치나, 모두가 돌아가며 통치하고 통치받는 것과는 다르다. 우리를 통치할 대표자를 우리 손으로 뽑지만, 우리가 선택한 정치인 중 다수는 야권에 속하거나 의회 입성에 아예 실패하게 되므로, 시민의 다수는 간접적으로 통치한다고 말하기도 어려운 처지다.

장-자크 루소 같은 인물과 뜻을 같이하는 사람이라면, 이야기는 여기서 끝이고 당연히 해피엔딩도 아니다. 대중의 권력을 대표자에게

위임하는 것은 민주주의의 본래 의도와 맞지 않는다는 결론에 이르게 된다. 루소는 자기통치를 논하는 영국인의 허세를 비웃었다. "영국인들은 자신이 자유인인 줄 알지만, 크게 잘못 생각하는 것이다. 의원 선거 기간에만 자유인이고, 의원이 선출된 후에는 다시 아무것도 아닌 노예 신세다."[36] 루소의 주장에 따르면, 제대로 된 정치 체제에서 인간은 스스로 만든 법만을 따라야 하며, 그 외의 복종은 모두 노예 상태에 불과하다. 루소의 말대로라면 "공동의 전력으로 각 구성원과 재산을 방어하고 보호해줄 집단 속에 살면서, 모두와 단합하면서도 자기 자신에게만 복종하며 자유로운 존재로 남는 것" 외에는 모두 노예 상태다.[37] 그렇다면 대의代議는 두 배로 나쁘다. 대의는 부자유일 뿐 아니라 근본적인 불평등이기 때문이다. 투표만 하는 유권자는 실제 통치 행위를 하는 대표자와 결코 대등한 존재일 수 없다.

　루소의 우울한 진단은 두 가지를 전제로 삼는다. 첫째, 그런 식의 대의는 언제나 비민주적이며, 둘째, 공적인 삶에서 자유를 누리려면 만장일치가 필요하다는 전제다. 모두가 정한 법을 내가 따를 수 없다고 느낀다면, 선택지는 타인의 의지를 강제로 따라 부자유의 몸이 되거나 그 체제에서 어떻게든 빠져나오는 것, 둘 중 하나다(세 번째 선택지가 있기는 하다. 동료 시민의 도움을 조금 받든지 해서 내 생각을 바꾸는 것이다. 물론 루소의 세계관에서는 '자유를 강요받는' 끔찍한 시나리오다).

　첫 번째 전제에 대한 통상적인 반응은 다음과 같을 것이다. 현대 사회에서 모두가 지속적으로 정치에 참여하는 것은 현실적으로 불가능하다. 선출된 정치인이 국민을 대표하는 것은 그저 일종의 분업일 뿐이다. 고대 아테네인이 돌아가면서 통치할 수 있었던 것은 오로지 이들이 일상적인 생업에 종사할 필요가 없었기 때문이다. 고대 도시 국가의 시민이 쉼 없이 정치에 임할 수 있었던 것은 오로지 노예와 여성, 외국인 노동자가 노동을 떠맡았기 때문이고, 특히 가난한 이들이 정치에 참여하고 법정에 출석하는 것으로 돈을 받던 시절도 있었기 때문이다.[38] 현대 사회에서는 있을 수 없는 일이다(모든 노동을 외국인 노동자가 도맡아 하는 나라가 있기는 하나, 현재로서 걸프만 국가의 시민들에게 고대 도시국가의 민주주의를 재현하려는 의사는 거의 없는 것으로 보인다).[39]

　　사람들이 아테네에 대해 흔히 떠올리는 이미지가 완전히 틀린 것은 아니지만, 아테네의 시민도 일을 하기는 했다(플라톤을 비롯한 민주주의의 적들이 우려한 것과 달리, 대부분의 빈민은 선동가에게 선동당하기만을 기다리며 빈둥대는 무식한 무리가 아니라 육체 노동자나 기술인이었다).[40] 실제로 사람들이 하루 벌이를 쉽게 포기할 처지가 아니었기 때문에 의회나 법정에 출석하라고 돈을 지급해야 했다(물론 당첨 제비를 뽑기 위해 매일 아침 일찍 출석하는, 그러니까 정치를 직업으로 삼은 이들도 있기는 있었다). 이렇듯 아테네 민주 정치가 치러야 했던 비용은 노예제가 아니라, 폭넓은 참여를 보장하기 위해 실제로 소요되는 예산, 그리고 정치에 시간과 노력을 쏟고자 하는 시민들의 의지였다. 대부분의 아테네 남성에게 정치는 여전히 중요하긴 하지만 파트타임에 불과한 활동이었다. 역사학자들의 추산에 따르면, 늘 정치 활동에 전념한 사람의 수는 아테네 시민 3만 명 가운데 1000명 정도에 불과했다.[41] 현대 사회와 고대 아테네는 전혀 다른 세상이다. 그러나 대의라는 개념을 아예 포기하거나 통치에 특별한 기술이나 지식이 필요하지 않다는 터무니없는 주장을 받아들이지 않고도 배울 점이 있다면 이런 부분일 것이다. 아테네의 경험에서 얻을 수 있는 교훈은 이 책의 마지막 장에서 다시 한번 자세히 논할 것이다.

루소의 두 번째 전제를 반박하려면 복잡한 현대인의 삶에서 만장일치란 불가능하다는 점을 지적할 수 있겠다. 여기에서도 과거와 현재의 비교가 완전히 잘못된 것은 아니지만, 다 옳은 것도 아니다. 옛날이라고 세상이 완벽한 합의에 의해 돌아갔겠는가. 아테네인들도 매일같이 정치 싸움을 일삼았고, 밥 먹듯이 소송을 벌였다. 다수의 뜻을 따른다는 기본적인 원칙에는 합의가 있었지만, 중요한 정치적 사안에 대해서는 이야기가 달랐다. 비판적인 시선으로 보자면, 갈등은 변덕스러움으로 이어지기 마련이다(서문에서도 언급했지만, 동시대 외부인들은 아테네인을 변덕스럽다고 여겼다). 그러나 갈등은 동시에 다양한 시각을 이끌어내며, 늘 곧바로 드러나지는 않지만 지식과 정보를 이끌어낸다. 아테네 체제의 수호자들은 아테네에서 치열한 내부 경쟁이 허용되기 때문에 이것이 곧 혁신으로 이어지고, 그 결과 서로 간의 경쟁이 치열한 여러 도시 국가와 제국 사이에서 아테네가 우위를 점할 수 있다고 주장했다.[42]

그렇다면 선거를 기반으로 하는 대의민주주의는 기껏해야 차선책 정도인가? 정치학자와 현대 사회의 시민은 언제까지나 고대 도시 국가를 부러워할 수밖에 없는가? 대의민주주의는 결국 서로 대립하는 원칙 간의 불편한 타협에 불과한가? 미국 건국의 아버지들은 그렇게 생각했던 것 같다. 이들에게 민주주의는 국민의 지속적이고 직접적인 참여를 의미했고, 대의제는 민주주의에 대한 하나의 대안이었다. 제임스 매디슨은 대의제에 대해 "사회의 진정한 이익을 가장 잘 파악할 혜안을 갖춘 선택받은 시민의 모임이라는 매개체를 한 번 거침으로써 대중의 시각이 좀 더 다듬어지고 넓어질 수 있다"고 말했다.

이런 시각은 대의민주주의가 그 자체로 모순적인 개념이라는 인상을 강화했다. 대의제와 민주주의는 양자택일의 문제라는 인식이 커진 것이다. 루소의 영향을 받은 수많은 사상가가 대의제란 현대 사회에서 국민을 정치에서 멀어지게 하는 기능을 한다는 결론에 이르게 되었다. 일부는 대의제가 사실상 국민에 대한 억압이라고 주장하기도 한다. 하지만 이는 너무 성급한 결론이다. 대의제는 그 자체로 민주적이지도, 비민주적이지도 않다. 선거도 마찬가지다. 문제는 대의제와 선거를 어떻게 이해할지에 달려 있고, 투표가 이루어지기 전후, 특히 후에 무슨 일이 일어나는지가 관건이다.

패자를 위한 민주주의

선거는 한 정치 체제에 집단적인 구속력을 가진 결정을 내리기 위한 과정이다. 물론 다른 방식으로 결정을 내릴 수도 있다. 독재자만이 결정권을 갖는 것도 하나의 방법이라고 할 수 있겠다. 누가 권력을 가질지를 결정하는 것만이 목표라면, 내전으로 결정할 수도 있을 것이다. 민주주의는 좀 다르다. 결정에 이르는 과정이 평화로우며, 모든 구성원이 존중받아 마땅한 정치적 판단력을 지니고 있음을 전제로 모두가 동등한 참여 기회를 가질 것을 약속한다는 점에서 그렇다.

하지만 선거에서 모두가 이길 수는 없다. 선거의 정의 자체가 누군가의 패배를 내포한다. 승자도 결과에 마냥 마음을 놓을 수 없다. 트위터에서 이런 말을 들을 수도 있다. "모든 패자는 당신이 가진 것을 원하고 있으니 절대 내주지 마라. 세게 나가면 잘되고, 약하게 굴면 죽는다!" 승자를 불안하게 만들려고 작정한 트럼프주의자들의 소음이 없더라도, 패자는 정치적으로 자아분열적인 모습을 보일 수밖에 없다. 승자의 생각에 동의하는 것은 아니지만, 동시에 승자의 생각이 모두를 구속하는 법으로 만들어져야 한다는 데는 동의하기 때문이다. 자의식 강한 현실주의 관찰자 월터 리프먼의 말대로, 패자는 자신이 동의하지 않은 정책을 기꺼이 참아내야 한다.[43] 루소에 따르면 이런 모순이 바로 자유의 상실을 의미한다. 하지만 정말 그럴까?

과거에는 민주주의에서 패배가 복잡한 문제라는 인식이 별로 없었다. 2000년 12월, 남부의 신사 앨 고어가 조지 W. 부시를 상대로 대선 패배를 인정하면서 약간은 가식적인 미소를 띤 채(물론 고어가 뭘 해도 가식적이라고 말하는 사람도 있다) "제가 퇴장할 때가 왔습니다"라고 말했던 것처럼, 우아하게 패배를 인정하는 것은 매너와 교양만의 문제가 아니다.

어떤 형태의 패배는 민주주의를 저해하는가 하면 민주주의를 강화하는 패배도 있다. 우리 시대에 가장 두드러지는 현상은 포퓰리스트가 항상은 아니지만 종종, 자신의 이익에는 완전히 부합하지만 정치적 절차를 해치는 전략을 택한다는 것이다. 포퓰리스트 정당이 정권을 잡지 못했을 때도 일어날 수 있는 일이다. 표를 많이 받지 못한 포퓰리스트 정당은 명백한 모순을 마주할 수밖에 없다. '우리가 도덕적으로 정당하면서 동시에 유일한 국민의 대변자인데, 어떻게 선거에서 압도적인 표로 승리하지 못할 수 있는가?'[44]

　　이 모순을 타개할 가장 쉬운 방법이 있지만 모든 포퓰리스트가 그 길을 택하는 것은 아니다. 대개는 포퓰리스트가 좋아하는 개념 가운데 하나인 '침묵하는 다수'를 끌고 나온다. 만약 침묵하는 다수가 침묵하지 않는다면, 자신이 이미 정권을 잡았으리라는 것이다. 정권을 잡지 못했다면, 그 이유는 침묵하는 다수가 '침묵당하는 다수'이기 때문이다. 누군가, 또는 무언가가 다수의 목소리를 억압한 것이 틀림없다는 것이다. 따라서 포퓰리스트는 자신이 선거에서 진 것이 아니라 부패한 엘리트층이 무대 뒤에서 수작을 부렸다는 점을 어필한다. 최신 사례로 트럼프를 꼽을 수 있다. 2016년 대선 당시, 트럼프는 상대 후보인 힐러리 클린턴이 승리한다면 그 결과를 받아들일 것이냐는 질문에 확답을 하지 않은 채, 미국의 선거 제도 자체를 문제 삼았다. 대다수의 지지자는 트럼프의 속마음을 잘 알고 있었던 것 같다. 한 설문 조사에 따르면 트럼프 지지자의 70퍼센트가 클린턴이 대통령이 된다면 선거 결과가 조작된 것으로 믿는다고 답했다(고무적인 사실은 플로리다주에 거주하는 트럼프 지지자의 40퍼센트만이 클린턴이 악마라고 답했다는 점이다. 절반 이상이 클린턴을 인간으로는 보고 있었다).[45]

　　2020년에는 예언된 사기극이 펼쳐지는 것을 우리가 직접 목도했다. 다시금 트럼프가 자신이 패배하는 결과는 받아들이지 않겠다고 발표했기 때문이다. 두 번째 대선에 나선 트럼프는 상대방이 선거를 훔치려 든다고 주장함으로써 더욱더 적극적으로 선거를 훔치려는 시도를 선보였다. 이 주장의 기저에 깔려 있는 논리는 포퓰리스트의 핵심 주장과 같다. 국민의 유일하고 참된 대표자에 대한 표만이 정당하고 합법적이라는 주장이다. 트럼프가 1월 6일 국회의사당으로 몰려든 무리에 애정을 표현하고 돌진 허가를 내리면서 이들을 "진짜 국민"이라고 지칭한 것은 놀랍지 않다.

미국 선거 제도에 대한 비판은 누구든지 할 수 있다. 사실 비판할 점이 한두 가지가 아니다. 나아가 이런 비판이 존재한다는 것은 민주주의가 잘 돌아가고 있다는 증거일 수도 있다. 민주주의와 양립할 수 없는 것은 바로 '우리가 이기지 못한 걸 보니 이 시스템은 썩었다'는 포퓰리스트의 주장이다. 영영 집권하지 못하더라도, 포퓰리스트는 이런 방식으로 체제에 대한 시민의 신뢰를 무너뜨리고 정치 문화를 오염시킨다.

상징적인 차원에서 패배를 받아들이지 않는 것과 별개로, 현직자에게는 선거에서 지고도 그 대가를 치르지 않을 수 있는 더 확실한 방법이 있다. 2019년 이스탄불 시장 선거에서 패배한 에르도안의 정의개발당AKP을 떠올려보자. 처음부터 에르도안 대통령은 상대인 세속주의 사민당 후보의 승리가 "부정행위"나 "투표함 절도" 덕분이라고 불평했다. 결국 재선거가 실시되었고, 정의개발당은 더 큰 차이로 패배하고 말았다. 이를 두고 터키에서도 선거를 완전히 조작할 수는 없다는 점이 드러났다며 높이 평가하는 시각도 있었지만, 그 사실에 고무된 국제사회는 그 이후에 펼쳐진 사태에 큰 관심을 기울이지 않았다. 중앙정부가 제도적으로 이스탄불 시장의 재정 권한을 축소해버린 것이다.

2019년 가을, 부다페스트에서도 비슷한 상황이 펼쳐졌다. 헝가리 야당은 '이스탄불발 급행열차'가 헝가리에 도착하기를 간절히 원했고, 부다페스트 시장 선거에서 좌파 리버럴 연합의 후보가 당선되면서 그 꿈은 현실이 되었다. 선거 결과는 오르반 빅토르 대통령에게 치명타였다. 결국 중앙정부는 이미 중앙집권형인 체제에서 지방정부의 재정과 권한을 추가로 박탈함으로써 선거 패배의 타격을 상쇄시켰다.

　미국에서도 비슷한 일이 있었다. 일부 주 공화당 의원들의 주도로 공화당이 선거에서 패배한 주의 주지사 권한을 축소해버린 것이다. 게임의 규칙을 뒤집어서 승자를 패자로 만들어버리거나, 최소한 선거 전에 예상했던 것과는 전혀 다른 게임에 임하게 만들어버리는 전략이다.

　물론 선거가 끝날 때까지 기다리지 않는 방법도 있다. 질적으로 저하된 민주주의 국가인 미국, 또는 사실상 권위주의 국가인 헝가리 등에서 현직자가 자신에게 유리하게 게리맨더링을 감행하거나, 당파적 이익을 위해 국가의 권한을 적극 활용하는 사례가 얼마든지 있다. 일례로 정부 정책 홍보와 특정 정당의 프로파간다를 교묘하게 결합시키는 행태를 꼽을 수 있다. 즉 '기울어지지 않은 운동장'을 기울여버리는 것이다.[46] 정치 행위자가 대놓고 특정 부류의 시민을 아예 운동장에 들어오지 못하도록 하는 경우도 있다. 그들의 존재 자체가 불편하고 승리에 방해가 되기 때문이다. 미국 보수주의 운동의 창시자 가운데 한 사람인 폴 웨이리치는 대놓고 말했다. "나는 모두가 투표하기를 원치 않는다. 선거는 다수의 표로 승리하는 것이 아니다. 오히려 투표하는 사람이 줄어들수록 선거에서 우리의 입지가 올라간다."[47] 국민이 정치인을 선택하는 것이 아니라, 정치인이 국민을 선택하는 그림이다. 패자는 곧 닥칠 부자유에 저항하기 위해 무슨 짓이든 할 거라던 루소의 우려가 현실임을 확인시켜주는 대목이다.

패배는 단순히 '부자유'나 '권력 없음' 이상의 의미를 지닐 수도 있다. 게임을 계속해서 진행시키고 정치 체제를 유지하기 위해 손실을 받아들이는, 적극적인 의미의 희생이라는 것도 있다.[48] 물론 패자는 패배로 인해 취약한 입장에 놓이지만, 아무런 힘이 없다는 뜻은 아니다(특히 제도 내에서 입지가 보장될 때는 더욱 그렇다. 다수대표제에서보다 비례대표제에서 패자의 고통이 덜하다는 연구 결과도 있다). 패배가 곧 부자유라는 시각은 민주주의 사회에서 야권이 누리는 자유를 반영하지 않은 인식이다. 또한 겉으로 잘 드러나지 않을 때도 있지만, 옳은 방식의 패배는 승리로 가는 길을 터주기도 하고, 체제 내에서의 삶에 완전히 새로운 조건을 만들어낼 수도 있다.

패자가 적어도 부분적인 성공을 거둘 수 있는 확실한 방법 가운데 하나는 승자에게 중대한 양보를 얻어내는 것이다. 선거 운동 기간에 할 수도 있고, 이기지는 못했지만 상당한 표를 얻어낸 후에도 가능하다.[49] 조금은 덜 두드러지는 방법도 있다. 많은 사람들 앞에서 승자가 자기 말에 귀를 기울이게 하거나 승자를 당황시키고, 이를 기록으로 남기는 것이다. 2005년 토니 블레어가 자신의 지역구인 세지필드에서 승리를 거두고 나서도 상대 후보였던 레지 키스의 연설을 굳은 표정으로 듣고 있어야 했던 장면을 떠올려보자. 레지 키스는 이라크에 파병된 아들이 전사한 후 반전을 공약으로 내세우며 선거에 출마했던 무소속 후보로, 2005년 선거에서 10퍼센트가 조금 넘는 득표율을 기록했다.

선거 패배를 자신이 원칙과 소신을 지키는 사람임을 증명하는 기회로 삼는 방법도 있다. 1964년 미국 대선에서 배리 골드워터는 린든 존슨에게 참패를 당했다. 골드워터는 '딥 사우스Deep South'라 불리는 남동부 지역과 고향 애리조나주에서만 겨우 승리했다. 그러나 정치학자 제프리 털리스와 니콜 멜로의 말대로, 그는 소신을 지키며 패배했다. 골드워터는 자신의 정치적인 원칙을 고스란히 지켜냄으로써 보수주의 운동의 기반을 다졌고, 공화당 공약의 껄끄러운 부분을 개인의 매력으로 덮어버린 로널드 레이건은 바로 그 기반을 바탕으로 대통령에 당선될 수 있었다.[50] 어떤 면에서 보면 선거에서는 이기는 것이 전부지만, 어떻게 이기느냐가 중요한만큼 어떻게 지느냐도 중요하다. 참패라 하더라도 옳은 방식으로 졌다면 장기적인 차원에서 승리를 이끌어낼 수 있다.

민주주의에서 제대로 지는 방법은 자명하다. 모두가 대략 동등한 기회, 즉 공정한 절차에 따라 자기 주장을 할 의미 있는 기회를 가졌으므로 패배를 인정하겠고 말하는 것이다.[51] 민주주의에서 선거는 일회성 의견 취합이 아니라 시민들이 의견을 나누는 과정에서 하나의 종점이며, 그런 점에서 민주주의는 패자 역시 집단적인 결론에 기여했다고 느끼게 해주는 제도다.[52] 그렇지 않다면, 선거 결과에 따라 의견이 다른 시민 간에 우열의식이 생기게 될 것이다.

민주주의 사회의 구성원은 '충실한 반대파loyal opposition'를 구성함으로써 민주주의에 대한 의지를 드러낼 수 있다. 반대파의 충실함이란 민주주의적 절차에 대한 신뢰, 즉 '우리가 졌다고 해서 체제를 폄하하지는 않겠다'는 태도를 의미한다. 또 '상대가 만든 법이라고 해도

그 법을 따를 것이며, 우리의 정치적 계획이 상대의 것보다 우월하다
는 믿음에는 변함이 없기 때문에 다음 선거에서는 더욱 열심히 노력
할 것'이라는 태도로 선거 결과에 승복하는 걸 의미한다.

  고대 아테네와 대비되는 현대 민주주의의 주요 혁신 가운데 하나
가 충실한 반대파의 존재다. 바이런의 친구이자 개혁파였던 존 캠 홉
하우스가 1826년 자신을 "폐하의 충실한 반대파"로 칭했을 때, 이는
농담으로 받아들여졌다(영국 하원의 속기록에는 이 발언에 이어진 웃음
이 잘 기록되어 있다).[53] 그러나 당시의 농담은 세월을 거치며 진지한
개념으로 받아들여지게 되었다. 민주주의에는 당파적인 이유로 정부
에 반대하지만, 원칙에 따라 체제 자체에는 반대하지 않는 야권이 필
요하다.[54] 충실한 야권은 필요에 따라서 아주 가혹하게 정부를 비판하
지만 정부의 정당성을 부인하지 않는 세력이다. 알렉시 드 토크빌의
날카로운 지적대로, 반대파는 통치자가 "하루하루의 일"(막스 베버의
표현)에 치여 생각하지 못하는 아이디어를 내놓을 수도 있는 세력이
다.[55] 무엇보다도 민주주의에서 반대파는 모든 반대를 공개적으로 하
며, 원칙에 따른 싸움을 하는 집단이다. '충실한 반대'의 반의어는 '동
의'가 아니라 비밀스러운 물밑 작전이나 원칙 없이 혼란스러운 싸움
일 것이다.

  마찬가지로 집권당은 야권의 특별한 역할을 인정해야 한다.[56] 보
수당의 패배가 계속되는 절박한 상황에서 테리사 메이 총리는 아무
리 봐도 동어반복으로 보이는 구호 "브렉시트는 브렉시트다"를 계속
해서 외쳤는데, 그 속뜻은 야당이 다음 선거까지는 입을 다물어야 한
다는 것이었다. 이런 태도는 야권이 매일매일 정부의 방침에 의문을

제기할 수 있고, 반체제적이지 않으면서도 체계적이고 일관성을 갖춘 대안을 제시해야 한다는 민주주의의 원칙에 정면으로 위배되는 것이다. 이탈리아의 실비오 베를루스코니 총리 역시 "자유 선거에서 나를 선택했으니, 조용히 입을 다물고 내가 일을 하도록 내버려두라"며 비슷한 정서를 드러낸 바 있다.[57] 다당제에 반대했고 민주주의는 곧 만장일치여야 한다고 주장했던 조지 워싱턴 역시 국민이 선거 사이사이 기간에 자신을 비판하는 것을 매우 불쾌하게 받아들였다.[58]

충실한 반대파의 역할을 제도화하면, 승자 역시 체제에 대한 자신의 충성심을 표현할 수 있다. 총리가 의회 연설을 하면 바로 야당 대표가 답변 연설을 하여 입장 차이를 드러내고 대안을 제시하도록 할 수도 있고, 조사 위원회의 설립을 용이하게 하는 것도 한 방법이 될 수 있다. 패자가 의회의 의제를 설정할 수 있는 날을 지정하거나, 주요 위원회의 장을 야당에 맡기는 것도 같은 맥락이다. 영국에서 '쇼트 머니Short Money'라고 불리는 야당에 대한 재정 지원 역시 마찬가지다.[59] 이런 장치를 통해 정부와 야권은 서로 관계를 이어갈 수밖에 없다. 이런 과정이 공정하다고 여겨질수록, 나아가 협치라고 여겨질수록 좋다. 민주주의를 "다수가 원하는 방향으로 사회를 끌어갈 수 있도록 디자인된 유압 시스템"으로 보는 단순한 시각과 대비되는 관점이다.[60]

야권도 의견을 낼 수 있어야 하지만, 결국 원하는 것을 얻는 쪽은 다수여야 한다.[61] 이 점을 강조하는 이유는 패자가 창의력을 발휘해 '의견을 제시할 기회'를 '원하는 것을 얻어낼 기회'로 바꿀 수도 있기 때문이다. 정부의 정당성에 의문을 제기하면서 승자의 입법 활동을 방해하는 행태가 이에 해당한다. 이 방면에서 미국 상원의 공화당 원내대표 미치 매코널의 전술은 가히 전설적이다. 버락 오바마의 재선을 막는 것이 지상 최대의 목표라고 선언한 매코널은 입법 절차를 활용해 국가 원수가 아무것도 할 수 없도록 하는 방법을 집대성했다 해도 과언이 아니다. 이런 행태는 물론 입법 절차의 존재 의의에 완전히 반한다(비슷한 인물로는 스티브 배넌을 꼽을 수 있다. 배넌은 2016년 대선 당시, 혹시 상대 후보가 승리하면 "완전히 엿을 먹여서 통치 행위라고는 할 수 없도록 하는 게 백업 전략"이라 선언한 바 있다).[62] 매코널은 두 가지 측면에서 나쁜 패자였다. 첫째로 패배를 인정하지 않았고, 둘째로 당파적인, 어쩌면 개인적인 목적을 달성하기 위해 정치 시스템을 망가뜨렸다(물론 매코널의 흑마술급 방해 전략에 경외심을 표하는 이들이 종종 잊어버리는 사실은 결국 오바마가 재선에 성공했다는 것이다).

루소에게는 미안한 말이지만, 제대로 된 대의민주주의에서 야권이 권력을 잡지 못했다는 이유만으로 노예 신세가 되는 일은 없다. 승자는 법을 만들고 패자는 조용히 집으로 돌아가야 한다는 매코널의 주장과 달리 패자도 의사당 내 야당 자리에 앉아 지속적으로 반대 의견을 낼 수 있고, 계속해서 자신들의 대안을 홍보하는 운동을 펼칠 수 있다. 의회 안팎에서 다수파와 소수파 사이의 정치적 갈등 사안에 대한 토론이 끊이지 않는 것이 이상적인 상황이겠으나, 공화국의 유사 군주였던 조지 워싱턴은 그런 토론에 임하는 것 자체가 자신의 품위를 떨어뜨린다고 여겼다.[63]

'지속적인 토론'은 너무 점잖게 들리는 말인지도 모르겠다. 현재 진행 중인 영국 총리와 야당 대표의 대립은 토론이라기보다 싸움에 가까워 보인다. 싸움 자체에는 아무런 문제가 없다. 권력자가 구조적으로 반대파의 입에 재갈을 물리거나 대립 자체가 성립할 수 없도록 만들어 싸움이 명백한 불공정 게임이 되어버리면 그때부터 문제가 된다. 의원내각제를 실시하는 헝가리 같은 나라에서는 정부가 입법안을 상정하는 경우 반드시 거쳐야 하는 토론 과정을 건너뛰기 위해 각료가 아닌 여당 의원이 한밤중에 주요 법안을 상정해버리는 일이 종종 일어난다는 사실을 기억하자.

게임이 불공정해지더라도 반대파는 민주주의라는 대의를 위해 희생하는 것이 최선이라고 생각하는 사람도 있을 수 있다. 하지만 그럴 경우, 민주주의 사회는 정치학자 안드레아스 셰들러의 표현대로 "호구suckers"와 "악당scoundrels"이라는 두 개의 집단으로 분열될 위험에 처한다.[64] 게임 이론에서는 '팃포탯tit-for-tat' 즉 맞받아치기 전략을 통해 제대로 된 규칙을 제정립할 수 있다고 주장하지만, 모든 부정을 부정으로 받아치다가는 규범 위반의 악순환에 빠질 수밖에 없다. 불을 불로 받아치는 전략을 구사하다가는 집을 몽땅 태워버릴 수도 있다(이 시나리오는 마지막 장에서 더 자세히 논할 것이다).

정치 갈등에서는 모든 규범 위반이 다 똑같지 않다는 점을 이해하는 것이 매우 중요하다. 상대가 트위터에서 모욕적인 별명을 지어 부른다고 해서 매번 똑같이 유치한 방식으로 대응할 수는 없는 일이다(트럼프 지지자라 해도 이런 식의 싸움에는 어느 순간 피로감을 느꼈을 것이다). 투표 억압에 맞서기 위해 상대편 유권자들을 똑같이 투표소에서 내쫓는 것은 좋은 방법이 아니다. '눈에는 눈, 이에는 이' 전략이 심적으로 만족스러울지 몰라도, 민주주의를 보호하고, 나아가 민주주의를 발전시키는 해결책을 도모해야 한다. 반대의 뜻을 분명히

하면서도, 민주주의의 원칙에 따라 정당화될 수 있는 방식으로 대응해야 한다.[65] 미국을 예로 들자면, 컬럼비아 특별구와 푸에르토리코에 주State 지위를 부여하는 문제에 대해 생각해보자(물론 모든 미국인이 '대표 없는 과세'가 불의라는 사실에 동의한다는 전제가 있어야 한다). 야당이 실질적으로 그런 일을 추진할 힘은 없지만, 가령 적법한 야당이 극단적이고 심지어는 규범을 깨뜨리는 조치로 부당함에 대응함으로써 자신의 친체제성을 증명하는 경우도 있다는 것이다. 야당의 대응이 자유와 평등이라는 기본적인 가치를 품고 있다면 말이다. 정치 행위자에 의한 "첫 번째 원칙으로의 회귀"라고 할 수 있겠다.

포퓰리스트 정당, 혹은 여타의 반체제적 집단이 부상하면 이는 충실한 반대파의 실종으로 이어질 수 있다.[66] 다른 정당들도 반체제적 정당을 금지할 의지가 있다면, 결국에는 모두 정부의 편을 들어야 할 수도 있다. 독일 튀링겐주의 경험을 예로 들어 살펴보자. 2019년 가을, 극우 포퓰리스트 정당인 '독일을 위한 대안당'이 지방선거에서 좋은 결과를 얻었다. 그러자 서로 입장이 매우 달랐던 중도우파 기독민주당과 좌파는 한데 뭉칠 수밖에 없었다. 이 같은 일대다, 다대일 구도는 치명적인 부작용을 가져왔다. 포퓰리스트 정치인들이 오랫동안 지지층에 쏟아부어온 수사, 즉 다른 모든 정당들은 부당하게 얻은 특권과 이득을 유지하는 데만 관심이 있고 국민의 유일한 진짜 대표를 소외하기 위해 카르텔을 형성한다는 주장을 확인시켜주는 그림이 되어버린 것이다.

눈에 덜 띄는 다른 부작용도 있었다. 대규모 연합체는 유권자들에게 정치적인 선택지가 분명하지 않다는 인상을 준다. 포퓰리스트는 다시금 지지층을 향해 외칠 것이다. "내가 쭉 얘기했잖아, 기존 정당들은 각자 다른 정책을 내세우는 척하지만 실은 국민 등쳐먹으려는 생각뿐이고 다들 한통속이라고." 말 그대로 구체제를 폐기하겠다는 의미의 '파기rottamazione'를 약속했던 '좌파 총리' 마테오 렌치가 결국은 실비오 베를루스코니와 손잡고 선거법 개정안을 통과시켜버리리라 누가 상상이나 했겠는가? 당시 렌치 총리는 포퓰리스트 베페 그릴로가 맹비난한 부패한 기성 정치인의 모습에 그대로 부합하는 것처럼 보였다.

만약 반체제 정당 이외의 모든 정당이 연정을 구성한다면 말 그대로 충실한 반대파는 사라지고 반체제적 반대파만이 남는 셈이다. 나치는 반대파를 '체제 정당Systemparteine'이라고 불렀는데, 이 멸칭은 현대의 극우 정당인 '독일을 위한 대안당'이 그대로 이어받아 활용 중이다.[67] 체계적이면서도 반체제적이지 않은 대안이 언제나 존재하는 것은 대의민주주의의 필수 요소다.[68] 이런 필수 요소가 사라지는 건 개별 정당에 손해라기보다 민주주의 사회 전체에 타격이다.

시나리오를 뒤집어보면 어떨까? 아직까지 노골적인 포퓰리스트 정부로 거듭나지는 않은 집권당이 포퓰리즘 통치 기술을 구사하거나 민주주의의 원칙을 훼손하는 데 앞장선다면? 정권이 포퓰리스트라면 야당은 응당 불충실하고 반체제적이어야 한다고 생각할 수도 있겠다.[69] 하지만 야권이 다수의 작은 정당으로 분열되어 있다면 문제는 그렇게 간단하지 않다(때로는 포퓰리스트 정권이 이와 같은 '다양성'을 교묘하게 만들어내기도 한다. 헝가리가 좋은 예시다). 여기서 중요한 건 각 정당이 민주사회의 시민은 서로를 존중하면서도 정책에는 반대할 수 있다는 전제하에 각자의 입장을 충실하게 고수하는 것이다. 완성, 또는 미완성의 포퓰리스트 정권이 하는 일이라고 해서 모두 권위주의적 행태는 아니라는 사실을 인지해야 한다. 반대로, 기본적인 정치 원칙들이 위협받을 때는 야권이 하나로 뭉쳐서 일상적인 정치판 갈등 이상의 문제도 있음을 시민에게 분명히 전달해야 한다. 일례로, 일명 '오바마케어'로 알려진 환자 보호 및 부담 적정 보험법Patient Protection and Affordable Care Act의 폐지는 비정하고 또 여러 면에서 일관성도 없는 정책 결정이었지만, 어떤 공화당 대통령이라도 감행했을 일이며 그 자체로 민주주의의 종말을 의미하는 결정은 아니다. 반면 (지지자들로 하여금 의회를 습격하게 하는 것은 차치하고서라도) 의회를 부정하는 것은 일상적인 정치 갈등의 문제가 아니라, 시스템에 대한 공격이다. 민주적인 형태의 불복종이 필요한 상황이다(불복종에 대해서는 마지막 장에서 더 논할 것이다). 시스템 자체에 대한 공격을 판별해내는 것은 어려운 일이다. 구분에 설득력이 없다면 '정부가 뭘 하든 야당은 무조건 싫다고만 하니 뭐라고 하든 들어줄 필요도 없다'는 식의 냉소적인 체념만 확산시킬 뿐이다.

　분열된 야권이 포퓰리스트 정권에 대한 설득력 있는 정치적 대안을 제시하기란 분명 어려운 일이다. 딜레마 또한 발생한다. 헝가리의 리버럴 정당과 좌파 정당은 극우 정당인 요비크Jobbik당과 손잡을지를 놓고 고심해야 했다. 이런 상황에서 야권에게 주어진 선택지는 기술관료technocrat로 구성된 후보군을 공동으로 내세우는 식으로 연합하면서, 동시에 야권 내부에도 중요한 입장 차이가 있음을 분명히 밝히는 정도일 것이다. 야권 공동의 정부안을 아예 내놓지 않는 것도 방법이다. 지난 장에서 설명했듯이 정권을 잡은 포퓰리스트는 직접민주주의를 실시하지 않지만, 야권은 국민투표를 요구할 수 있다. 국민투표는 찬성 또는 반대라는 양자택일의 구조이므로 적절한 질문으로 정부를 망신 줄 수 있다면, 즉 유일한 국민의 대표라는 정부가 실은 국민 다수의 의견을 반영하지 못한다는 점을 보여줄 수 있다면 야권은 이념적으로 단결하지 않아도 정권에 타격을 입힐 수 있다. 국민투표는 포퓰리스트가 좋아하는 제도라는 통념이 있지만 달리 생각하면 강력하고도 타격점이 분명한 무기로서 포퓰리스트를 공격하는 데 쓰일 수 있다. 포퓰리스트가 만들어놓은 게임 안에서도 마찬가지다. 헝가리 정부가 풀뿌리 주도의 국민투표를 막기 위해 갖은 방법을 동원한 데는 다 이유가 있다.

　끝으로 권위주의 정권, 또는 권위주의화 중인 정권(슬프게도 우리 시대에 꼭 필요한 개념이 되었다) 아래에서 일관성 있는 대안을 제시하는 것은 야권만의 책임이 아니다. 집권당이 헌법재판소와 같은 기관마저 장악해버렸다면, 은퇴한 법관들이 이에 대응하는 독립적인 기구를 형성할 수도 있을 것이다. 헌법재판소와 똑같은 사건을 다룸으로써, 진정으로 독립적인 기구가 어떤 판결을 내리는지를 직접 보여줄 수 있겠다. 집권당이 헌법재판소를 완전히 장악한 폴란드에서는 실제로 이러한 시도가 있었다.[70] 이는 일종의 이원국가지만, 위로부터 강요된 형태가 아니라 독단적인 권력에 대한 아래로부터의 저항이 만들어낸 것이다.[71]

예상하지 못한 것을 기대하라?

현실의 대의민주주의에는 고도의 균형이 필요하다. 이번에는 우리 편이 졌지만 다음에 다시 이길 수도 있다는 현실적인 가능성이 존재해야 한다. 일말의 가능성도 없다면 이 게임을 계속할 이유가 없다. 동시에, 언제나 우리 편의 승리가 확실하다면 우리야 좋겠지만, 외부의 시각으로 보면 민주주의가 사라졌다는 의심을 살 수 있다. 애덤 셰보르스키가 민주주의를 "제도화된 불확실성"의 한 형태로 정의한 이유가 여기에 있다.[72] 다루기 힘든 이 공식에는 심오한 진리가 담겨 있다. 선거 등 정치적인 결과는 불확실성을 지녀야 한다는 것이다. 모든 것을 미리 알 수 있는 체제를 선호한다면 매력적인 대안이 있는데, 우선 북한이다. 북한에서 공식 후보는 모두 100퍼센트의 표를 받는다. 아제르바이잔 같은 독재 국가도 선택지가 될 수 있다. 2013년에 선거 하루 전날 아이폰 앱을 통해 선거 결과가 미리 공개되는 해프닝이 있었다. 이렇게 보면 자신이 앞서 있는 상황에서 개표를 중단하라고 명령하고는 승리를 선언했던 트럼프도 크게 다르지 않다("민주주의의 핵심은 투표가 아니라 개표"라던 톰 스토파드의 말이 떠오르는 대목이다).[73] "민주주의는 정당들이 선거에서 지는 정치 체제"라는 셰보르스키의 정의는 싱거운 소리처럼 들리지만 실은 빛나는 통찰을 담고 있다. 약간의 설명을 덧붙이자면, 민주주의는 여러 정당이 선거에서 지는 정치 체제이지, 똑같은 정당이 계속해서 지는 체제는 아니다.[74]

민주주의에서 불확실성은 제도화되어 있다는 점에서 혼란이나 무작위성과 다르다. 내전도 불확실성을 띠지만, 전쟁의 불확실성은 제도화된 것이 아니라는 점에서 차이가 있다. 갈등을 허용하면서도 관리할 수 있는 규칙이 있어야 한다. 여기서 다시 한번 강조하고 싶은 점은, 규칙을 강조한다고 해서 민주주의가 엘리트층의 게임으로 축소되지는 않는다는 것이다.[75] 절차에 따라 패자도 목소리를 내고 승자는 자신의 뜻을 관철할 수 있어야 하며, 승자와 패자가 단순히 자리를 바꾸는 것뿐 아니라 새로운 플레이어가 게임에 진입하는 것도 가능해야 한다.

물론 "우리는 지금 당장 제도화된 불확실성을 원한다"는 길고 복잡한 슬로건을 앞세운 친민주주의 시위대를 상상하기란 쉽지 않다. 팬데믹으로 불확실성이 견디기 어려운 수준으로 높아졌고, 미국 대선에서 불확실성이 너무나도 오래 지속되었던 최근의 상황을 떠올려 보면 더더욱 그렇다. 그러나 승자의 불확실성은 곧 패자의 희망이다. "경쟁은 패배자들이나 하는 것"이라던 피터 틸의 말에는 그 나름 일리가 있다(물론 틸이 하고 싶었던 말은 업계의 승자가 늘 권력을 독점할 방법을 찾을 수 있다는 것이었겠지만⋯). 또한 불확실성이 없다면, 시민이 정치에 참여할 이유도 별로 없다.

물론 어떤 체제가 더 예측 불가하고 더 무작위적이라고 해서 더 낫거나 더 민주주의적이라고 할 수는 없다. 그러나 사람들이 마음을 바꿀 가능성이 전혀 없다면 민주주의는 아무런 의미가 없다. 민주주의 자체에 대한 생각, 민주주의를 운영하는 규칙에 대한 생각이 바뀔 가능성 역시 포함되어야 한다. 힐러리 클린턴의 악명 높은 "개탄스러운 사람들The deplorables" 연설에서 가장 '개탄스러운' 부분은 따로 있었던 이유다. 2016년 대선에서 클린턴의 경쟁자와 그 지지자들이 보인 언행은 말 그대로 개탄스러웠고 여전히 그렇다. 문제가 되었어야 할 지점은 클린턴이 아무렇지도 않게 어떤 사람들은 "구제할 길 없는" 존재, 즉 말을 섞을 필요도, 생각을 바꾸라고 설득해볼 필요도 없는 존재라고 말한 부분이었다. 이제는 기억하는 이가 별로 없지만, 밋 롬니도 한때 비슷한 반민주주의적 결정론을 설파했다. 2012년 대선 당시 롬니는 "만드는 자makers"와 "취하는 자takers"를 대비하면서, 추정컨대 미국 인구 47퍼센트에 달하는 후자는 "뭐가 어찌 됐든" 오바마에게 투표할 거라고 주장한 바 있다.

의견이 좀처럼 일치하지 않는 좌파와 우파도 결이 비슷한 인구학적 결정론을 공유하는 경우가 많은데, 그 결과는 치명적이다. 미국 민주당원의 일부는 여전히 여러 소수 인종 인구의 합이 과반에 이르면 민주당이 장기 집권할 수 있다고 믿는다. 반대로 미치 매코널 같은 인물은 워싱턴 특별지구나 푸에르토리코에 주 지위를 부여하자는 제안을 "좌파의 권력 장악 시도"라고 규탄한다. 소수 인종은 무조건 민주당에 투표한다고 전제하기 때문이다.

물론 사람들이 생각을 바꾸는 일은 실제로 그렇게 자주 일어나지 않으며, 특정 집단이 역사상 쭉 특정 정당을 지지해왔다는 사실을 우리는 잘 알고 있다. 하지만 누가 어떻게 생각하고 어떤 쪽을 지지할지를 항상 미리 알 수 있는 것은 아니다. 우리는 민주주의가 누군가는 때로 마음을 바꾸기도 하며, 소속감이 항상 정치적 성향을 결정하지는 않는다는 기대에 기반해 돌아간다는 믿음을 저버릴 수 없다. 민주주의에서 불확실성을 제거하면 타격을 입는 쪽은 패자, 또는 소수자뿐이 아니다. 제대로 된 민주주의는 한때는 다수에 속했지만 생각을 바꾼 구성원 역시 보호한다.

이러한 그림을 받아들인다고 해서 모든 시민이 선거 때마다 각 정당이 내놓은 정책을 주의 깊게 검토하고, 신중하고도 이성적인 판단 과정을 거쳐 공공의 선을 추구하리라 생각되는 정당에 표를 준다는 가정까지 받아들여야 하는 것은 아니다.[76] 수십 년간 미국 정치학계는 일관된 시각을 유지한 채 활발하게 정치에 참여하는 시민에 대한 교과서적 통념을 파괴하는 작업에 전념해온 것처럼 보인다. 실제로 일부 동료 학자들은 연구를 통해 대부분의 시민이 얼마나 믿을 수 없을 정도로 비이성적이고 식견이 부족한지를 계속해서 증명하며 즐거움을 느끼는 듯하다(물론 정치에 한해 식견이 부족하다는 것이지, 〈아메리칸 아이돌〉이나 〈빅브라더〉 같은 TV 프로그램에 대해서는 대체로 잘 알고 있다). 그래서 브렉시트나 트럼프 같은 정치적 재해에 절망한 리버럴들 사이에서는 '민주주의에 대한 전통 이론'을 버려야 한다는 이야기가 나온다. 시민은 일관되고 논리적인 대중 의지를 형성하며, 정부는 '국민의 의지'를 실행한다는 전통 이론 말이다.[77]

민주주의가 최소한 나쁜 통치자를 제거하는 방식 중 유일하게 평화적이라는 통념에 의구심을 제기하는 학자들도 있다. 그 같은 통념역시 동료 시민에 대한 과대평가에서 나왔다는 것이다. 민주주의가 나쁜 놈을 몰아낸다면, 사람들이 최소한 누가 나쁜 놈이고 아닌지는 알고 있다는 뜻이 아닌가. 학자들이 근거로 드는 일화 중 가장 유명한 것은 저지쇼어 상어 소동일 것이다. 1916년 대통령 선거를 4개월 앞둔 시점, 미국 동부 뉴저지의 해안에 상어가 여러 차례 출몰해 주민과 관광객을 공포로 몰아넣었다. 60년 후 개봉한 헐리우드 블록버스터 영화에 영감을 준 바로 그 상어는 심지어 강을 거슬러 올라와 젊은이 두 명을 물어 죽였다고 한다.[78] 후세에 '20일간의 공포'로 알려진 상어 소동은 대통령과 하등의 관계가 없었지만, 해당 지역에서 현직 대통령 우드로 윌슨의 지지율을 9~11퍼센트포인트나 끌어내렸다.[79] 지역 스포츠팀의 패배 같은 악재도 정치와 아무런 상관이 없어도 현직 통치자에게 불리하게 작용한다. 그렇다면 업적 평가 투표는 비논리적인 셈이다. 분노에 이유가 있으니 맹목적인 분노라고는 할 수 없지만, 그 이유라는 것이 민주주의 정치와는 아무런 상관이 없기 때문이다.

저지쇼어 상어 소동은 평범한 사람들을 회의적인 시선으로 바라보길 즐기는 리버럴들이 아끼는 일화지만, 주장에 대한 완벽한 근거는 되지 못한다. 1916년 대선에서 윌슨은 상어가 나타나지 않은 북동부 주에서도 패배했고, 상어가 거슬러 올라가 사람을 물어 죽였다는 강이 있는 동네에서는 오히려 득표율이 올라갔다. 가장 중요한 점은 상어 소동 때문에 관광객에 의존하던 해안 지역이 큰 경제적 타격을 입었고, 절박한 처지에 몰린 주민들이 의회에 청원서를 보냈음에도 정부가 손가락 하나 까딱하지 않았다는 것이다.[80] 뉴딜 이전 시대에 연방 정부가 특정 지역에 대단한 지원을 해주기는 어려웠겠지만, 윌슨 본인이 2년간 주지사를 지낸 지역에 위로와 걱정이라도 제대로 표현했다면 유권자들이 그렇게나 등을 돌리지는 않았을 것이다.[81] 상징적인 제스처에 불과한 행동도 결국은 그 정치인을 표현하는 중요한 메시지가 된다. 예측하지 못한 상황에서 적절한 수사를 구사하는 능력에 대한 증명이 될 수도 있고, 더 중요하게는 의회를 대상으로 하는 설득력에 대한 증명이 될 수도 있다. 트럼프는 2020년 팬데믹 상황에서 연방 정부 관료제 관리뿐 아니라 국가 전체의 분위기 관리에도 처참하게 실패했다. 실책에 대해 사과하기는커녕, 국민에게 어떤 종류의 공감이나 애도의 말도 건네지 못했다는 점에서 독보적이었다. 트럼프가 피상적인 차원에서 국가 지도자 연기를 그럴듯하게 해낸 것과 관계없이 이러한 실패는 다음 대선의 득표율에 반영되었다.

시민 개인에게 정치적으로 의미 있는 지식이나 일관된 시각이 부족함을 입증하는 것은 그리 어렵지 않다. 하지만 그렇다고 해서 정치 전체가 무작위로 돌아가거나, 정치적 보상이 늘 가장 뛰어난 선동가에게 돌아가는 것은 아니다. 시민들은 자신의 이익에 대해 충분한 감을 가지고 있으며 동료 시민이나 정당, 언론, 노조 등의 단체에서 신호를 얻어 판단한다. 삶의 다른 영역에서와 마찬가지로, 지름길을 택했다는 게 비합리성의 근거가 될 수는 없다.[82] 문제가 있다면 시민 개인의 심리가 아니라, 이 책에서 "민주주의의 필수 인프라"라고 칭한 것에 있다. 미국을 비롯한 세계 여러 국가에서 이 인프라는 대대적인 수리가 필요하다.

시민이 자신의 물질적인 이익에 반하는 투표를 하는 것처럼 보일 때는, 대부분 선동가의 말에 속거나 허위의식에 젖어서가 아니다. 도덕적·문화적 이슈, 심지어는 감정적인 이슈와 연관된 다른 이익이 더 중요하다고 느끼기 때문이다.[83] E. E. 샤트슈나이더가 말했듯이 사람들에게는 이익만 있는 것이 아니라 이익에 대한 관념도 있다.[84] 관념이나 가치관은 단순히 '합리성 대 비합리성'의 문제로 볼 수 없다.

여러 집단이 물질적인 이익만을 두고 다툼을 벌이던 시절에는 정치가 더 쉬웠을 거라고 생각한다면 오산이다. 일단, 실제로 역사 속에서 그런 황금시대를 찾는 것부터가 불가능하다. 노동자들은 임금 인상과 더 나은 근무 환경만을 요구한 것이 아니라, 존엄과 삶의 방식에 대한 인정을 원했다. 이는 문화적인 가치관과 정체성의 문제다. 로런스 레시그의 말대로 "투표권 운동은 정체성 정치의 첫 번째 투쟁"이었다. 미국은 물론이고 여러 국가의 역사를 통틀어, 투표권을 얻기 위한 투쟁은 정체성에 기반한 선거권 배제를 극복하기 위한 싸움이었기 때문이다.[85]

오늘날 '정체성 정치'는 조롱의 뉘앙스를 담은 말이 되었지만, 정체성 정치란 단순히 특정 집단의 경험을 인정해달라는 추상적인 요구가 아니다. 오히려 아주 기본적인 권리의 실현, 또는 재분배를 목표로 한다. 정체성 정치를 비난하는 이들의 설명과 달리, 다른 이들이 이해 못 할 모호한 문화적 특성이나 선호를 인정해달라고 요구하는 것이 아니라 기본적인 권리를 행사하겠다고 주장하는 것에 가깝다. 여기서 말하는 기본적인 권리란, 권력자 남성에게 강제로 신체 접촉을 당하거나 강간당하지 않을 권리, 경찰에게 지속적으로 괴롭힘을 당하거나 경찰의 총에 맞아 죽지 않을 권리 같은 것이다. 사람들이 물질적인 이익만을 놓고 싸울 때 갈등이 더 쉽게 해결된다는 인식은 이익과 정체성, 그리고 이익과 정체성에 대한 관념이 서로 얼마나 복잡하게 얽혀 있는지를 간과한 시각이다.

하지만 나의 이익, 또는 이익에 대한 나의 관념을 대변하는 정당이 늘 패한다면? 혹은 셰보르스키가 말한 민주주의의 최소 조건은 충족되지만(즉 집권당이 자주 바뀌기는 하지만) 나의 이익이 전혀 보호받지 못한다면? 이는 여러 정치학자가 다양한 민주주의 체제에서 지적해온 문제다. 이 책의 1장에서 설명한 '분리' 가운데 적어도 하나를 설명할 수 있는 현상이기도 하다. 미국만의 문제는 아니지만 특히 미국에서 이 같은 현상은 충격적일 정도로 명백하다. 부유층과 나머지(빈곤층뿐 아니라 말 그대로 부유층을 제외한 모든 이들)의 선호가 갈리는 지점에서 결정은 언제나 부유층의 뜻대로 내려진다. 이는 부유층만이 정책에 대한 합리적이고 현실적인 시각을 갖고 있기 때문이 아니다. 미국의 정치 제도가 사실상 하위 3분의 2의 목소리에 전혀 응답하지 않는다는 뜻이다.[86] 이런 상황에서 '민주주의'란 다수가 실제로 어떤 말이나 행동을 하지 않아도, 다수의 시각이 상위층의 시각에 맞추어 조정되는 과정에 불과하다. 단순히 여러 정당이 돌아가면서 선거에서 패배하는 것만으로는 부족하다. 진정한 민주주의에서는 권력자의 이익마저도 가끔은 선거에서 패배해야만 한다.

여기까지, 집권당이 주기적으로 바뀌는 것만으로는 정치적 평등이나 정치적 자유가 실재한다고 보기 어렵다는 말을 길게 돌려 했다. 공개적으로 국민의 일부를 폄하하거나, 누구는 '진짜 시민'이 아니라 잘해봐야 이등 시민이라고 말하는 우익 포퓰리스트가 보이지 않는다고 해서 정치적 평등이 보장되는 것도 아니다. 견고한 차별금지법조차 시민 일부의 정치적 권한 박탈과 얼마든지 공존할 수 있다. 요컨대, 무언가가 더 필요하다.

'선동가'를 찬양하며

영향력의 완벽한 평등이 불가능한 목표라면 정치적 평등은 어떤 의미를 가질 수 있을까? 정치적 평등을 '나의 이익에 부합하는 정책을 얻게 될 가능성이 다른 이들과 얼추 비슷한 것'이라고 정의하는 것도 하나의 답안이 될 수 있겠다. 이런 정의를 따른다면, 선거에서 졌다고 해서 정치 체제 안에서 나의 입지와 이익이 구조적으로 외면당한 것은 아니다. 그저 이번 판은 아쉽게 내준 것뿐이다.[87] 다시 말해, 패배가 구조적인 불리함이나 입지적인 결함의 방증은 아니라는 것이다.

패배를 어떻게 보고 받아들일지는 다음 질문에 대한 답변에 달려 있다. 정치 참여가 얼마나 쉬운가(또는 어려운가)? 시민들이 투표 외에도 자신의 목소리를 낼 수 있는 기본적인 정치적 권리를 행사하고 있는가? 현실에서 이를 파악하려면 결국 다음과 같은 질문을 던질 수밖에 없다. 지금 실제로 얼마나 다양한 목소리를 들을 수 있는가? 내가 살펴보고 참여할 수 있는 합창단이 몇 개나 되는가? 상류층의 창법으로 노래하지 않는 합창단이 몇 개나 되는가? 얼마나 다양한 시각과 이익, 정체성이 대표되고 있는가?

고대 아테네인은 의회에서 투표의 자유를 누렸고, 추첨제를 통해 공직에 종사할 기회 역시 동등하게 누렸다. 부유층을 견제하는 역할을 한 법원의 공직 역시 마찬가지였다. 그러나 고대 민주주의에도 대의라는 개념이 없는 것은 아니었다. 아테네에는 '데마고고스 demagogos'라는 개념이 있었다. 현대적 개념의 선동 정치가를 뜻하는 데마고그와는 달리, 데마고고스는 이슈를 띄우고 특정한 시각이나 이해관계를 시민에게 알리는 일종의 지도자 역할을 했다. 고대 민주주의에는 정당이라는 개념이 없었기 때문에 당 대표라고 할 수는 없지만, 상설 기구와 '정보 지도자'(현대인의 용어로는 '언론')가 없는 환경에서 데마고고스는 정당 지도자와 매우 비슷한 기능을 수행했고, 아테네 민주주의에 꼭 필요한 존재였다.

전통적으로 대의제를 바라보는 시각에는 크게 두 갈래가 있다. 하나는 사람들이 자신의 이익을 실질적으로 증진해줄 사람을 대표자로 뽑는다는 것이고, 또 하나는 중요한 부분에서 자신과 가장 비슷한 사람을 뽑는다는 것이다. 여성 정치인이 여성을 대표해야 한다는 이야기는 두 번째 관점에 기반한다(물론 브라질여성당 같은 특수한 사례도 있다. 임신 중단 불법화가 '브라질 여성'의 실질적인 이익 증진이라고 주장하며 창당했지만, 어느 시점에는 당 소속 여성 의원이 단 한 명도 없었던 것이다).

한편 대의제를 바라보는 더 역동적이고 창의적인 시각도 있다. 대표는 이익이든, 특징이든 이미 존재하는 것을 기계적으로 재생산하는 사람이 아니라 지금까지는 인식이 없었던 사상, 이익, 정체성에 기반한 새로운 이미지를 잠재적인 지지자에게 제시하는 사람이라는 것이다. 그 결과 시민들은 자기 자신이나 정치를 새로운 시각에서 바라보게 된다. 이 경우 지지층은 재생산되거나 단순히 모습을 드러내는 것이 아니라 새롭게 탄생하는 격이며, 그 결과 이들은 자신의 정치적인 자유를 새로운 방식으로 활용하게 된다.

이는 사실 아주 새로운 현상도, '정체성 정치'의 탄생과 함께 시작된 현상도 아니다. 노동자는 자신이 노동자임을 알지만, 자신이 노동자 계급의 구성원이라는 사실을 자동으로 알게 되는 것은 아니다. 정치적 연대 같은 것을 만들어내기 위해서는 정체성이든 이익이든 조직되어야 한다.[89] 길버트-설리번 콤비의 오페라 〈이올란타〉에서 이등병 윌리스가 부르는 다음 노래와 정확히 반대되는 이야기다.

나는야 지적인 사내,

당신을 깜짝 놀래킬 생각을 한다네.

참 우스운 일이야, 랄랄라!

어쩌면 자연은 늘 그렇게 해내는지, 랄랄라!

이 세상에 태어난 모든 소년 소녀는

약간 진보적이거나

약간 보수적이라네!

반대로 영국의 《타임스》는 비컨스필드 백작 1세로 알려진 벤저민 디즈레일리 총리를 칭송하는 기사에서 대의제의 창의적이고 역동적인 면을 잘 담아냈다.

비컨스필드 경은 여느 토리당 지도자들과 달리 영국 국민을 믿을 준비가 되어 있다. 또한 여느 지도자들에게는 정치의 처음이자 끝이요 모든 것이었던 신분제의 벽에 완전히 무관심하다. 마치 조각가가 대리석 안에 갇힌 천사를 보듯이, 비컨스필드 경은 영국 국민이라는 모호한 덩어리 속에서 보수적인 노동자 계층을 알아보았다. 평범한 영국인에게 지킬 것이라고는 빠듯한 수입과 소박한 집뿐이어도, 이들이 부유층만큼 강렬한 보수주의적 본능을 가지고 있다는 점을 파악한 것이다.[90]

이론적으로는 누구든지 누군가를 대변해서 주장을 펼칠 수 있다. 어떤 집단이 제대로, 또는 전혀 대표되지 못하고 있다는 사실을 제시하면 된다.[91] 민주주의에 깊은 환멸을 느낀 민주주의자이자, 20세기

미국에서 가장 영향력 있는 언론인이라 할 만한 월터 리프먼은 다음
과 같은 옳은 말을 했다. "대중은 후보자를 선택하지도, 정당의 강령을
쓰지도, 정책을 짜지도 않는다. 보통 사람이 직접 자동차를 만들거나
연극 무대에 서지 않는 것과 마찬가지다. 그저 나선 사람에게 찬성하
거나 반대할 뿐이다." 그러나 바로 그 '나선 사람'은 대중에 대해 새로
운 사실을 발견했을 수도 있고, 지금까지 누구도 대변해주지 않았던
어떤 경험에 대해 인식하도록 도와줄 수도 있으며, 사람들이 자신에
대해 갖는 이미지를 완전히 바꾸어놓을 수도 있다. 이는 위로부터의
변화지만, 늘 그런 것만은 아니다. 일례로 미투#MeToo 운동은 수평적
으로 확산되었지, 위에 있는 누군가가 이끌어낸 움직임이 아니었다.
평범한 10대 청소년이었던 에마 곤잘레스가 파크랜드 총기 난사 사건
의 생존자로서 며칠 만에 전미총기협회보다 더 많은 트위터 팔로워를
갖게 된 일도 마찬가지다.

　　BLM 운동도 그렇다. 2013년 이전이라고 사람들이 경찰 폭력에
대해 몰랐던 것은 전혀 아니다. 그러나 여성 활동가 세 사람(과 그들이
사용한 특별한 해시태그!)의 등장으로 특정 집단이 효과적으로 대표되
었고, 그들에게 무슨 일이, 왜 일어나고 있는지를 효과적으로 대변할
수 있게 되었다. 경찰 폭력의 대상이 되는 이들은 지금까지 어떻게 되
어도 별 상관 없는 존재로 인식되었고, 그들의 생명에는 가치가 없는
것으로 여겨졌다. 다시 말해, 현 정치 체제 안에서 흑인들의 입지가 없
었다는 뜻이며, 그런 의미에서 BLM 운동은 이 책에서 논한 '경계'를
강화하고자 한 운동이라고 할 수 있다. BLM 운동은 없는 것을 만들어
내거나, 비흑인 시민들에게 특정한 경험을 자기 일처럼 여기고 진심

으로 이해해줄 것을 요구하지 않았다. 조지 플로이드 사망 사건 직후에 일어난 대규모 집회에서 드러난 것처럼, 다양한 배경을 가진 사람들이 하나의 가치를 공유하며 모여든 것이다.

BLM 운동으로 새로운 무언가가 드러난 것이 아니다. '드러냈다'고 하려면, 이미 완전히 형성된 정치적 주제가 존재하고 있었고, 어떤 시점에 그저 발견되었다는 의미일 것이다. 초기의 성소수자 프라이드 행진이나, 2020년 벨라루스에서 일어난 알렉산드르 루카셴코 퇴진 요구 시위도 마찬가지다. 혹자의 말처럼 "억눌렸던 무언가가 밖으로 나오면서, 그런 자신을 향해 기쁨과 놀라움을 느끼는" 장면이었다.[92] 성정체성을 숨겨오다가 벽장 밖으로 나오는 것이건, 안락한 집에서 경찰 폭력이 난무하는 광장으로 뛰쳐나오는 것이건, 밖으로 나가는 행위 자체가 사람들이 자신에 대해서, 또 다른 사람들과의 관계에 대해 갖고 있었던 생각을 바꾸어놓는다. 적절한 정치화 없이 정체성은 존재할 수 없다. 정체성은 정치화 과정 속에서 완성된다.

소속 정당과 관계없이 많은 정치인이 믿고 있는 인구학적 결정론의 문제도 바로 여기에 있다. 정당에 대한 사람들의 충성심은 그 충성심이 어떤 식으로 다루어지는지에 달려 있다. 미치 매코널의 패배주의는 확고해 보이지만, 문화적인 면에서 보수적인 푸에르토리코 주민들이 공화당 정책을 무조건 싫어하리라는 보장은 없다(공화당 출신 대통령이 허리케인 피해를 입은 주민들을 향해 종이 수건을 농구공인 양 던져서 전달했고, 이것이 몇 년 후 팬데믹 상황에서 그가 보여줄 무심함과 비정함의 전조였다는 사실을 주민들이 잊어주기만 한다면 불가능은 아니다). 선거는 인구 조사에 기반하지만, 인구 조사와는 다르다. 역동적인 정치 과정에 따라 시민들은 놀라운 방식으로 자기 정체성의 우선 순위를 바꾸기도 한다. 아이작 아시모프의 1955년 작품 「프랜차이즈」가 디스토피아물인 이유도 여기에 있다. 작중 2008년 11월 4일 대통령 선거에서는 모든 시민이 투표를 하는 것이 아니라, 슈퍼컴퓨터 '멀티백'이 선정한 "가장 대표적인 미국인" 단 한 사람만 투표를 할 수 있다. 선거 당일 "세계 최초이자 가장 위대한 전자 민주주의 국가" 미국에서 "올해의 유권자"로 선정된 노먼 뮬러가 컴퓨터의 질문에 어떻게 답을 하는지에 따라 전국의 선거 결과가 정해진다.

대의란 객관적인 현실, 또는 겉으로 드러나는 현실에 대한 중립적인 묘사가 아니라, 전장으로의 소환이다. 지금까지 전혀, 또는 제대로 대표된 적 없는 집단 주변에 금을 둘러 표시하고 전선을 긋는 일이다. 이런 선들은 그냥 주어지는 것이 아니다. 폴란드 동부의 농민 가족이 우익 정당인 '법과 정의'당에 친근감을 느낄지, 아동 수당 지급에 남 못지않게 진심인 좌파 정당을 선택할지는 알 수 없다. 정치인은 전략이나 창의성을 동원해 그 결정에 일부 영향을 미칠 수 있다. 서쪽으로 이동해 또 하나의 예를 살펴보자. 아일랜드에서는 두 개의 중도 우파 정당인 피아나 페일Fianna Fáil과 피너 게일Fine Gael이 영원히 정권을 주고받을 것처럼 보였다. 각각 '운명의 전사들'과 '게일의 부족'을 뜻하는 정당 이름만 보아도 이들이 여전히 독립전쟁 때의 공으로 먹고사는 정당임을 알 수 있다. 그러나 2020년 선거에서 신 페인Sinn Féin("우리 자신")이 게임을 완전히 바꾸어놓았다. 신 페인 역시 역사적인 책임에서 자유롭지는 않지만, 주택과 의료에 대한 아일랜드 주민들의 절실한 요구를 반영하며 돌풍을 일으켰다. 마침내 아일랜드

정치 지형에도 제대로 된 좌우 진영이 생겨난 것이다.[93]

민주주의 사회에서 갈등이 어떻게 분열과 단합을 모두 이끌어내는지를 연구한 예리한 정치 사상가 샤트슈나이더가 20세기 중반에 이미 지적한 바와 같이, 갈등의 범위를 자신에게 정치적으로 유리하게 정의하는 기술이 필요하다. '누가 싸움에 낄 수 있고 없는지'가 중요한 것이다(샤트슈나이더의 표현을 그대로 옮기자면 "어떤 게임인지를 결정하는 사람이 누가 게임에 낄 수 있는지를 결정"한다).[94] 그의 설명을 좀 더 들어보자.

> 경쟁은 갈등의 범위 확장을 위한 장치다(워싱턴 행정부 내부에서 패배한 제퍼슨이 지지를 구하러 시골로 향한 것처럼). 외부의 도움을 요청하는 쪽은 패자다. 정당들이 표를 얻기 위해 경쟁하면서 유권자 집단이 확대되었다. 새로운 사회적 집단이 투표권을 얻을 가능성이 생기면, 양당은 확대에 찬성한다. 이것이 바로 정치 세계의 확장이다. 한편 정치를 독점하려는 모든 시도는 대부분 본질적으로 갈등의 범위를 제한하려는 시도와 같다.[95]

사회 내 특정 집단이 공유하는 가치를 대변하겠다며 게임에 뛰어들기가 쉬울수록, 시민은 정치 체제가 자유롭고 변화에 열려 있다고 느낄 가능성이 크다. 다른 사람들의 생각이나 여러 사람이 공유하는 관심사에 대해서도 알게 된다. 또한 더 많은 집단이 대표되고 주장을 펼칠 수단에 대한 접근이 평등해질수록, 목소리나 표의 가치도 올라간다.

이 책에서 대의제의 창의적이고 역동적인 면을 장황하게 논하는

이유는 현대 정치를 관찰하는 이들이 이 부분을 종종 외면하기 때문
이다. 많은 이가 투표소에서의 승리가 사회에 대한 어떤 객관적인 진
실을 드러낸다고 생각한다. 우익 포퓰리스트가 선거에서 좋은 결과
를 거두면, 그가 거짓말을 일삼는 선동가에 단순무식한 놈에 불과하
다는 어제까지의 평가는 곧 '주류 정당'이 오랫동안 외면한 궁극의 사
회학적 진실을 발견해낸 정치인이라는 평가로 대체되고 만다. 트럼프
는 하루아침에 '백인 노동자 계급'의 불만을 대변한 인물이 됐다(실제
로 흔히 생각하는 '노동자'보다 훨씬 부유한 계층이 트럼프에게 결정적인
지지를 보냈고, 클린턴이 선거에서 패한 것은 트럼프에게 표를 준 노동자
들 때문이 아니라 투표하러 나오지 않은 노동자들 때문이었다는 사실은
잠시 접어두자). 트럼프 덕분에 미국에 6300만 명의 인종차별주의자
가 살고 있다는 것이 증명되었다는 주장 역시 마찬가지로, 2016년 대
선에 대한 잘못된 분석이다(같은 방식으로 2020년 대선 결과를 분석하
면 인종차별주의자의 수는 그새 더 늘어난 셈이다). 그렇게 치면, 보리스
존슨은 브렉시트가 사람들의 마음속 깊은 곳에 자리한 열망이었음을
증명한 셈이다. 물론 정치인이 무에서 유를 창출할 수는 없다. 이 책의
1장에서는 우익 포퓰리스트의 범죄적 행위를 용이하게 만드는 더 큰
정치, 사회, 경제적 맥락에 대해 분석했다. 핵심은 갈등에 대한 주장이
다양한 방식으로 제시될 수 있다는 점이다. 중요한 정치적 선택지를
어떻게 만들어 어떤 식으로 유권자에게 제시할지를 두고 창의성을 발
휘할 여지가 있다는 뜻이다. 그리고 그런 식으로 갈등을 제기하는 데
는 늘 비용이 따른다. 단순히 선거에서 패할 때의 손실만을 말하는 게
아니다. 그 갈등이 내 문제가 아니거나 나에게는 이익이 되지 않는다고

느끼는 시민이 생겨나기 마련이다. 이 싸움에 걸린 것이 없다고 생각하는 구성원은 결국 정치에서 완전히 소외되었다고 느끼게 된다. 민주주의 사회는 이런 비용을 최소화하기를 원할 것이다.

대의제를 제비뽑기로 대체하면 안 될까?

제비뽑기로 공직을 채우는 시스템에는 대의제의 역동적이고 창의적인 요소가 결여되어 있다. 어떤 철학자들은 고대 아테네식 '로또크라시lottocracy'의 부활을 주장하기도 한다.[96] 추첨에 의해 선발된 시민들이 전문가의 조언을 받아 정책 과제를 해결하는 체제다. 로비나 노골적인 뇌물은 법적으로 금지될 뿐 아니라 누가 권력을 잡을지 알 수 없다는 점에서 무의미하다. 누가 어떤 제비를 뽑을지를 미리 아는 방법은 없다(그래서 아테네인들은 아침에 제비를 뽑았다. 전날 저녁에 뽑으면 밤새 뇌물 수수 시도가 이루어질 수 있다고 판단했기 때문이다).[97] 제도화된 불확실성만큼은 확실히 보장되는 공직자 선발인 셈이다.

그런 면에서 로또크라시는 동등한 기회와 제도화된 불확실성의 결합이다. 그렇다면 둘 중 하나, 또는 두 가지 모두를 보장하지 못하는 선거에 비해 로또크라시가 더 우월한 체제 아닐까? 문제는 로또크라시가 기술관료적 사고방식, 즉 정치란 그저 해결해야 할 문제의 연속이며 올바른 해결책을 찾는 것이 중요하다는 시각을 담고 있다는 것이다. 반면 무엇이 문제인지를 누가 결정하는지는 불분명하다. 새로운 자기인식으로 촉발된 불의에 대한 항거와 새로운 대표에 대한 요구가 이처럼 일반인과 동떨어진, 전문가 위주의 제도 내에서 잘 받아들여질지는 알 수 없다. 혼란스럽고 지저분한 거리의 정치와 기술관료제적 로또크라시의 기표소는 영원히 만날 수 없는 평행선일지도 모른다. 대의민주주의는 해결책을 가장 잘 찾아내는 제도가 아닐 수도 있지만, 무엇이 문제인지는 가장 잘 찾아내는 제도일 가능성이 높다.

능력주의처럼, 첫인상으로는 로또크라시와 정반대인 제도에도 같은 약점이 있다. 조작이나 반칙의 가능성은 차치하더라도, 능력주의는 특정 과제를 누가 가장 잘 해결하는지가 어느 정도 정해져 있다는 전제 위에서 작동한다. 토머스 제퍼슨이 능력주의를 두고 "자연스러운 귀족정치"라고 칭한 것도 같은 맥락이다. 능력주의는 무작위로 선발된 평범한 사람이 전문가에게 조언 또는 재교육을 받는 대신, 전문가가 직접 임무를 수행하는 체제이자 하나의 문제에는 하나의 정답이 있음을 전제하는 시스템이다. 민주적 대표성을 놓고 지저분하게 싸워야만 문제라는 것이 드러나고 가치관에 따라 다양한 해결책이 있을 수도 있다는 관점은 배제될 수밖에 없다. 제비를 잘 뽑은 운 좋은 승자이건, 시험에 통과한 능력 있는 인물이건 일단 지도자가 결정되고 나면 나머지 시민은 그냥 입을 다물어야 한다는 점에서 로또크라시와 능력주의에는 비슷한 구석이 있다. 역설적이게도 로또크라시와 능력주의는 모두 포퓰리스트가 원하는 결말, 즉 시민의 범위가 줄어들고 모든 이가 결정 과정에 참여하지 못하는 체제를 향해 나아가게 된다.

특정 맥락 속에서 여러 장점을 띤다고 해도, 로또크라시와 능력주의에는 결국 정기적인 선거에 기반한 대의민주주의가 가진 중요한 미덕, 즉 역동성과 창의성이 없다. 평화를 유지하는 데도, 로또크라시와 능력주의는 선거와 같은 역할을 수행할 수 없다. 사회 내 서로 다른 집단의 힘을 제대로 파악하지 못할 뿐 아니라, 패자에게 미래의 승리라는 여지를 남겨주지도 않기 때문이다.[98]

　대의제가 반드시 민주적인 것은 아니다. 예를 들어 교황은 일종의 대표지만, 민주주의적인 대표는 아니다. 그렇다고 민주주의와 대의제가 반대되는 개념인 것도 아니다. 대표를 선택하는 선거는 개별적인 행위지만, 대의제는 지속적인 과정이다. 시민들은 대의 기구 안에서 일어나는 일에 관해 다음 선거 때까지 외면하지 않고 목소리를 내서 참여할 수 있다.[99] 대표자 역시 선거에서 약속한 일만 하나씩 해치우는 것에 그치지 않고, 다음 선거 때 유권자들이 어떤 관심사를 가지고 투표할지에도 촉각을 기울인다. 또 자신이 공약을 지키지 못했더라도 꼭 다시 당선되어야 한다고 유권자들을 설득하려 노력하기도 하는데, 이런 노력이 반드시 기만이라고는 할 수 없다. 예를 들어 임기 중 팬데믹이라는 국가적인 과제가 예고 없이 등장했다면, 다음 선거에서는 팬데믹 대응 성적표로 심판받기를 원할 수도 있는 것이다.[100] 한 선거에서 두 번 투표할 수 있는 사람은 아무도 없다. 다음 선거에서 특정 대표를 다시 뽑을지 결정할 사람은 과거에 그 정치인에게 힘을 실어준 사람과 다른 사람이라고 봐도 무방하다.

　다수와 소수 간의 토론은 대의 기관에서만 이루어지는 것이 아니라 의회와 시민 사이, 또 시민과 시민 사이에서도 일어난다. 잘 작동하는 매개 기구가 제 역할을 잘할 때는 더욱 그렇다.[101] 어떤 차원에서는 대표자가 한낱 유권자에 비해 더 큰 권력과 자유를 갖는 것이 사실이다. 루소의 유령은 그리 쉽게 사라지지 않는다.[102] 그러나 대표자라고 해서 그저 시민을 무시할 수 있다는 뜻은 아니다. 테리사 메이 스타일로건, 조지 워싱턴 스타일로건 시민들에게 입을 닫으라고 명령할 수도 없다.

대의제와 참여를 반대 개념으로 이해해서는 안 된다. 대의의 반대는 배제이며, 참여의 반대는 정치적인 삶으로부터의 분리 또는 기권이다.[103] 패자에게 해줄 수 있는 가장 좋은 말은 아마 '패자도 여전히 자기 주장을 펼칠 자유가 있고, 배제되거나 구조적인 불이익을 받지 않는다'는 말일 것이다. 권위주의적 포퓰리스트의 통치하에서는 불가능한 일이다. 나아가 민주주의 게임에 전혀 끼지 못하고 있다고 생각하는 이에게는 '평등한 자유가 실재한다면, 언제든 현재 상황을 뒤집어 엎고 어떤 싸움이 가장 중요한지에 대한 싸움을 시작할 수 있다'고 밀해줄 수 있을 것이다. 평등한 자유가 실재하는지 여부는 헌법의 모호한 약속에 달려 있는 것이 아니라, 민주주의의 필수 인프라, 즉 정당과 시민사회, 언론의 상태에 달려 있다. 이 같은 인프라는 대의제의 필수 요소이며 민주주의 사회를 와해하지 않는 방식으로 갈등을 해결하는 데도 꼭 필요하다. 다음 장에서는 이들 인프라를 더 자세히 살펴볼 것이다.

한때의 희망과는 달리 '국민이 곧 정치 체제'는 아니며, 현실은 여러 정당, 조직된 운동, 지도자들로 구성되어 있다. ─주디스 슈클라

정치적인 형태를 만들어내는 대중은 사라지지만, 권력과 소유욕은 죽어가는 대중이 만든 관료와 기관의 손에 그대로 남는다. ─존 듀이

기본적인 정치적 권리, 즉 표현과 집회, 결사의 자유가 없는 민주주의는 상상하기 어렵다. 이런 기본권의 가치는 권리 행사를 돕는 이른바 '매개 권력intermediary powers'이라는 행위자들의 존재로 인해 크게 높아진다.[1] 물론 혼자서도 권리를 얼마든지 행사할 수 있다. 길거리에서 1인 시위를 할 수도, 쉴 새 없이 트위터에 글을 올릴 수도 있고, 어디에도 게재하지 않은 칼럼을 모아 가족과 지인에게 보내거나 모르는 이들에게 스팸 메일처럼 뿌릴 수도 있다. 그러나 조직, 정당, 그리고 이른바 '레거시 미디어'라 불리는 전통 매체는 내 메시지에 말 그대로 날개를 달아준다. 정치적 평등이란 무엇보다도 정치에 참여할 수 있는 기회의 평등이다. 일정 수준의 접근성을 갖춘 매개 권력과, 새로운 매개 권력을 만들 수 있는 기회는 정치적 평등을 실현하기 위해 반드시 필요하다.[2]

　이 희망찬 관점에 모두가 동의하는 것은 아니다. 매개 권력은 오히려 불평등을 공고하게 하고 심지어는 악화시킨다는 어두운 시각도 있다. 실제로 매개 기구는 잘해봤자 본질적으로 보수적이고, 대개는 노골적으로 귀족적이라는 유구한 시각이 있다. 토크빌을 비롯해 '매

개체corps intermédiaires'의 조정 능력을 높이 샀던 19세기 리버럴들의 요구는 오히려 정치적 평등을 줄이는 예의 바른 시도였던 듯하다. 결과적으로 이 매개체들이 국민을 분열시키고 국민과 국가 사이에 거리를 만드는 것처럼 보이기 때문이다. 가장 박한 평가는 매개 권력이 국민의 목소리를 아예 바꾸어 전달한다는 주장이다. 중재란 늘 왜곡으로 이어질 가능성이 있다는 것이다. 루소가 매개 권력에 적극 반대한 것도 바로 이런 이유 때문이었다. 루소의 이상적인 정치 체제 안에서 시민들은 정당 비슷한 것을 형성하기 위한 토론은커녕, 집단적인 선택에 대해서도 아예 이야기를 나누지 않는다. 루소가 우려한 것은 다수가 침묵당할 가능성이 아니었다. 그는 정말로 모두가 조용히 입을 다물어 완벽한 고요 속에 단합이 이루어지기를 원했다(루소의 사상은 프랑스에 꽤 오랫동안 유산으로 님아, 프랑스 혁명 기간에는 매개 기구라는 것이 아예 금지되었고 대중 정당은 1901년에 와서야 법제화됐다).

그러나 루소의 이상향인 작고 고립된 산골 마을과는 전혀 다른 사회에선 다음과 같은 질문이 생긴다. 시각을 정립하고 널리 퍼뜨리는 데 도움을 줄 조직이 없다면 어떻게 시민이 활발하게 정치에 참여하고 권력을 행사할 수 있단 말인가? 역사학자 피에르 로장발롱이 칭한 "구조화된 민주주의"의 대안은 구조화되지 않은 민주주의가 아니라, 아예 '민주주의가 아닌 것'이다. 민주주의에는 반드시 필수 인프라가 필요하다. 우체국 같은 실질적인 인프라와 마찬가지로, 민주주의의 필수 인프라는 사람들에게 가닿고, 사람들이 와닿을 수 있는 존재다. 17세기 초 스트라스부르에서 발행한 세계 최초의 독일어 주간지의 이름이 "관계Relation"였던 것은 우연이 아니다.[3] 시민 간 연결을 도와주는 여느 기관과 마찬가지로, 인프라의 질적 수준 역시 다양하다. 그 수준 차이를 어떻게 파악할 것인가가 문제다.

매개 기구의 의의

중간 역할을 하는 것은 몽땅 없애야 한다는 목소리가 종종 들려온다. 이런 주장은 중재가 결국 조종에 불과하다는 전제를 깔고 있다. 텍사스의 어느 공화당원은 이렇게 말하기도 했다. "뉴스를 대통령에게서 직접 듣는 것이 낫다. 그것이 있는 그대로의 진실을 얻을 수 있는 유일한 방법일지도 모른다."[4] 있는 그대로의 진실을 전하는 도구 가운데 트럼프가 가장 선호한 것은 단연 트위터였다. 트럼프는 트위터를 비용과 손실 없는 신문이라고 칭송하면서, 자신을 "뽕뽕뽕bing-bing-bing" 자판을 두들기는 "140자의 헤밍웨이"로 칭하기도 했다. 2021년 1월에 계정을 빼앗기기 전까지 트럼프에게 트위터는 매체이자 메가폰이었다.

이게 내 메가폰입니다. 아무런 필터도 거치지 않고, 소음과 가짜 뉴스를 뚫고, 사람들에게 직접 말을 할 수 있는 방법입니다. 내가 소통할 수 있는 방법은 이것뿐입니다. 내게는 수천만의 팔로워가 있죠. 케이블 뉴스보다 더 큽니다. 내가 나가서 연설을 하고 CNN이 그걸 보도해봤자 아무도 안 봐요. 아무도 신경을 안 쓰죠. 하지만 내가 트윗을 올리면, 트위터는 세계를 향한 메가폰이 됩니다.[5]

　　이탈리아에서 오성운동Five Star Movement을 창당한 베페 그릴로는 지지자들에게 "부패한 정치인 계급"인 정당, 그리고 그런 정치인들과 동침하는 전문 언론인을 거치지 말고 자신의 블로그에서 직접 소통하자고 권했다. 그는 보통 사람들이 지금 진짜로 무슨 일이 일어나고 있는지를 알아야 한다면서 "보통 사람들의 확성기"가 되겠다고 약속했다. 오성운동과 스페인의 포데모스 같은 신흥 정당들은 새로운 모델을 자처한다. 국가와 시민 사이에 위치하기보다는 일종의 플랫폼, 특히 디지털 플랫폼을 제공하겠다는 것이다. 19세기 말에 형성되기 시작한 대중 정당 특유의 관료주의적인 면을 버리고 플랫폼으로 당원들을 연결하겠다는 포부다. 대중 정당은 사회학자 로버트 미헬스의 표현대로 "과두정의 철칙"(관료주의는 소수의 내부자들이 이끌어가게 된다는 주장)을 따르게 되지만, "플랫폼 정당"은 훨씬 더 평등주의적이고, 왜 그런지는 정확히 알 수 없지만 "수평적"이라는 것이 이들의 주장이다.

　　이는 허위 광고일까? 질문에 답하기에 앞서, 매개 기구가 단순히 여러 개인의 목소리를 합쳐서 증폭하는 것 이상으로 어떤 구체적인 기능을 수행하는지 좀 더 자세히 알아볼 필요가 있다. 또한 19세기 이래 정당과 언론이라는 두 가지 특정한 형태의 중재 기구가 왜 대의민주주의의 필수 요소로 기능하게 되었는지도 알아봐야 한다.

　　정당과 언론이 위기에 처했다는 주장은 끊임없이 들려온다. 오늘날 언론의 위기를 말하는 전형적인 논조는 다음과 같다. "현재 서구 민주주의의 위기는 저널리즘의 위기다." "독립적이고 독자적인 시각들이 모여 큰 합의를 이룬다는 의미의 대중은 끝났다." 사실 첫 문장은 1920년에 월터 리프먼이 쓴 것이고, 두 번째 문장은 마셜 매클루언 과 쿠엔틴 페오르의 1967년 저서에서 인용한 것이다.[6] 지나간 황금기 를 지목하기는 쉽지만, 사실 그런 시대는 과거에도 없었다. 더 중요한 질문은 매개 기구에 근본적인 위협이 가해지고 있다는 우려가 나왔던 과거의 시점에 이 기구들이 실제로 핵심 기능을 유지했느냐는 것이다.

다시 한번 "첫 번째 원칙으로의 회귀"를 되새기며 기본으로 돌아 가 보자. 민주주의에는 상반된 성격을 가진 두 장소가 반드시 필요하 다. 첫째는 지정된 시각에 모여서 모두에게 구속력 있는 결정을 내릴 지정된 장소다. 즉 입법을 통해 정치적인 의지를 표현할 장소가 있어 야 한다. 반대파도 주장을 펼칠 기회를 가진 후에, 다수의 뜻대로 결정 을 내리는 곳이 되겠다. 둘째는 사회 전반에서 지속적으로 의견이 형 성되고 정치적인 판단이 내려질 장소다. 그 누구라도 언제든지 의견 을 낼 수 있는 곳이어야 한다.[7]

의사 결정에는 절차가 필요하므로, 분명하게 정해진 시간표를 따 르게 된다. 월트 휘트먼의 표현에 따르면 "가장 강렬한 장면이자 구 경거리"인 선거는 정해진 주기에 따라 치러야 한다. 따라서 민주주의 의 장소 가운데 첫 번째는 예측 가능해진다. 궁극적으로는 불확실성 을 만들어내지만, 절차 자체는 일단 그렇다.[8] 반대로 의견 형성의 영역 은 독일의 사회철학자 위르겐 하버마스의 표현대로 "거친 불협화음" 의 공간일 수 있는데 그래야 바람직하다. 다양한 목소리가 서로 부딪 히고 의견이 다듬어지며, 정책의 세부 사항에 대해 무제한 토론을 할 수는 없더라도 서로 신호와 힌트를 주고받는 공간이어야 하기 때문이 다. 일견 여기에는 아무런 패턴도, 종착지도 없어 보인다. 대중이란 스냅숏이 아니라 끝나지 않는 영화, 또는 동시에 상영되는 여러 편의 영화이자 동시에 진행되는 여러 개의 플롯이다. 2020년대가 시작되기 전까지는 존재하지도 않았던 이미지를 예로 들어 설명하자면, 일종의 단체 줌 회의 같은 것이다. 누가 듣고 있는지 확실치 않아도 누군가는 이야기를 하고 있고, 한편에서는 한 무리가 따로 그룹채팅에 참여하고 있으며, 일부는 사적으로 일대일 대화를 나누는, 그런 그림인 것이다.

　　민주주의의 두 장소는 언제나 연결되어 있다. 존 스튜어트 밀은 영국 의회와 사회 전체의 관계에 대해 다음과 같이 말했다.

> 의회는 국가의 불만 위원회이자 의견 집합소다. 국민의 일반적인 의견뿐 아니라 모든 집단, 그리고 국민에 속하는 개개인에 이르기까지 모두가 자신의 의견을 내고 토론을 요구할 수 있는 곳이다. 영국에 사는 모든 이가 자신의 마음을 대변해줄, 혹은 더 잘 말해줄 사람을 찾을 수 있는 곳이다. 친구나 당원에게만이 아니라 반대편 앞에서 나의 의사를 말하고, 반대 의견의 도전을 받는 곳이며, 의견이 반박당한 사람은 그래도 말을 할 기회를 얻은 것에 만족하는 곳이다. 나의 의견이 기각되더라도 단순히 의지에 의해서가 아니라 우월한 주장이라고 여겨지는 것에 의해 밀려나는 장소이며 (…) 나라의 모든 정당과 의견이 세력을 모으는 곳이자, 모두가 지지자의 수나 권력에 의한 편견에서 벗어나게 되는 곳이다.[9]

　　공론장은 특정 장소나 미디어 기술의 발전에 의존하지 않는다. 물론 특별한 어떤 장소일 수는 있다. 고대 아테네의 아고라는 법원이자, 상업 활동과 종교의식이 이루어지는 곳이었고 과두정의 지배 엘

리트가 노예와 어깨를 부딪칠 수 있는 곳이었다. 실제로 아고라 근처
의 프닉스 언덕은 법령을 만드는 민회가 열리는 장소였다.[10] 18세기에
는 커피하우스와 살롱이 의견 형성의 장소가 되었고, 신문은 의견 형
성의 수단이 되었다. 커피를 마시며 최신 소설의 장단점을 논하던 신
사들의 대화 주제는 나랏일로 옮겨갔고, 문학 비평은 정치 비평이 되
었다. 하버마스의 이상화된 이미지에 따르면, 커피하우스와 신문 지
면에서는 사회적 지위 고하에 상관없이 더 나은 주장, 또는 적어도 더
날카로운 위트가 인정을 받았다. 커피하우스는 점잖은 장소였지만 대
화에는 경계가 없었다. 정치에 대한 대화는 결국 정권에 압력으로 작
용하게 되었다. 단순히 국민을 대표할 뿐 아니라, 국민의 심판을 받고,
제대로 된 국민의 대표가 되어야 한다는 압박이었다.[11] 1771년까지
하원에서 이루어진 토론을 보도하는 것은 위법이었다. 비공개 심의는
대중의 압박을 피하고, 동시에 의원들이 대중 앞에서 허세나 과시 부
리는 일을 막기 위한 것이었다.

　　몽테뉴가 처음 쓴 표현이자 18세기의 정치적 맥락에서 많이 사용
된 용어 "여론opinion publique"은 정부를 감독한다는 의미였다. 철학자
제러미 벤담은 "논증과 토론의 습관"이 배어든 "대중의 감시"를 높이
평가했다. 대중은 통치하지 않지만 목소리를 높인다는 것이다. 대중
이 처음에는 침묵하다가, 끊임없는 비판적 의견 교환이 아니라 마음
에서 우러나온 합의를 기반으로 하나의 목소리를 낸다는 루소의 비전
과는 거리가 멀다.[12]

　　1840년에 이르러서는 발자크가 여론에 대해 다음과 같이 건조하
게 기술했다. "여론은 파리에서 잉크와 종이로 만들어진다." 그러나

언론은 새로운 '대중 정권'의 유일한 필수 기구가 아니었다. 18세기, 특히 19세기에 이르러서는 정당이라는 것이 등장한다. 정치 사상가는 물론이고 정치인 가운데서도 정당이라는 개념에 반대하는 이가 많았다. 조지 워싱턴은 '정당 정신'을 비난했고, 제퍼슨은 연극의 등장인물인 양 "정당과 함께여야 천국에 갈 수 있다면 차라리 천국에 가지 않겠다"는 선언을 남긴 바 있다.[13] 이들에게 정당은 워싱턴이 말한 "스스로 만들어진 단체"를 넘어서는 유해한 '파벌'이었다. 정치 체제의 단합을 해치는 일종의 음모라고 본 것이다. 제임스 매디슨은 "다수건 소수건, 타인의 권리와 공동체 전체의 영속적인 이해에 반하는 공동의 열정이나 이익을 기반으로 시민들이 뭉치게 되는 사태"를 우려해야 한다고 말했다(자기중심적인 이익 계산에 따라 움직이는 '다수에 의한 탄압'은 물론, 미국 공화당의 최근 자태와 비슷한 '소수에 의한 독재'까지 예견해낸 점이 새삼 놀랍다).[14]

그러나 제임스 매디슨과 토머스 제퍼슨은 각각 민주당과 공화당이라는 정당의 창립자가 되었다. 매디슨은 결국 "정당이 없는 자유 국가는 없으며, 정당은 자유의 자식"이라고 선언하기에 이른다. 극렬 반정당주의자였던 존 애덤스마저도 제퍼슨에게 보내는 편지에서 "태양 아래 모든 국가에는 정당이 있어야 한다"고 한발 물러섰다. "비결은 정당을 잘 통제하는 것"이라고 덧붙이기는 했지만 말이다.[15] 1837년부터 1841년까지 미국의 대통령을 지낸 마틴 밴 뷰런은 실질적인 미국의 정당 체계, 즉 중도 성향의 두 정당이 질서정연한 득표 경쟁과 온건한 이념 투쟁에 참여하는 시스템을 만들어낸 사람이다. 그랬던 밴 뷰런조차도 기존의 주류 정당들이 서로 너무 비슷해질 때를 대비해 새로운 정당이 생겨나야 한다고 주장했다는 점은 종종 잊힌다(밴 뷰런은 1848년 자유토지당의 대표로 대선에 출마했다. 말과 행동이 일치하는 인물이었다).

저 시대에는 정당과 신문이 서로 단단히 결합했다는 사실 역시 간과되곤 한다. 토크빌은 다음과 같이 썼다.

> 민주주의 국가에서 많은 이들이 결사의 욕구와 필요를 느끼면서도 실행하지 못한다. 모두가 대단치 않고 무리에서 두드러지지 못하여, 서로를 알아보지 못하고 서로 만날 방법도 알지 못하기 때문이다. 그러나 신문이 끼어들어 여러 사람이 동시에 갖게 된 감정이나 생각을 겉으로 드러나게 해준다면, 모두가 즉시 그 방향으로 달려들게 될 것이다. 오랫동안 어둠 속에서 서로를 찾아 헤매며 방황하던 영혼들은 마침내 만나 힘을 합치게 될 것이다. 신문이 그들을 한데 모으고, 그들이 쭉 함께하기 위해서는 계속해서 신문이 필요하다.[16]

다시 말해 언론의 자유와 결사의 자유는 상호의존적이었으며, 토크빌이 관찰한 미국에서 언론과 결사는 모두 당파성이라는 목적을 띠고 있었다. 현대인의 눈에는 '대놓고 당파적인 언론'이라는 개념이 부적절해 보이지만, 그 시대 언론과 정당의 결합은 정당과 언론이 수행하던 중요한 기능을 잘 보여준다. 정당은 에드먼드 버크의 정의대로 "모두가 동의하는 특정 원칙에 따라 공동의 노력으로 국가 이익을 도모하기 위해 단합한 사람들의 모임"[17]에 그치는 것이 아니다. 언론과 마찬가지로 사회의 대표자를 자처할 뿐 아니라, 사회를 향해 정치 갈등을 대변하는 역할을 수행한다. 사회학자 피에르 부르디외가 말한

"분열의 시각화 vision of divisions"를 제공하는 것이다. 여기서 부르디외는 사회적인 트렌드에 대한 한가한 추측이 아니라, 실제 권력에 대해 이야기하고 있다. "분열을 보여주는 힘, 잘 드러나지 않는 사회적 분열을 드러나게 만드는 힘은 매우 특출난 정치적 권력이며, 집단을 만들고 사회의 객관적인 구조를 능숙하게 다룰 수 있는 힘을 의미한다"는 것이다.[18] 물론 정당은 자신의 실질적·잠재적 지지자들에게 동기를 부여하고 이들을 동원하겠다는 목적을 갖고 있는 반면, 언론은 일반적으로 그런 목적이 없는 것처럼 보인다(캠페인을 벌이는 신문이나, 시청자들을 부추기는 TV 채널 등 최근의 반례들이 즉시 떠오를 것이다. 이 부분에 대해서는 뒤에서 다시 논하겠다).

정당은 그저 기계적으로 주어진 갈등을 재생산하는 것이 아니다. 의식적으로 갈등을 구성하고, 때로는 갈등을 만들어내기도 한다. 언론은 대부분의 경우 주요 정당이 갈등을 보여주는 방식, 예를 들면 기본적인 좌우 구도 등을 그대로 따라갈 수밖에 없다. 그러나 동시에 탐사 보도를 통해 지금까지는 잘 알려지지 않았던 사회정치적 불만을 드러내거나, 기존 정당 간 결탁 스캔들을 보도해 저항 운동이나 새로운 정당의 형성을 촉구하는 등으로 갈등을 바라보는 새로운 방식을 제시할 수도 있다. 주류 좌파 정당과 주류 우파 정당이 부패로 얽혀 있었던 스페인이나 그리스의 경우를 떠올려보자.

핵심은 매개 기구가 갈등을 드러내고 구조화하는 방식을 선택할 수 있다는 점이다. 이들의 동기가 반드시 건전한 민주주의와 직접적으로 연결되는 것은 아니다. 거칠게 표현하자면, 정당은 선거에서 이기고 싶어 하고, 언론 소유주는 (대부분) 돈을 벌고 싶어 한다. 그러나 이런 목표가 정치판의 싸움을 정치 체제가 감당할 수 있는 방식, 또는 평화적인 방식으로, 나아가 더 직접적인 표현으로는 패자가 결과를 받아들일 수 있는 방식으로 만들어나가는 일과 양립 불가한 것은 아니다.

갈등 구도를 만들어내는 대표자들의 주장이 진실을 독점하고 있다는 주장은 아니다. 한나 아렌트의 말처럼 의견은 팩트에 의해 제한을 받아야 하지만, 어디까지나 당파적이고 그게 꼭 나쁜 것은 아니다.[19] 앞서 언급한 바와 같이 다원주의하에서 시민들은 자신의 인생 경험과 가치관, 기질(위험 회피 성향 등)에 따라 서로 다른 판단을 내리게 된다.[20] 민주주의는 정치에 단일하고 온전한 하나의 진실을 제시하는 게임이 아니다. 아렌트의 주장대로 정치에서의 유일한 진실은 독재적일 수밖에 없다.[21]

이런 주장은 종종 오해를 사지만, 20세기 가장 뛰어난 법학자라 할 수 있는 오스트리아의 법이론가 한스 켈젠의 말대로 민주주의는 상대주의와 철학적으로 깊이 연관되어 있다. 사람들은 세상을 서로 다른 시각으로 바라보며, 서로 다른 목표를 추구한다. 사람들이 서로 다르다고 해서 이들이 반드시 이기적이거나 멍청하거나 무지한 것은 아니다. 켈젠은 오히려 불확실성의 대척점에 있다고 할 수 있는 철학적 절대주의가 합법적인 권위주의 통치로 이어지게 되어 있다고 주장했다.[22] 선거에서 중요한 것은 진실을 찾아내는 것이 아니다. 만약 진실 찾기가 관건이라면 '충실한 반대파'와 같은 개념은 존재할 수 없으며, 자신의 주장을 고수하는 패자는 그저 거짓말쟁이일 뿐이다.

대표자의 주장과 선거에서의 선택은 물론 어느 정도 근거를 갖는 팩트에 의해 좌우되어야 한다. 「시온 장로 의정서Protocols of the Elders of Zion」전 세계를 정복하려는 유대인의 계획이 담긴 내용으로, 반유대주의를 조장하기 위해 만들어진 위서—옮긴이 역시 한 사회의 특정한 목소리를 대표하는 서적이며, 그야말로 '분열'을 더할 나위 없이 분명하게 '시각화'한 사례라고 할 수 있겠다. 그러나 이 서적은 팩트를 기반으로 하지 않는다는 점에서 민주주의 정치의 합법적인 일부라 할 수 없다. 예를 들어 모두가 지구 온난화와 관련된 기본적인 과학적 팩트에 동의한 상태에서 미래 세대의 운명이 얼마나 중요한지, 지구를 구할 기술적 돌파구를 찾아낼 가능성은 얼마나 되는지, 자본주의 경제 체제하에서 기후 재난을 막아낼 방법이 있기는 한지에 대한 판단을 각자 내리는 것과는 경우가 다르다.

철학지 존 듀이는 정부가 "과학과 나란히" 가야 한다고 주장했다. 듀이는 과학자에게 정보를 받는 정부가 과학자에 의해 만들어지거나 운영되는 정부가 되지 않도록 해야 한다며, "대중이 전문가에게 자신의 필요를 알릴 기회가 없는 정부, 즉 전문가에 의한 정부는 소수의 이해에 의해 굴러가는 과두제일 수밖에 없다"고 주장했다. '대중의 필요'라는 것 역시 일상의 민주주의 정치를 통해 밝혀내야 한다. '필요'라는 것은 논의의 대상이고 누가 이기고 누가 져야 하는지도 마찬가지지만, 정확한 팩트로 인정될 수 있는 것에 근거를 두어야 한다. 정확한 팩트란 아렌트도 지적한 바와 같이 매우 취약하다. 팩트가 일단 한번 잊히거나 권위주의 권력의 성공적인 공격을 받고 나면, 회복될 가능성은 매우 낮거나 아예 없다.

싸움이 팩트에 근거하기를, 또는 팩트가 민주주의 정치에서 또 하나의 "타협할 수 없는 경계"로 기능하기를 원한다는 것이 곧 팩트의 정립이 모든 공적 다툼의 전제조건이 되어야 한다는 의미는 아니다. 이 점에 대해서는 크리스토퍼 래시가 날카롭게 지적한 바 있다.

> 민주주의에서 요구되는 것은 공적 토론이지 정보가 아니다. 물론 정보도 필요하지만, 민주주의가 필요로 하는 정보는 오직 활발한 공적 토론을 통해서만 생성될 수 있다. 제대로 된 질문을 던지기 전까지는 우리가 무엇을 알아야 하는지 알 수 없으며, 제대로 된 질문을 알아내는 방법은 세계에 대한 우리의 생각을 공적 토론의 시험대 위에 올리는 것뿐이다. 흔히 토론의 전제 조건으로 여겨지는 정보는 오히려 토론의 부산물로 보아야 한다. 완전한 집중을 이끌어내는 토론에 참여할 때, 우리는 의미 있는 정보를 적극적으로 추구하게 된다. 그렇지 않으면 정보를 얻더라도 그저 소극적으로 받아들일 뿐이다.[23]

매개 기구는 진실을 가려내거나 기계적으로 특정 현실을 복제해내는 주체가 아니다. 이상적으로는 선택지를 제공하는 역할을 하는데, 여기서 선택지란 모두가 자신의 현실을 선택하게 된다는 의미가 아니라 모두가 각기 다른 가치관에 따라 특정 현실에 대해 시각을 갖게 된다는 뜻이다. 다시 말해 매개 기구는 외적 다원주의와 내적 다원주의를 모두 가능케 해야 한다.

외적 다원주의란 다양한 종류의 정당과 전문 언론이 존재하는 것을 의미한다. 경쟁 관계에 있을 뿐 아니라 서로 반대 입장을 취하는 매개 기구들이 존재함으로써, 시민과 소비자는 분명한 차이를 지닌 여러 선택지를 갖게 된다. '사상의 자유시장'에서 경쟁하면 진실이 승리하게 된다는 통상적인 상식의 문제가 아니다. 정치적 문제에서 의견의 불일치는 팩트를 둘러싸고 생기는 것이 아니라, 사회 내 여러 집단을 창의적으로 대표해내는 데서 생겨난다. 이익이나 정체성에 대해 새로운 생각을 가진 사람이면 누구든 자신의 생각을 자유롭게 시험대에 올리고 거기에 동의하는 사람이 있는지 알아볼 수 있어야 한다.

내적 다원주의는 외적 다원주의에 비해 겉으로 덜 드러난다. 개별 매개 기구 안에도 시각의 다양성이 존재하는 것이 바람직하다는 의미다. 즉 정당은 내부적으로도 경선이나 집중 토론과 같은 적절한 민주 절차를 따라야 한다는 뜻이다. 내부적으로 민주주의가 결여된 정당은 사회 전체의 민주주의에 위협이 될 가능성이 높다는 인식에 따라, 여러 나라의 헌법에 명시되어 있는 부분이기도 하다.[24] 언론 기관의 경우 민주적으로 운영되는 일은 거의 없다. 실제로 여러 나라에서 언론사는 기업의 고용인을 의사 결정에 참여하도록 하는 표준 노동법의 적용도 받지 않는 경우가 많다. 독일과 오스트리아에서 언론사는 'Tendenzunternehmen', 말 그대로 '편향적 기업'으로 분류된다. 신념에 따른 지향을 갖는다는 차원에서, 언론사와 교회가 같은 종류의 기구로 묶이는 것이다. 그러나 언론 역시 다양한 시각을 제시한다. 미국에서는 한때 "공정성 원칙"이라는 이름으로 이를 법제화하여, 공적으로 중요한 논쟁 사항에 대해서는 방송이 의무적으로 찬반 입장을 모두 소개하고 자신의 뜻이 제대로 다루어지지 않았다고 생각하는 사람에게는 반드시 반론권을 주도록 했던 적도 있었다.[25]

매개 기구에 대한 이 같은 요구에는 물론 반론도 있었다. 국가가 규제력을 남용해 민주주의 운동장을 기울이지 않더라도, 어떻게 그런

식의 처방이 결사 및 언론의 자유와 함께 갈 수 있는지 의심하는 사람
도 있다. 특정 기구가 어떤 역할을 해야 하는지를 고려하지 않은 규제
라는 생각도 들 수 있다. 내적 다원주의와 당파성은 어떤 면에서 양립
불가한 것 아닌가? 정당이 무슨 토론 동아리도 아니고, '개방성'을 지
키려다가 시장 자유주의자들이 사회민주주의 정당에 침투해 당의 방
향을 완전히 바꾸어버리는 사태가 일어날 수도 있지 않을까?(미국 정
당들이 완전국민경선제open primary에 반대하는 이유 중 하나도 이것이
다. 결과에 어떠한 책임도 지지 않을 사람들이 완전히 다른 목적을 가지
고 경선에 참여하면 정당의 '브랜드'가 심각하게 훼손된다는 것이다. 상
대편 정당 또한 기존 지지자들이 소수 정당의 경선에 참여해 표를 던지다
가 그쪽에 정이 들어버리는 사태를 우려한다.)[26] 상대주의와 민주주의의
전반적 유사성에 대해서는 켈젠의 주장이 옳지만, 사람들이 모든 것
은 상대적이라고 생각해서 정당에 가입하는 건 아니다. 정당에 가입
하는 사람들은 특정한 정치적 원칙에 대해 신념을 갖고 있고, 입법으
로써 그러한 원칙을 실현하기 위해 다른 사람들과 힘을 합치고자 하
는 이들이다. 정당은 당원들이 자신의 신념을 유지할 수 있도록 도와
야 하며, 결사의 자유에는 나와는 신념이 다른 시민과 결사하지 않아
도 될 자유가 포함된다.[27] 현대의 정당은 사적인 감정이 아니라 공동
의 원칙 추구를 바탕으로 한다는 점에서, 어쩌면 아리스토텔레스가
말한 "시민적 친애"의 이상과 가장 가까운 것일지도 모른다. 충성심과
인내, (서로 조금씩은 봐주는) 포용력, 과거에 겪은 고난의 기억을 바탕
으로, 그저 원칙을 주장하는 것에 그치지 않고 그 원칙을 실제 법안에
반영하기 위해 함께 노력하는 관계이기 때문이다.[28] 사람들의 관심사

는 친구들이 어떤 사람인가이지, 내가 친구라고 부르는 이들의 다양성을 확대하는 것이 아닐 것이다(물론 전시용 친구를 만드는 사람이 없다고는 할 수 없겠지만…).[29]

당원은 말 그대로 특정 원칙을 신봉하는 사람인데, 정확한 개념은 언제고 논란의 대상이 될 수밖에 없다. 철학적 허세와는 거리가 멀었던 린든 존슨이 한때 다음과 같이 말했다. "거리에 선 사람이 원하는 것은 근본적 이슈에 대한 대대적인 토론이 아니다. 그가 원하는 것은 약간의 의료 서비스와 마루에 깔 양탄자, 벽에 걸 그림이다." 그러나 존슨의 정당이 어려운 길을 돌아 깨달은 사실은 "약간의 의료 서비스"가 결국에는 싸움의 이유가 된다는 것이었다. 어떤 경우에도 원칙이 자동으로 현실에 적용되는 일은 없으며, 원칙만으로 정치 전략이 세워지는 것도 아니다. 나아가 하나의 원칙만을 신봉하는 사람은 거의 없다. 만약 있다 해도 그 이야기만 반복하는 행태에 주변 사람들은 곧 질려버리고 말 것이다. 따라서 원칙을 어떻게 현실에 적용할 것이냐는 문제 외에도, 어떻게 여러 원칙이 일관성 있게 서로 연결되도록 할 것인가도 중요한 문제다. 이를 위해 정당은 안토니오 그람시의 표현대로 '실험실' 역할도 해야 한다.

어떻게 실험실 역할을 할 수 있을까? 우선 논쟁이 일어나야 한다. 정당 내의 다원주의가 제대로 작동한다면 당원들 간에 논쟁이 일어나게 되어 있다. 여기에는 잠재적인 교육 효과도 있는데, 다양한 시각이 도마에 올라 자신의 주장을 뒷받침하고 상대를 설득해야 한다는 압박이 생길수록 의견은 더욱 다듬어지기 때문이다. 상대적으로 눈에 덜 띄는 부수적 효과도 있다. 내부의 토론을 통해 당원들이 때로는 상대가 옳을 수도 있고 토론이나 선거에서 진 쪽도 충실한 반대파로 남을 수 있다는 사실을 체득할 수 있다는 점이다(당 내부의 대대적인 투표에서 진 쪽은 탈당을 택할 가능성이 크지만, 토론에서 자기 주장을 펼칠 기회를 누린 다음 진 쪽은 당에 머무르는 경향이 크다).[30]

이런 상황에서 세계 최대의 민주주의 국가가 이른바 '탈당금지법'을 시행하고 있다는 사실은 큰 문제다. 인도의 1950년 헌법에는 정당에 대한 언급이 전혀 없었는데, 1980년대 중반의 수정 헌법에 따르면 탈당을 원하거나 당의 정책에 반대하는 의원은 자리에서 물러나야 한다고 명시되어 있다. 해당 수정 조항은 현금이나 정부 고위직에 자신의 표를 팔아넘기는 정치인들에 대한 대응이었다. 하루에 무려 당적을 세 번 바꾼 정치인도 있었던 것이다(또 다른 민주주의 국가 브라질도 같은 골칫거리를 안고 있다). 그러나 탈당이나 당 내부의 반대 의견이 법으로 금지되면 정치인은 당의 원칙을 해석하는 데 자신의 양심과 소신을 따를 수 없게 되고, 내부의 '충실한 반대파'는 아예 형성될 수가 없다.[31] 민주주의의 성패가 정당한 의견 불일치와 충실한 반대파의 존재에 달려 있다는 인식을 강화하기 위해서는 내적 다원주의가 반드시 필요하다. "통치하고 통치받는 시민의 경험"이라는 아리스토텔레스의 이상에 최대한 가까워지는 길이기도 하다. 누군가의 통치를 받아야 한다면, 그 누구는 최소한 옳을 수도 있는 사람이어야 한다는 게 우리의 생각이기 때문이다.[32]

당 내부 토론에 대한 이 같은 시각이 매우 이상주의적인 것은 사실이다. 점잖고 세련된 민주주의 이론가들은 좀처럼 언급하지 않지만, 오스카 와일드가 농담처럼 지적한 문제가 하나 있다. "사회주의의 문제는 너무 많은 저녁 시간이 소요된다는 것"이다(사회주의 정당 지부 회의에 참석해본 사람이라면 바로 알아들을 수 있는 말이다). 오스카 와일드의 농담이 늘 그렇듯, 경박하게 들리는 말 뒤에는 진지한 문제의식이 숨어 있다. 사회과학자들의 연구에 따르면 '아마추어'나 '동호인', 즉 거대한 문제에 대해 끝없는 토론을 즐기지만 가정 방문 유세나 우편물 발송 등 지루하고도 꼭 필요한 실무는 하지 않으려는 이들은 정당에 큰 골칫거리가 될 수 있다. 이런 부류의 정치광은 대개 교육 수준이 높고 경제적으로도 여유로운 편이다. 이들에게 있어 정당party은 정말로 일종의 파티party 같은 것, 그러니까 저녁 시간과 주말을 즐겁게 보내기 위한 활동이다. 반면 정말로 정치에 큰 영향을 받는 절박한 시민들, 예를 들어 당장 의료보험을 빼앗길 처지에 놓인 사람들에게는 원칙도 중요하지만 지금 당장 권력 싸움에서 승리하는 것이 중요하다.[33]

당원이 한 명뿐인 정당은 바로 그 점 때문에 문제가 있을 수밖에 없다. 헤이르트 빌더르스의 네덜란드 극우 포퓰리스트 정당이 좋은 예시다. 이 정당에는 빌더르스 본인과 빌더르스가 유일한 임원으로 있는 재단, 이렇게 두 명의 당원이 있다. 수십만 '서포터'를 두었고 '국민의 당'을 자처하는 영국의 브렉시트당은 다원주의적 민주주의의 엄청난 진보처럼 보인다. 하지만 알고 보면 이 당은 사실상 유한책임회사로, 임원은 네 명뿐이고 나이절 패라지 1인만이 '상당한 통제권'을 가진 인물로 등록되어 있는 조직이다. 국민의 당을 자처하고 있지만 실은 일인 정당인 셈이다. 이런 형태의 당내 독재(독재라고 해봐야 당원이 한 사람뿐이니 자치에 가깝지만)는 처음부터 상대편이 아예 없다는 점에서 상대가 어쩌면 옳을지도 모른다는 생각에 대해 근본적인 반감을 드러낸다.[34] 일부 국가에서 그런 형태의 독재는 아예 불법이다. 독일과 스페인에서 정당은 헌법과 특별법에 따라 최소한의 다원주의를 의무적으로 갖추어야 한다.[35]

반대로 관습법 국가에서는 그런 규범이 자유를 제한한다고 여긴다. 정당은 자유로운 결사의 결과물이며, 그 자유는 정당 내부의 일을 어떻게 규제할지의 자유까지도 포함하는 것이기 때문이다.[36] 그러나 정당은 개인들이 필요한 대로 서로 계약을 맺어 활동하는 사적 클럽이 아니다. 정당은 적어도 당원 중 일부가 자유롭고 공정한 선거의 결과로 정당한 강제력, 즉 국가가 부여하는 권력을 얻을 수 있기를 희망하며 만들어진 조직이기 때문이다.[37] 그리고 실제로 백인 전용 정당은 관습법 국가에서도 불법이다. 일례로 영국국민당BNP은 '토착 백인'만을 당원으로 받겠다는 방침을 접고 모든 영국 시민에게 문을 개방해야 했다. 미국 텍사스주에서도 1944년에 민주당이 백인만 참여하는 경선을 열어서는 안 된다는 판결이 내려졌다.[38]

물론 이는 당 밖에서 불법인 것은 당 안에서도 불법이라는 말이고, 정당 내부에는 위계가 존재할 수 있다. 바깥 세상에서 의원이 평범한 시민보다 더 많은 권력을 갖고 있는 것처럼, 정당의 최고위원회는 정당 내부의 사안에 대해 특별한 권한을 갖는다. 이 부분이 문제가 될 수 있는 것은 정당이 국가와는 다른 취약성을 갖기 때문이다. 바로 많은 인원이 입당해서 당의 성격을 완전히 바꾸어버릴 가능성이다. 트로츠키주의자들이 조직적으로 사회민주당에 입당한 후 당을 혁명 정당으로 바꾸어버리려 했던 역사 이후, 이 같은 행태에는 '위장 잠입'이라는 딱지가 붙었다.

　이 같은 위험성 때문에 매개 권력 내부의 매개 권력에 대한 필요성이 대두된다. 당 내부의 권력 사다리를 오르는 데 상당한 시간과 공을 들였던 사람들은 새로운 당원, 또는 자신의 상업적 가치를 높이는 것이 우선순위인 유력 대선 주자가 달갑지 않을 것이다. 당내 원로들은 동료 평가라는 중요한 기능을 수행할 수 있다. 당의 원칙을 얼마나 충실하게 따르느냐보다 지지율을 판단 근거로 삼는 외부 컨설턴트나 TV 방송국에 맡길 수 없는 기능이다. 미국 CBS의 CEO를 지낸 레스 문베스 역시 "트럼프는 미국에 해로웠지만 CBS에는 끝내주게 이로웠다"고 인정했음을 기억하자.

　당 내부의 민주주의는 개방적일 수 있지만 끝이 열려 있어서는 안 된다. 반드시 최종적이고 구속력 있는 결정을 내릴 수 있어야 하며, 당원들에게는 자신의 뜻이 관철되지 않더라도 충실한 반대파가 되겠다는 의지가 있어야 한다(영국 보수당의 유럽연합 반대파가 처참한 실패를 보여준 지점이다). 영국 노동당 당대표를 지낸 어나이린 베번 경은 이에 대해 "우리 쪽 사람들의 말까지 들어야 할 입장에 놓이고 싶지 않다"고 직설적으로 표현한 바 있다.[39] 물론 '우리 쪽 사람들'이 일단은 자기 주장을 펼칠 기회를 충분히 가진 다음 당의 입장을 따르도록 할 때의 이야기다. 오늘날 여러 국가에서 나타나는 문제점은 매우 당파적인 시민들이 아무도 자기 말을 들어주지 않는다고 느끼는 와중에 정당은 허약해서 그람시가 말한 '실험실' 기능을 하지 못하고 있다는 것이다.

　언론의 경우, 정치적 신념을 홍보하거나 정치적 우정을 맺어주는 것이 주요 기능은 아니다. 언론에게도 외적 다원주의와 내적 다원주의가 모두 중요하다는 주장은 훨씬 더 간단명료하다. 사람들은 특정 언론사만이 아니라 언론계 전반이 폭넓은 시각을 보여주기를 기대한다(물론 위에서 언급한 대로 어떤 '경향'이 언론의 내적 다원주의를 합법적으로 제한하는 경우도 있다). 문제는 언론 다원주의의 기준을 정하기가 까다롭다는 점이다(언론 다원주의를 공식적으로 반대하는 사람은 사실상 없지만, 이는 일정 부분 언론 다원주의가 무엇인지 정확히 아는 사람이 없기 때문이기도 하다). 세상사가 흔히 그렇듯, 우리는 무엇이 사라지고 나서야 그에 대해 좀 더 명확하게 알 수 있다. 헝가리와 폴란드에서는 공영 언론이 철저하게 친정권 인사들로 채워졌다. 터키에서는 이른바 '건설 부르주아지'로 불리는 세력이 언론 사주 자리를 장악했다. 건설 붐의 수혜를 입은 기업인들이 대통령에 대한 감사 표시로 정권에 비판적이거나 심지어는 중립적이었던 신문사를 사들인 것이다. 기자들이 정부의 방침에 따르지 않으면 (재정 상태가 좋지 않은 신문사에게는 특히 더 중요한 수입원인) 정부 광고를 모두 빼버리는 사태도 일어났다.

　매개 기구의 역할은 이게 다가 아니다. 민주주의 정치의 전장을 열고 다원성을 제공하는 역할을 넘어, 매개 기구는 정치의 시간표를 그리는 역할을 담당한다. 정당은 일정한 주기에 따라 경선을 실시하고, 신문과 방송은 정해진 스케줄에 따라 뉴스와 논평을 제공한다. 정당의 역할에 대한 제임스 브라이스의 설명대로 매개 기구는 "수많은 유권자에게 혼란 속에서 질서"를 가져다주는데, 여기서 우리는 민주주의 정치 체제 전반에 대한 또 하나의 비유를 발견할 수 있다. 선거란 결국 시민들의 생각을 한곳에 모으는 절차다. 유세 기간 중 후보자는 공약을 내걸고 유권자는 후에 그 공약 이행 여부를 판단하게 되므로, 선거는 책임성의 관계를 만들어내는 제도라고 할 수 있다. 특히 선거는 특정한 날짜에 모든 시민에게 공통의 경험을 제공함으로써, 민주주의의 중요성을 주기적으로 일깨우는 의식으로 기능한다(미국에서 모든 시민이 같은 날 투표하게 된 것은 1848년에 이르러서였다). 물론 모두가 동시에 같은 경험을 하는 것이 불가능한 경우도 있다. 세계 최대 민주주의 국가인 인도에서는 투표가 한 달 넘게 이어지기도 하고, 팬데믹으로 인해 우편 투표를 실시한 나라도 많다.[40]

다시 한번 강조하지만, 선거의 단면을 이상화하는 것은 아무런 의미가 없다. 19세기 미국에서 선거일은 엄숙한 시민의식을 실천하는 날이 아니라, 공짜 위스키가 흘러넘치고 주먹 다툼이 난무하는 날이었다. 사람들은 선거 홍보물을 꼼꼼하게 읽어보는 이상적인 유권자와 거리가 멀었고, 대개는 무리 지어 시끌벅적한 가두 행진을 벌이다가 가장 부유한 이의 저택으로 향하곤 했다(돈 많은 사람이 가장 큰 권력을 가지고 있음을 다시금 확인시켜주는 대목이다).[41]

그럼에도 이 같은 정기적인 행사는 민주주의 사회에서 삶에 리듬을 부여하고 정당 지지자들의 정치 활동에 기준점을 제시한다.[42] 또한 선거는 승자뿐 아니라 패자에게도 자원을 제공한다(다시 한번 강조하지만 매우 중요한 지점이다). 승자는 어느 정도 독자성을 가지고 자신들의 정치 프로젝트를 실행에 옮길 수 있지만, 패자 역시 다시 돌아올 기회를 정확히 알고 준비할 수 있다.[43] 이는 정당 내부의 민주주의에도 마찬가지로 적용된다. 과거에는 언론도 마찬가지였고, 이는 언론이 정계의 큰 시간표를 따라 움직이기 때문만이 아니라 6시 반, 또는 8시 저녁 뉴스라는 형태로 전 국민의 상당수를 TV 앞에 모여 앉게 했기 때문이다. 19세기 부르주아 공론장의 일원이었던 헤겔은 조간신문 읽기가 부르주아의 아침 기도나 마찬가지라고 말했다. 20세기 공론장의 선동가였던 마셜 매클루언은 조금 다르게 "사람들은 신문을 읽는 게 아니라, 목욕하러 욕조에 들어가듯 매일 아침 신문에 몸을 담근다"고 표현한 바 있다.

이 리듬과 의식에 대해 부르주아의 형식적인 격식 차리기라며 과소평가하거나 비웃어 넘길 수도 있다. 그러나 24시간 내내 돌아가는 뉴스 주기와 인터넷을 통한 끊임없는 정보 폭탄 세례가 얼마나 정치적 판단을 어렵게 만들었는지를 상기해보자. 끊임없이 뉴스와 정보에 주의를 빼앗기는 상황은 미리 정해진 정치적 집중의 순간과는 완전히 반대다. 트위터 하는 대통령과 지나치게 정치적인 친구들의 직접적이고 순간적인 언사로 인해, 한때 잘 돌아가는 매개 기구가 하던 일이 유명무실해질 위기에 처한 것이다.

인프라 기획과 비용 지불

매개 기구는 자동으로 기능을 수행하지 않으며, 당연히 진공 상태에서 작동하는 것이 아니다. 정당은 정당 시스템의 일부이고 언론은 언론 시스템의 일부다.[44] 시스템의 모습은 나라마다 크게 다를 수 있으며, 어떤 시스템이 만들어지는가는 미국의 사회학자 폴 스타가 말한 '구성적 선택'에 의해 달라진다.[45] 정당의 경우에는 그 의미가 비

3장   138

교적 명백하게 드러난다. 1842년 미국은 의회 구성에서 최다 득표자를 당선시키는 제도를 선택했다. 즉 승자가 모든 것을 가지고 패자는 모두 잃는 시스템이다. 미국이 이 같은 소선거구제와 대통령 직선제를 택함에 따라 양당제는 사실상 피할 수 없는 선택이 되었다(다만 이 선택에는 딱히 헌법적 근거가 없어서, 이론적으로 의회는 내일 당장이라도 비례대표제를 채택할 수 있다).

　패자가 전부 잃는다는 것은, 현재 두 주요 정당이 채택하지 않은 정치적인 아이디어를 미는 집단은 당이 이념적으로 확장되거나 좌 또는 우로 움직일 것을 기대하며 일단은 주류 정당의 텐트 안으로 들어가야 한다는 뜻이다. 좀 더 화려한 비유를 곁들여 설명하자면, 제3당이 초래한 고통은 정당을 펄쩍 뛰게 만들 수 있다. 리처드 호프스태터의 설명에 따르면 제3당은 한 번 침을 쏘면 죽는다는 점에서 벌과 같다. 나이절 패라지의 영국독립당과 뒤이은 브렉시트당이 보수당을 실질적인 브렉시트당으로 만든 후에 역사 속으로 사라졌다는 사실을 떠올려보자.

　'구성적 선택'은 결코 중립적이지 않다. 돌이킬 수 없는 선택은 아니지만 한번 뿌리를 내리면 현 체제에서 이득을 보는 쪽은 규칙을 정당화할 방안을 찾으려 노력할 것이다. 약 10년 전, 데이비드 캐머런 영국 총리와 자유민주당의 연정 파트너 관계를 예로 들어보자. 자유민주당은 보수당과 연정을 구성하는 조건으로 선거제도 개정을 국민투표에 붙인다는 약속을 받아냈지만, 국민투표에서 완전히 패배하고 말았다(이 사건 및 스코틀랜드 독립 무산, 더불어 국민투표에서 시민이 현상태 유지를 선호하는 경향이 있다는 믿음은 캐머런에게 자신이 직접민주주의 게임을 완전히 마스터했고 브렉시트 투표에서도 원하는 것을 얻어낼 수 있을 거라는 허황된 자신감을 심어주었을 것이다).[46]

'구성적 선택'은 또한 언론 시스템의 모습에도 영향을 미친다. 어떤 유통망을 채택하는지에 따라 특정 매체를 운영하는 비용이 많이도 적게도 들 수 있기 때문에 콘텐츠 규제와 관계없이 대량 부수를 발행하는 언론의 등장이 쉬워질 수도, 어려워질 수도 있다. 19세기 말에서 20세기 초까지 (금전적인 이유이건 문맹률 때문이건) 신문 독자가 많지 않았던 유럽 국가에서는 이후 경제 상황이 나아지고 문맹률이 낮아진 뒤에도 신문 독자층이 크게 형성되지 않았다.[47] 남유럽에서 여전히 신문 시장이 상대적으로 취약하다. 더 넓은 의미의 공론장 역시 취약한 이유다.

초기 조건과 정치적 선택에 따라 발전의 길이 열리기도 하고 다른 길이 닫히기도 한다. 이런 말은 현학적으로 들릴지 모르나, 두 가지 중요한 시사점이 있다. 첫째, 모든 개혁의 지지자는 더 큰, 즉 체계적인 시각을 가져야 한다. 하나의 맥락에서는 완벽하게 작동하던 것이 다른 맥락에서는 상황을 악화시킬 수 있다. 미국이 전 세계의 모범이 되는 민주주의 국가로 여겨지던 시절에는 대통령제가 특별히 더 민주적인 제도로 보였지만, 그건 정당 간 양극화가 극심하지 않았던 덕분으로 드러났고 놀랍게도(!) 대통령제가 재난이 될 수도 있다는 것이 밝혀졌다. 둘째, 특히 언론과 관련해서는 기술이 중요하지만, 기술이 전부는 아니다. 전보의 발명 자체는 전보 회사를 누가 어떻게 소유할지의 문제에 어떤 영향도 주지 못했다. 라디오의 탄생이 곧 BBC의 탄생을 이끌어낸 것도 아니다. 기술 자체는 그 적용의 법적인 조건이나 그 기술을 이용하는 이들의 자기이해(이를테면 자신의 직업 의식이 정치와 어떻게 연관되는지에 대한 기자들의 다양한 시각)에 어떤 영향도 끼치지 못한다.

폴 스타의 말대로 미국과 영국의 언론이 밟아온 궤적을 만들어낸 것은 기술이 아니라, 특정 가치관의 영향을 받은 '구성적' 선택이었다. 미국의 신문 산업이 상대적으로 탈중앙화된 것은 높은 식자율 때문만이 아니었다. 유럽 국가와의 결정적인 차이는 미국 연방 정부가 정기 간행물에 낮은 우편 요금을 부과하는 방식으로 신문사에 보조금을 지급하기로 한 정책이었다. 1790년대에는 미국에서 우편물 중 신문이 차지하는 비중이 70퍼센트였고, 1830년대에는 95퍼센트에 달했다.[48] 켄터키와 미시간을 여행하던 토크빌은 "야생의 숲에까지 편지와 신문이 도달하는 것"에 놀라움을 금치 못했다. "미국인은 성경책, 도끼, 신문만 들고서 신세계의 미개척지로 뛰어들 것"이라고도 말했다.[49]

미국 신문 산업의 발전은 우연도, 미국 자본주의의 탁월한 성과물도 아니었다. 공화국이 제 기능을 하도록 하기 위해 건국의 아버지들이 시행한 정책의 일환이었다. 제퍼슨은 "공공 신문을 통해 국민에게 국가의 일에 대한 완전한 정보를 주고, 어떻게든 신문이 국민 전체에게 가닿도록 해야 한다"며 "우리 정부의 근간은 국민의 의견이므로, 국민의 의견이 올바르게 유지되도록 하는 것이 제1의 목적"이라고 강조했다(언행일치의 화신이었던 제퍼슨은 워싱턴 내각에서 일하면서 정부에 비판적인 신문사를 운영하고 자금을 댔다).[50] 이에 질세라 매디슨은 "대중에게 정보가 없는, 또는 정보를 얻을 수단이 없는 대중 정부는 희극이나 비극, 또는 둘 다의 프롤로그에 지나지 않는다"고 말했다

(그리고 200년 후 폭스뉴스와 트럼프가 매디슨의 말이 사실임을 보여주었다).

물론 저명한 정치 설계자들이 고매한 말씀을 남겼다고 해서, 미국의 신문이 꼭 정확한 정보를 제공했다는 건 아니다. 앞서 언급한 대로 신문 업계는 매우 당파적이었다. 19세기 중반에는 신문의 80퍼센트가 정당과 연결되어 있었다.[51] 토크빌은 정치 권력의 탈중앙화, 협회의 양산, 신문의 확산이 함께 엮여 있다는 결론에 이르렀다. 토크빌이 보기에 신문은 협회를 만들어내는 동시에 그렇게 만들어진 협회의 지원으로 유지되므로 정치적으로 한쪽 편을 들 수밖에 없었다. "많은 사람들이 공유하는 원칙이나 정서를 재생산하지 못하는 신문은 살아남지 못한다"는 것이 토크빌의 결론이었다.[52] 토크빌은 회의적인 성향의 귀족이었지만, 신문에 대해서만큼은 도저히 억누를 수 없는 열정을 담아 다음과 같이 썼다.

신문으로 인해 저 광대한 땅의 구석구석까지 정치적인 삶이 순환할 수 있다. 신문은 계속해서 눈을 크게 뜨고 정치적 설계의 비밀스러운 샘을 탐지하며, 모든 정당의 지도자들을 여론의 도마 위에 올린다. 신문은 듣는 사람과 말하는 사람이 직접 접촉하지 않고도 교류를 이어갈 수 있는 통로를 제공함으로써, 특정한 원칙하에 공동체의 이익을 단결시키고 모든 정당의 신조를 만들어간다.

이후 신문은 정당과의 관계를 끊고 정당의 지원보다는 사업 수익에 의존하게 된다. 19세기의 페니 프레스Penny Press 1830년대부터 미국에서 발행되기 시작한 값싼 타블로이드지로, 대중신문의 시대를 열었다—옮긴이는 문화적 비관주의자들에게 세상이 망해간다는 증거였다. 그러나 선정주의는 돈이 됐고, 신문이 권력자 정치인들에게서 독립하는 결과를 가져왔다. 이제 독자는 유권자에 앞서 소비자가 됐다.[53] 오늘날에도 미국의 진보적인 정치학자와 법학자 들은 페니 프레스의 승리를 민주화 과정과 동일시하며 높이 평가한다.[54] 예일대학교 법대 교수인 로버트 포스트는 "소비자의 수요에 대한 신문의 반응성은 결국 정치적인 문제이며, 신문이 더 넓은 범위의 대중에게 반응할수록 신문이 만들어내는 공론장은 더욱 민주적이 된다"고 말했다.[55] 물론 현실은 마냥 아름답지만은 않았다. 당시의 신문은 부끄러움 없이 거짓 기사를 실었고, 사생활 보호에는 전혀 관심이 없었으며, 경쟁자의 콘텐츠를 훔치는 일도 빈번했다.

　이런 관행은 결국 전문 언론의 탄생을 재촉하는 결과를 낳았다. 전문 언론은 자칫 지저분한 대중 민주주의에 대한 경멸의 신호로 해석될 수도 있다. 미국의 진보 진영은 언론의 '객관적인 보도' 의무를 아예 법제화하고자 했다. 언론인에게 정식 언론 학교에서 특정한 훈련을 받을 것을 요구하기도 했다. 파리고등언론학교와 미주리대학교 언론대학원이 세계 최초의 언론 학교 타이틀을 두고 경쟁하게 된 데는 이런 배경이 있다(파리고등언론학교는 기준마다 1899년 또는 1910년에 설립되었다고 하고, 미주리 언론대학원은 1908년에 설립되었기 때문에 '객관적인' 세계 최초 타이틀을 어느 한쪽에 수여하기는 어렵다).

　전문직이란 말 그대로 진입 장벽을 설치해 특정 자격을 갖춘 이들만 종사할 수 있는 직업을 뜻한다. 그리고 자격 조건이란 대개 교육을 의미한다. 오늘날에도 이탈리아에서는 시험에 통과해서 기자협회에 소속이 되어야만 기자 일을 할 수 있다(그렇다고 이탈리아의 기자들이 특별히 더 전문적이라고 대접받는 것은 아니다).[56]

비판적인 시각을 가진 이들에게 프로페셔널리즘은 언제나 엘리트주의와 동의어였다. 그러나 적어도 이론상으로, 전문직 자격 조건이란 해당 분야를 경제 및 정치 권력에서 보호하기 위한 하나의 장치다. 프로페셔널리즘을 적극 옹호하는 리프먼의 표현대로 개혁가들에게는 "출판업을 더 큰 사회적 통제 안으로" 가져오겠다는 야망이 있었다. 공공의 선이라는 명목하에 사적 이익에 법의 통제를 가하겠다는 뜻이었다. 리프먼은 정부의 1차 세계대전 프로파간다가 미국의 공론장을 어떻게 망쳐놓았는지를 목도했지만, 정부 통제 또는 노골적인 상업주의가 유일한 선택지라는 결론에는 동의하지 않았다. 리프먼에 따르면, 남은 선택지는 규제받지 않는 사적 행위자들 사이에서 "동의를 만들어"내는 것이다. 프로페셔널리즘은 책임성을 갖도록 하는 동시에 독립성도 보장했다. 전문직의 기준에 부합하지 못하면 전문직 동료들에게 평가와 비난을 받게 되는 시스템이기 때문이다.

2차 세계대전 후 다양한 원로 위원회가 신문은 정보와 의견을 처리할 때 '사회적 책임 모델'을 따라야 한다고 제안했다. '객관성'에 대한 촉구와 함께, 언론에 좁은 의미의 기술적 기준이 아니라 대중의 기준에 맞는 자기규제가 필요하다는 요구였다. 그 결과 미국의 주요 매체들은 어떤 노선에 대한 지지나 옹호는커녕, 해석이 아닌 정보에만 집중하게 되었다(《뉴욕 타임스》도 1970년이 되어서야 사설란을 만들었다).[57] 신문은 주로 정부 관료들의 언행을 단순히 '보도'만 했고 그 언행이 긍정적인지 부정적인지에 대해선 판단은커녕 어떤 의미인지도 거의 설명하지 않았다.[58] 조 매카시의 마녀사냥을 취재했던 기자는 다음과 같이 고백하기도 했다. "나는 개인적으로 매카시가 선동가라는 인상을 받았다. 하지만 어쩌겠는가? 매카시를 인용하고 보도할 수밖에 없었다. (…) 언론은 중립적이어야 하니까, 그가 한 말을 받아 적을 수밖에."[59]

이후 미국 언론인들은 단순한 정보에 해석을 붙이는 방향으로 노선을 바꾸었다. '누가', '어디서', '언제'에 더해 '왜'가 생겨난 것이다. '왜'라는 질문은 상당히 수익성이 높았다. 1980년대, 그리고 1990년대까지도 미국의 일부 신문사는 오늘날의 구글보다 높은 마진을 기록했다(물론 영리한 해석 기사에 럭셔리 브랜드 광고와 중상류 계급을 위한 구인 광고를 잘 엮어서 팔았기 때문이기도 하다).[60] 그러나 보수적인 이들의 눈에 해석은 곧 당파성에 지나지 않았다.[61]

서독 같은 유럽의 신흥 민주주의 국가에서는 언론인이 명백히 정치적인 역할을 수행하게 되었지만, 해석을 덧붙이는 역할이라기보다는 민주주의의 수호자 역할이었다. 언론인은 영향력이 과하거나 비밀이 많은 고위급 인사에게서 민주주의를 보호하는 역할을 자처했다. 제4계급으로서의 자기인식은 공영방송국(미국의 경우에는 소수의 주요 지상파 방송국)의 공식 강령에 의해 더욱 강화되었다. 이들 방송국은 모두 1949년에 도입되어 수십 년간 보수주의자들의 신경을 긁어온 공정성 원칙Fairness Doctrine을 지켰다. 공정성 원칙은 1987년에 이르러 TV를 "그림이 나오는 토스터 같은 또 하나의 가전 제품" 정도로 치부한 레이건주의 규제 철폐론자에 의해 폐지되었다.

과거를 돌아볼 특권을 가진 현대인의 시각에서, 냉전 시기는 언론이 제4의 권력으로서 민주주의를 뒷받침하고 나아가 발전시킨 황금시대로 보일 수도 있다. 그러나 동시에 냉전 시기는 어떤 집단을 대표하는 새로운 세력이 등장하기가 매우 어려운 시대이기도 했다. 미국 시트콤에 등장하는 가장 중 노동자 계층은 단 10퍼센트에 불과했다. 피부색이나 젠더 대표성은 말할 것도 없다. 여성이 유능하게 그려지는 경우는 우스꽝스러운 노동자 계층 아버지의 대척점에 있는 캐릭터로 등장할 때뿐이었다.[62] 나이 든 백인 남성 게이트키퍼들이 보도할 가치가 있는 이야기를 골라내고 어떻게 해석할지를 결정했다. 오랜 세월 데스크를 지킨 앵커 월터 크롱카이트가 "세상 일이 그렇습니다 And that's the way it is"라는 클로징 멘트로 매일 밤 뉴스를 마무리할 때, 3000만 명의 시청자 가운데 몇 명이나 그 말에 동의하지 않을 수 있었겠는가? 동의하지 않는다고 해서 목소리를 낼 수 있었던 사람은 몇이나 되었겠는가? 페미니스트들의 주장대로 '객관성'이란 남성의 주관에 지내지 않았다.

시청자를 최대한 확보하기 위해 방송사는 한 NBC 사장이 "거부감이 가장 적은 프로그램"이라 표현한 편성을 제공할 수밖에 없었다.[63] 물론 그렇게 만들어낸 프로그램이 "방송의 진보 편향"에 집착하는 보수주의자는 물론 좌파 평론가들에게도 매우 높은 거부 반응을 불러일으켰다는 것은 부인할 수 없는 사실이다. 극단적 반대론자들은 광고 수익에 의존하는 저널리즘에 명백히 이념적인 기능이 있다고 외쳤다. 소설가 업튼 싱클레어는 저널리즘이 "산업 독재가 정치적 민주주의를 통제하기 위해 사용하는 도구 가운데 하나"라고 주장하기도

했다.[64]

전후는 황금시대와는 거리가 멀었지만, 적어도 한 가지 면에서는 독보적인 시기였다. 이른바 "영광의 30년"이라 불린 순조로운 고속 경제 성장의 세월이 이어지자 정치 갈등이 상당 부분 누그러진 것이다. 정당들이 고유의 특색과 종파적 이념이라고 보일 만한 것들을 모두 저버리자 당시 정치학자들은 "잡동사니 정당"이라는 표현을 썼다. 일례로 독일 사민당은 1950년대 말, 그나마 남아 있던 마르크시즘의 언어를 당 강령에서 모두 삭제해버렸고, 이론적으로는 모두의 선택을 받을 수 있는 당으로 거듭나고자 했다.[65] 이런 정당들을 "국민의 당"이라 부르기도 했는데, 자신이 국민을 대표하는 유일한 정당이라고 주장하지는 않았다는 점에서 포퓰리스트 정당과 차이가 있다. 오히려 국민이라는 집단이 의견에 따라 나누어져 있고, 다양한 갈등 상황에서 서로 다른 편에 선 시민들이 때로는 지지 정당을 바꿀 수 있다는 것을 전제로 했다. 정당들은 고유의 색을 잃어가는 동시에 전문성을 더해갔다. 비판적인 시각으로 보면 이런 경향은 미헬스가 말한 과두정의 철칙, 즉 당내의 권력이 결국 소수의 손에 떨어지고 만다는 것을 다시금 증명하는 사례였다. 내적 다원주의는 사라지고, 민주적 토론에서 합리적인 근거를 대는 행위가 여론 조사 결과에 대한 기민한 반응으로 대체된다는 것이다.

이렇게 과거 황금시대에 대한 믿음은 환상이었음을 다시금 증명했다. 물론 황금시대가 존재하지 않았다는 사실만으로 오늘날의 매개 기구가 큰 위기에 처해 있음을 완전히 부정할 수 있는 것은 아니다.

예상할 수 있는 일만 일어나는 세상

인터넷에서 마침내 민주주의가 실현될 것이라는 관점부터 '페이스북은 파시즘'이라는 주장에 이르기까지, 인터넷의 영향력에 대한 의견이 양극단을 오가는 광경은 낯설지 않다.[66] 양극단의 의견에 공통점이 있다면 바로 기술 결정론에 대한 암묵적인 신념과, 변화를 과대평가하는 경향일 것이다. 《가디언》이 무려 "기술은 어떻게 진실을 가리는가"라는 헤드라인을 뽑았던 것에 반해, '세상은 사실 우리 생각만큼 변하지 않았다'는 내용의 기사는 거의 찾아볼 수 없는 것이 현실이다. "인쇄기가 발명되면 민주주의는 피할 수 없다"고 했던 19세기 영국의 반동주의자 칼라일을 기억하는 이도 거의 없을 것이다.[67]

기술이 스스로의 적용 환경을 결정하는 일은 없다.[68] 물론 인터넷이 새로운 인프라를 만들어내는 것은 사실이지만, 그 인프라의 구체적인 모양은 우리가 이미 가진 인프라, 즉 지난 2세기 동안 기본적인 규제(또는 규제 완화) 정책을 만들어온 정당 제도와 공론장이 좌우한다.

미국만 봐도 그렇다. 2016년 대통령 선거를 분석한 하버드대학교 소속의 사회학자 세 사람은 뚜렷한 우익 미디어 생태계의 존재를 확인했다. 스스로 담을 쌓아 올린 공간 안에서 '뉴스'는 무엇보다도 정치적 자기인정의 형태로 기능한다. 목적 있는 허위 정보든 단순히 오류가 있는 정보든 수정되는 일은 거의 없다. '우익 정치 엔터테인먼트 집단'의 관객들은 《월스트리트 저널》정도의 중도우파 뉴스 매체와도 거의 접촉이 없기 때문이다.[69] 그 결과 오보나 왜곡된 정보는 어떠한 사실 확인도 거치지 않은 채 빠르게, 멀리 퍼져나간다. "비이성의 전염"이라는 리프먼의 표현은 다소 비하적이기는 하나 이런 상황을 상당히 정확하게 묘사하고 있다.

하버드대학교 연구팀 논문의 핵심은 이처럼 좌측에 대칭을 이루는 짝이 없는 우익 미디어 생태계의 등장이 인터넷의 탄생보다 훨씬 앞선다는 것이다. AM 라디오를 통해 확산된 보수 토크쇼와 1987년 공정성 원칙의 폐지 후 등장한 고도로 당파적인 케이블 뉴스는 우익 미디어 생태계의 탄생에 핵심적인 역할을 했다(오늘날까지도 미국인이 가장 많은 시간을 할애하는 매체는 바로 라디오다).[70] 폭스뉴스의 등장은 공화당 득표율을 약 0.4~0.7퍼센트 끌어올렸다(그렇게 큰 수치가 아니라고 생각할 수도 있지만, 조지 W. 부시가 500표도 안 되는 차이로 플로리다주를 가져갔다는 사실을 기억하자. 저 수치대로라면 폭스뉴스는 공화당에 1만 표를 가져다 준 셈이다).[71] 케이블 TV 등 여러 매체를 흥하게 한 규세 정책은 정치적인 선택의 결과였고, 그 과정에서 기술적 혁신의 역할은 제한적이었다. 결과적으로 그러한 결정은 양극화를 불러왔는데, 알고 보니 그건 엄청나게 돈이 되는 시장이었다. 특히 우파 측에서 이른바 '오피니언 저널리스트'를 자처하던 이들에게 큰 사업의 기회가 생겼다. 토크빌의 시대에 정당이 신문을 장악했던 것과 달리, 이제는 전자 미디어가 (수익을 극대화하는 과정에서 나타난 의도치 않은 부작용에 가까워 보이기는 하지만) 정당을 이념적으로 좌지우지하는 것처럼 보인다.[72]

재규제reregulation가 마술처럼 양극화와 허위 정보를 모두 사라지게 할 수 있다는 이야기는 아니다. 다만 새로운 기술은 이미 존재하는 인프라에 얽혀 들어가는 경우가 많으며, 민주주의에 해가 되는 걸림돌을 더 크게 만들 수는 있어도 없던 문제를 새로 만들어내지는 않는

다는 뜻이다.[73]

그렇다고 해도 최근의 경제적·기술적 변화는 민주주의의 인프라에 의도하지 않은 부작용을 가져올 수 있다. 오보나 허위 정보의 확산이 더 쉬워진 건 정보의 출처를 숨기기가 더 쉬워졌기 때문이기도 하고, '바이럴'을 만들어내는 기술이 (과학은 아니더라도) 예술 수준으로 발달했기 때문이기도 하다. 2018년 브라질 대통령 선거 당시, 극우 성향의 자이르 보우소나루 후보를 지지하는 기업들은 왓츠앱을 이용해 대대적인 가짜 뉴스 캠페인을 펼쳤다.[74] 브라질에서는 가정용 인터넷이 매우 비싼 데 반해 대부분의 휴대전화 요금제에는 무제한 데이터가 포함되어 있고, 2억 1000만 브라질 인구 가운데 무려 1억 2000만 명이 왓츠앱을 사용한다. 즉 브라질 사람들은 메시지앱을 많이 사용하지만, 허위 정보 여부를 확인할 수 있는 매체나 인터넷에 접속하기는 어려운 환경에 놓여 있는 것이다. 페이스북 소유의 메시지앱인 왓츠앱은 주로 친구와 가족을 연결하므로, 왓츠앱에서 공유된 '정보'는 믿을 수 있는 사람이 전한 만큼 자동으로 신뢰를 얻을 수 있었다.[75]

물론 우연히 일어난 일은 아니었다. 극우 후보를 미는 기업들은 보우소나루에 유리한 메시지를 띄우기 위해 엄청난 돈을 쏟아부었다. 역설적이게도 최근 개정된 선거자금법은 정치인에게 직접 가는 기부금을 제한하는 데 효과가 있었지만 소셜미디어를 사각지대로 남겨둔 상태였다. 보우소나루와 다른 후보들, 그리고 언론은 모두 '가짜 뉴스'를 퍼뜨리지 않겠다고 서약했지만 보우소나루에 투표한 유권자의 98.1퍼센트가 허위 정보를 접하고, 89.77퍼센트는 그 정보를 진짜라고 믿은 것이 현실이었다.[76] 보우소나루의 취임식에서 팬들이 페이스북을 연호한 것은 너무나 자연스러운 일이었다. 다시 한번 강조하지만, 닫힌 생태계의 탄생은 매체 자체가 권위주의적이거나 사람들이 멍청하고 부족주의를 추구하기 때문이 아니다. 원인은 기본적인 규제와 경제 정책에 있다.

한편 인도에서는 나모NaMo 앱이 정부 소식을 받아보는 창구로 자리 잡았다. 사용자들은 나모가 나렌드라 모디 총리 소유의 사기업에서 만든 데이터 수집용 앱이라는 사실을 잘 모른다. 국제인권단체 프리덤하우스는 나모 앱이 "사용자의 개인 정보를 미국과 인도에 사무실을 둔 행동분석 회사로 비밀리에 보내고 있었다"고 밝혔다.[77]

잘못된 정보, 혹은 노골적인 허위 정보로 새로운 대중을 만들어내는 값싼 방식은 전문 언론인을 위협하는 무기가 될 수 있다. 전문 언론인은 편파적일 뿐 아니라 '일반 대중'과 그들의 정당한 성치석 자기 표현을 무시한다는 혐의를 일상적으로 받고 있다. 일부는 무고함을 증명하라는 어마어마한 압력에 굴복하기도 한다. 객관성과 균형감이라는 전통적인 규범을 지나치게 의식한 나머지, 해석은 한 수 접고 이론의 여지가 없는 정보만을 보도하는 방향으로 가기도 한다. '받아 적던' 시절의 보도로 돌아가는 것이다. 하지만 비대칭적인 양극화 상황, 즉 한 정당만 민주주의의 근본적인 규칙을 무시하거나 기본적인 팩트와 관련해 대중을 체계적으로 오도하는 상황에서 대칭적인 보도는 오히려 왜곡이다.[78] 중립을 지키기 위한 의식적인 노력의 결과가 오히려 비중립이 되는 것이다. 다음 장에서 더 자세히 논하겠지만, 대안은 확인(과 재확인) 가능한 정확한 정보를 제공한다는 차원에서 객관성을 지키되, 민주주의의 원칙에 대한 명백한 신념에 기반한 상황 해석을 동시에 제공하는 것이다. 모든 사람이 그 사실을 알고만 있다면, 민주주의의 원칙이 아니라 당파적인 원칙에 기반한 해석을 제공한다 해도 문제가 없다.

요즘 언론계 전반이 엄청난 재정적 압박에 시달리고 있는 것과 별개로, 전문적인 저널리즘은 이미 신자유주의의 시대를 거치면서 약화되었다. 학계, 의료계는 물론이고 언론계의 전문가들이 (이탈리아처럼 기자 자격증이 필요한 나라가 별로 없음에도 불구하고) 특화된 교육과 훈련을 받아 자기들만의 세상을 구축한다는 의심이 생겨났기 때문이다.[79] 전문가는 일단 그 집단에 속하게 되면 마음을 놓아도 되며, 객관적인 시장 메커니즘에 따라 가혹한 처벌을 받을 수도 있는 기업인과 달리 자신의 생산품에 대해 조금은 해이한 태도를 가지고도 살아남을 수 있다는 것이다. 마거릿 대처는 자연과학을 제외한 다른 분야의 교수 대부분이 차나 홀짝이고 좌파적인 헛소리나 늘어놓으며 세금을 낭비하고 있다고 생각했다. 대학과 국민건강보험에도 시장의 논리를 적용하는 것은 소련의 중앙 관리자들이 좋아했을 법한 가차 없는 '감사 문화audit culture'를 통해 전문가도 서로 경쟁하고 제대로 일을 하면서 사회 전체에, 즉 납세자들에게 책임을 다하도록 만들기 위해서였다. 프로페셔널리즘은 대개 부패했고 '리버럴 엘리트 집단'은 제대로 된 기준도 없이 자가복제되고 있다는 것이 일반 대중의 통념으로 받아들여졌다.

도널드 트럼프가 내각 구성 계획을 발표했을 때, 명백한 모순을 지적하며 기뻐했던 사람들도 있었다. 명색이 포퓰리스트라는 대통령이 어떻게 자산 총액이 43억 달러에 달하는 기업인과 월스트리트 인사들로 내각을 채울 수 있단 말인가? 이들이야말로 엘리트의 최고봉이 아닌가? 문제는 이 대단한 측근들이 딱히 전문직은 아니었다는 점이다. 이들의 성공(과 '노력')은 돈이라는 '객관적인' 잣대로 잴 수 있는 것이었다.[80] 내가 더 많이 배웠으니 당연히 더 잘 안다며 '진짜 국민'의 뜻을 제멋대로 왜곡하고 마는 전문가들과는 달랐다. 진짜 국민의 뜻을 실행에 옮길 수 있는 능력은 그들이 벌어들인 돈이 증명한다는 것이었다.

우익 권위주의 포퓰리스트는 단순히 '안티 엘리트'가 아니다. 그가 노리는 대상은 불공정하고 편파적이라는 비난을 사는 언론인을 포함한 특정 부류의 엘리트다. 트럼프의 경우에는 특정 엘리트에 대한 반감을 숨기지 않았지만, 전문가도 별거 없다는 말을 에둘러 하는 방식에도 여러 스타일이 있다. 팬데믹 기간 동안 보리스 존슨 총리의 기자 회견은 점점 대통령 스타일로 변해갔고, 언제나 첫 질문은 "콘월에 사는 미셸 씨" 같은 인물에게 받음으로써 평범한 시민도 기자만큼이나 중요한 질문을 잘 던질 수 있다는 메시지를 꾸준히 전달했다(콘월에 사는 호텔 주인 미셸 씨는 "앞으로 영국의 관광업이 어떻게 돌아갈지 물어도 될까요?"라는 질문을 남겼다).[81]

전문직에 대한 폄하는 인터넷 시대 이전에도 있었다. 전문직 폄하는 일종의 정치적 전략이지, 기술이 만들어낸 불가피한 결과물이 아닌 것이다. 그럼에도 인터넷이 의도치 않게 민주주의에 해로운 영향을 끼쳤다는 주장을 할 수 있는데 크게 두 가지로 나뉜다. 하나는 아주 확실한 주장이고, 다른 하나는 다소 추상적이며 추측에 근거한 주장이다.

첫째로 언론, 특히 지역 언론이 지난 20년 동안 경제 구조 변화로 인해 큰 타격을 입었다는 것이다. 과거 진지한 언론 보도를 뒷받침한 것은 바로 광고였다. 클레이 셔키의 그 유명한 말처럼, 월마트는 언론사의 바그다드 지국에 아무런 관심이 없지만, 실질적으로 바그다드 지국 기자들에게 월급을 주는 건 월마트다.[82] 구글과 페이스북이 광고 수입을 독식하다시피 하게 되면서, 지역 신문들은 엄청난 인원을 해고해야 했다. 2004년 이후 미국에서는 지역 신문 다섯 개 중 하나가 폐간을 맞았다. 미국인 가운데 600만 명은 지역 신문이 하나뿐인 동네에 살고, 500만 명은 지역 신문이 하나도 없는 동네에 산다.[83]

이 같은 '뉴스 사막'의 확장은 심각한 정치적 결과를 낳는다.[84] 지방 의회와 공공 조달을 취재하는 기자가 사라지면 부패가 늘어나고 정치에 대한 관심은 줄어든다. 지역 신문 폐간은 투표율 저하, 선거에 출마하는 후보자 수의 감소, 현직자의 승률 증가로 이어진다. 지역 신문이 사라지면 해당 지역 시민들은 전국 수준에서도 목소리를 내지 못한다. 지역 신문이 수도에 기자를 파견할 여력이 없으니 지역구 의원이 국회에서 무슨 일을 하고 있는지를 파악하기도 점점 어려워지고, 따라서 책임을 묻기도 어려워진다.

제대로 된 지역 언론이 사라지면 양극화도 심해진다. 지역 단위에서 시민들은 거대한 문화 전쟁 없이도 지역의 문제를 파악하고 실용적인 해결책을 논할 수 있었다.[85] 그러나 이제는 지역 뉴스와 지역 토론이 사라지면서 전국 뉴스가 그 빈자리를 채우게 됐다.[86] 전국 단위의 토론은 훨씬 더 당파적인 대립인 경우가 많고, 갈등은 문화적인 정체성의 문제로 치환된다.

둘째로, 이제는 모두가 알고 있다시피 '사용자', '커뮤니티' 등으로 불리는 소비자에게 무료로 서비스를 제공하는 기업은 사실상 소비자로 돈을 벌고 있다. 이들 기업은 소비자에 대한 데이터를 모아서 광고주에게 판매하는 방식으로 수익을 낸다. 즉 소비자 자체가 상품이 되는 것이다. 데이비드 런시먼이 구글에 대해 말했던 것처럼 "검색하는 것은 곧 검색당하는 것"이며 "상품이 공짜면 당신이 바로 상품"이다.[87]

어찌 보면 이런 메커니즘은 전혀 새롭지 않다. 정당은 오래전부터 늘 매우 특정한 집단을 겨냥해왔다. 프랑스 공산당은 파리의 부유한 동네에는 전단지도 뿌리지 않았다. 신문도 독자층을 고려해서 광고를 팔았다. 폴 스타의 표현대로, 신문은 읽는 눈에 가격을 매겨 광고주에게 돈을 받았고, 신문을 읽는 눈들 역시 돈을 냈다. 모든 독자가 같은 구독료를 냈지만, 모든 독자의 가치가 똑같은 것은 아니었다. 부유한 소비자를 더 잘 구분해낼수록 신문의 수익성도 높아졌다.

물론 신문 광고는 누구든지 볼 수 있었다. 특정 사용자를 겨냥하는 '다크 포스트dark posts'는 다르다.[88] 웹상에서 특정인에게만 노출되는 광고로 인해 정당과 시민이 다른 정보에, 공정성 원칙 시대의 언어로는 "대립되는 시각"에 노출될 일이 점점 더 없어지고 있다. 쇼샤나 주보프가 '감시 자본주의'라 칭한 구조 속에서 정치적 정체성이 끝도 없이 강화되는 것이다.[89] 주보프는 구글이 검색에 기반한 '행동 잉여behavioral surplus'에서 수익을 얻는 사업 모델을 의식적인 선택을 통해 구축했다고 지적했다. 테크 기업은 개인의 행동에 대한 데이터를 '사용자 경험 개선'에만 활용하는 것이 아니라 데이터를 광고주에게 팔아서 광고주가 더욱 정밀하게 소비자를 겨냥할 수 있도록 돕고 있는 것이다. 주보프는 인터넷 대기업이 "인간의 경험을 점점 더 추출하고 예측해 영업이라는 숨겨진 상업적 관행을 위한 공짜 원자재로 사용하게 된다"고 경고한다. 언제 어디서나 모두를 감시하는 사물 인터넷에 대한 의존도가 높아질수록, 일상의 식민지화는 더욱 쉬워진다.

지속적인 감시는 우리에게 언제나 같은 것을 주는 경향과 함께 간다. 우리가 언제나 같은 것만을 원하도록 만들 수도 있고, 언제나 같은 행동만을 하게끔 할 수도 있다(화면에 늘 같은 것만 보이니 선택지가 아예 없어지는 것이라 해도 과언이 아니다). 알고리즘은 우리의 미래 행동이 과거 행동과 매우 비슷할 것이라는 전제에 의거해 예측을 이끌어내며, 그 예측이 실현될 가능성을 높이는 쪽으로 행동을 유도한다. 앞서 논한 민주주의의 핵심적인 특성 가운데 하나인 '제도화된 불확실성'과 완전히 배치된다. 민주주의 정치가 만약 철저한 감시로 만들어진 정확한 프로필에 기반해 이미 주어진 정체성을 체계적으로 활성화하는 것에 불과하다면, 민주주의 정치의 역동성, 개방성, 유익한 무작위성은 사라지고 만다. 예상되는 것만을 기대할 수 있는 상황이 되는 것이다.

다시 한번 강조하지만, 민주주의의 개방성이 과대평가되는 경우도 있다. 현대 민주주의의 핵심은 특정한 자기인식을 중심으로 모인 사람들을 결집시키는 것이며, 자기인식이 매 선거마다 재구성되지는 않는다. 오히려 정당은 지지자들을 투표소로 유도함으로써 특정한 자기인식을 강화하고자 한다. 존 스튜어트 밀이 말한 "공동의 지지"의 사를 가진 사람들이 모이는 순간부터 반향실echo chamber 효과는 피할 수 없었다. 오늘날의 시민들이 정말로 정치적으로 동질적인 공간에 갇혀 있는가에 대해서는 의견이 분분하다. 오프라인의 사회적 공간이 온라인에 비해 정치적으로 더 동질적이며, 실은 많은 이들에게 정치가 그렇게까지 중요하지는 않다고 볼 근거도 충분하다.[90]

그러나 폐쇄성의 잠재력은 전례 없이 높아졌다. 인지 편향으로 돈을 벌거나 정치적 이득을 취할 수 있는 방법이 더욱 정교해졌기 때문이다. 정치에 복무했던 과거의 매체들은 소셜미디어에 비해 중독성이 훨씬 낮았다.[91] '참여'를 극대화하도록 디자인된 알고리즘을 기반으로, 상업적인 목적을 위해 소비자를 극단적인 사상으로 이끄는 일도 없었다.[92]

우리의 온라인 프로필은 결국 일종의 자기실현적 예언이 된 셈이다. 미래 행동을 가장 잘 예측하게 하는 것은 과거 행동이기도 하지만, 적절한 인센티브, 혹은 넛지nudge를 활용하거나 사람들의 불안감과 인정 욕구("나는 '좋아요'를 충분히 받고 있나?")를 부추김으로써 과거 행동을 더 쉽게 복제할 수 있게 된 것도 사실이다. 페이스북은 이미 사용자의 기분이 몇 개의 간단한 신호로 바뀔 수 있다는 것을 증명했다. 알고리즘을 이용해 분열을 부추기면 '참여'가 늘어난다는 증거도 페이스북은 이미 확보한 걸로 보인다.

문제는 이 시스템이 현재 비도덕적인 목적을 위해 사용되고 있다는 것이라기보다, 그렇게 사용될 수 있다는 점이다. 이 책의 첫 장에서 설명한 과두 계급 엘리트의 특징을 떠올려보자. 한 가지는 성격과 관련된("움켜쥐고 움켜쥐고 또 움켜쥐는") 것이고 다른 하나는 매개 기구를 포함한 정치적인 구조를 자기 뜻대로 재편할 수 있는 권력에 대한

것이다. 권력이 집중된다는 것은 곧 책임지지 않는 개인들이 선거에
영향력을 행사할 수 있다는 뜻이고, 동시에 정부가 플랫폼의 수익을
유지하기 위해서라면 정치 성향도 바꿀 수 있는 개인들에게 영향력을
행사할 수 있다는 의미이기도 하다. 트럼프와 저커버그 같은 인물은
각각 민주주의에 위협이 되지만, 그런 인물들이 서로를 이용하게 되
면 위협은 훨씬 더 커진다.

정당은 정말 끝인가?

최근에는 당파적인 인사들이 전문가를 대체하고 있는 것 아니냐
는 불안감 역시 커지고 있다. 또 하나의 '폭스 효과'라 할 만한 현상이
다. 그러나 실제로는 여러 정당에서 반대의 현상이 일어나고 있는 것
같다. 정당원의 숫자는 줄어들고 컨설턴트, 설문조사 전문가, 공보 담
당자로 이루어진 무리가 늘어나고 있는 것이다. 미헬스가 말한 '과두
정의 철칙'을 다시금 증명하는 현상이라고만 볼 수는 없다. 그보다는
관료주의 대형 정당들이 한때 핵심 업무로 간주되던 일을 외주로 돌
린 기업과 비슷한 모습으로 변해가고 있다고 하겠다. 가능할 때는 카
르텔을 형성하기도 한다는 점에서도 기업과 닮아가고 있다. 가가호호
방문해 선거 유세를 펼쳐야 할 시간이 돌아왔을 때, 정당원들이 기부
금과 봉사활동으로 기여하던 시대는 지나갔다. 국가에서 자금을 지원
받고, 선거운동원이 동네를 돌며 문을 두드리는 대신 정밀하게 마이
크로타기팅된 유권자의 스크린에 광고를 띄울 수 있게 된 것이다(부
동층을 설득하는 것보다 잠재적인 지지자를 실제 투표장으로 끌어내는

것이 더 중요해진, 2004년 이후의 미국 같은 민주주의 국가에서는 더욱 그렇다). 카르텔 정당도 선거에서 패배한다. 하지만 승자와 패자 사이는 그다지 험악하지 않다. 모든 카르텔에서와 마찬가지로, 카르텔 정당들에게 가장 중요한 것은 새로운 플레이어가 게임에 진입해 국가의 자원을 놓고 경쟁하는 상황을 피하는 일이다.[93]

유럽을 연구하는 정치학자들이 주로 그리는 이런 그림은 캐리커처에 가깝지만, 훌륭한 캐리커처가 그러하듯 중요한 특징은 그대로 살아 있다. 정당이 사회와 분리되었다고 느끼는 시민들의 생각에는 그 나름 일리가 있다. 정당과 사회를 다시 연결하려는 시도처럼 보이는 것이 실은 설계자들에게 더 많은 권력을 가져다줄 정치 기업을 만드는 세련된 기법이라는 의심에도 일리가 있다. 실비오 베를루스코니의 포르차 이탈리아Forza Italia 같은 소식을 떠올려보자. 명목상으로는 정당이지만, 실은 마케팅 전문가들이 만든 축구 팬클럽에 가까운 단체다(실제로도 베를루스코니는 유럽연합 정상회의에서 종종 지루한 정책 이야기보다 축구나 여자 이야기를 하고 싶어 했다). 당파적 원칙 따위에 대한 지속적인 신념보다는 개인에 대한 충성심으로 돌아가는 조직이고, 창립자가 당을 그저 권력을 얻고 감옥살이를 피하는 수단으로만 여기는 마당이니 당연히 내적 다원주의 따위는 찾아볼 수 없다. 시민 사회와의 연결고리를 만들어주던 전통적인 관료주의 조직을 베를루스코니가 필요로 하지 않게 된 데는 TV의 공이 컸다. 베를루스코니는 TV를 통해 일반 대중에게 직접 다가설 수 있었고, 통치 행위를 저녁 시간 쇼 프로그램처럼 판매할 수 있었다.

'TV 정당'의 시대는 이미 지나갔는지도 모른다. 지난 10년간 '디지털 정당' 또는 '플랫폼 정당'이라는 새로운 기구가 부상했다. 소셜 미디어는 팬덤으로 환원되지 않는 정치 참여의 가능성을 새로 제시했고, 여러 정당이 대세를 거슬러 대규모 신규 당원을 확보했다. 제러미 코빈을 열렬히 지지하는 젊은 좌파 시민들로 이루어진 모임 모멘텀Momentum은 "국민의 힘으로 만든 활기 넘치는 조직"을 자처하며 수만 명의 신규 당원을 영국 노동당으로 이끌었다. 토니 블레어 체제에서 당원이 20만 명 아래로 줄어들었던 노동당은 현재 50만 명이 넘는 당원 수를 자랑한다. 어떤 기준을 적용하는지에 따라 다를 수 있지만, 현재 영국 노동당은 유럽에서 가장 큰 정당이다. 장-뤼크 멜랑숑의 '불복하는 프랑스La France Insoumise' 역시 당원 수가 50만 명 이상이라고 주장하고 있으며, 스페인의 좌파 정당 포데모스의 '등록인personas inscritas' 수는 약 54만 명이다(포데모스의 '개방성'은 놀라운 수준으로, 포데모스에 등록하더라도 다른 당적을 유지할 수 있다). 이탈리아의 오성운동 역시 현재 이탈리아의 최대 정당이다.

　　사회학자 파올로 제르바우도가 지적한 대로, 이들 정당은 디지털 기업의 사업 모델 비슷한 것을 따른다. 가입은 무료고, 전통적인 의미의 회비도 없다. '불복하는 프랑스'의 경우, 이메일 주소를 남기고 "나는 지지합니다" 버튼을 클릭하면 가입 완료다. 온라인 커뮤니케이션의 한계비용은 0에 가깝고, 지지자들의 '참여도'를 극대화하면 계속해서 더 많은 데이터가 만들어지며, 이 데이터는 실제로 인력이 필요할 때 현장으로 나와줄 사람들을 특정해서 겨냥하는 데 도움이 된다. 2016년 대통령 선거 당시, 버니 샌더스 캠프의 선임 자문 두 사람이 "광역 조직화distributed organizing"라고 이름 붙인 동원 방식이다.[94] 소셜미디어 자체와 마찬가지로 이런 식의 참여는 너무 많은 저녁 시간을 잡아먹지만, 미헬스가 말한 관료주의적이고 따라서 어쩔 수 없이 위계적이었던 과거의 정당과 달리 평등을 약속한다. 오성운동의 모토 중 하나는 바로 "모두가 한 사람만큼의 가치가 있다ognuno vale uno"이다. 옛날말로 번역하면 "1인 1표" 정도의 뜻이겠다(평등에 대한 오성운동의 약속은 40세 이상의 후보가 표를 더 얻더라도 40세 이하의 후보자를 선호한다는 당의 규칙 때문에 다소 빛이 바래고 말았다. 특정 직책에 오르기 위해선 최소한 40세 이상이어야 한다는 고대 아테네의 규칙과는 정반대다).

플랫폼 정당의 열성 지지자들은 직접적이고 영구한 형태의 참여가 진정한 의미의 포스트-대의 정치의 시대를 열 것이라고 주장한다. 전문가에게 결정을 위임하는 대신, 열성 당원들이 온라인 자문을 통해 최소한의 수고를 들여 스스로 선택을 내릴 수 있게 된다는 것이다. 여러 면에서 오늘날 플랫폼 정당의 선구자 역할을 한 해적당의 "흐르는 민주주의liquid democracy"에서는 심지어 당원들이 능력이 뛰어나다고 판단하는 친구에게 자신의 표를 임의로 위임할 수 있다.

오늘날의 새로운 정당들은 길거리와 광장의 대중 시위에서 자연스럽게 탄생했음을 강조한다. 전통적인 의미의 정당이 아니라 '운동'이라는 점을 부각하기도 한다(베페 그릴로는 아예 정당을 '악'으로 규정했다).

물론 여기에는 약간 오해의 소지가 있다. 특히 이 글을 쓰는 시점에 오성운동은 전통적인 정당으로 거듭나기 위해 노력 중이기 때문이다(이제는 선출직도 두 번 이상의 임기를 지낼 수 있으며, 무시무시한

"특권 계급la casta"인 기존 정당과도 선거 전 연대를 구성할 수 있다). 스페인에서는 2011년 "그들은 우리를 대표하지 않는다"는 구호 아래 대대적인 시위가 벌어졌다(여기서 '그들'은 정치 계급과 기업 엘리트를 지칭한다). 말 그대로 "우리는 할 수 있다we can"라는 뜻인 포데모스는 2014년이 되어서야 만들어졌다. 포데모스의 창립자는 좌익의 개념이 더 이상 시민들에게 먹혀들지 않는다는 것이 광장 시위의 주요 교훈이라 생각한 정치학자들이었다. 이들은 좌우가 아니라 "특권 계급"인 전문 정치인 계급과 "주민el pueblo" 사이에, 또는 더 간단하게 "꼭대기arriba"와 "바닥abajo" 사이에 선을 그어야 한다고 주장했다(동물 비유를 활용해 엘리트는 고양이, 대중은 쥐에 빗대기도 한다). 이들의 또 다른 핵심 주장은 "제대로 하고 싶으면, 좌파가 할 것 같은 짓은 하지 말라"였다. 하지만 정작 이들이 내놓는 주택 정책이나 고용 정책은 전통적인 사회민주당의 정책과 크게 다르지 않았다. 이처럼 의식적인 탈이념적 태도는 오성운동의 베페 그릴로 역시 공유하고 있다. 그릴로는 "이데올로기의 시대는 끝났다"면서 "오성운동은 좌도 우도 아니고 모두를 초월한 그 이상의 것"이라고 선언했다.

남유럽 신생 플랫폼 정당의 공통점은 여기서 끝이 아니다. 이들은 모두 조금의 거리낌도 없이 강력한 (주로 남성의) 리더십을 강조한다. 남유럽 사람들이 마초이즘에 더 끌려서라기보다는, 카리스마 넘치는 인물이 브랜드를 만들기에 유리하기 때문이다. 초반에 포데모스는 정치학과 교수 출신의 지도자 파블로 이글레시아스의 얼굴 사진만을 포스터에 찍어서 앞세웠다. 이글레시아스는 곧 당 내부에서 과도한 리더십hiperliderazgo, "온라인 레닌주의"라는 비난에 직면했다. 이글레시아스는 "합의로 낙원을 장악할 수는 없다"며 마르크스의 유명한 구절을 연상케 하는 말로 대응했다.

이글레시아스는 케이블 채널의 토크쇼 진행자로 유명세를 얻었는데, 이 프로그램은 이후 "정치 훈련소"로 불렸다. 포데모스의 지도자들은 정치에서 TV의 역할이 마치 전쟁에서 화약의 역할과 같다고 생각했고, "TV 스튜디오가 진짜 의회가 됐다"고 말하기도 했다. 이러한 시각은 후에 온라인 참여야말로 '해킹 민주주의'의 진정한 도구라는 주장을 뒷받침하기 위해 약간의 수정을 거치게 된다. 한편 베페 그릴로는 정계의 부패상에 대해 부적절한 농담을 했다가 TV 출연을 금지당하자 인터넷 현자 겸 사업가인 잔로베르토 카살레지오의 도움으로 어마어마한 영향력을 가진 블로그를 만들었다. 이 블로그는 강렬한 의견과 함께, 그릴로 자신이 탐사 보도 및 팩트에 기반한 전문 지식이라고 자찬하는 내용물로 꾸려졌다. 오성운동은 스스로를 '안티 정당'으로 홍보했고, 보통 사람들의 꾸준한 온라인 참여를 통한 직접민주주의와 '집단 지성'을 약속했다(누구나 어떤 것에는 전문가가 아니겠는가). 오성운동의 운영을 맡은 카살레조 어소시에이츠라는 회사는 온라인 참여 시스템을 만들고 '루소Rousseau'라는 이름을 붙였다(카살레조는 또한 인터넷이 "우리 모두를 똑같이 똑똑하게" 만들며 그런 점에서 아테네와 같다고 주장했다. 고대 민주주의의 추첨제는 구성원들의 능력이 얼추 비슷하다는 것을 전제로 했다는 점에서 영 엉뚱한 말은 아니다). 그릴로가 전업 정치인 계급만을 겨냥하지 않았다는 사실은 의미심장하다. 그는 전문 언론인도 똑같이 비난했다. 한번은 "엿 먹어"를 뜻하는 욕설 'Vaffanculo'의 첫 글자를 딴 자체 행사 V-데이즈에서 오로지 신문사 공적 자금 지원 반대를 주제로 삼은 일도 있었고, 기자협회의 해체를 촉구하기도 했다.

버니 샌더스의 자문단 역시 "돈 받는 스태프로 혁명을 이룰 수는 없다"고 언급한 바 있다. 그러나 공동체 조성에 대한 페이스북의 감상적이고 자기중심적인 선언과 마찬가지로, 수사와 현실은 좀 달랐다. 마치 전통적인 매개 권력을 건너뛴 직접적인 참여를 지속적인 현실로 만들어낸 것 같았지만, 오성운동이나 버니 샌더스 캠프처럼 구름이나 무리 같은 형태를 가진 단체도 결국은 여전히 매체에 의존하고 있었다. 플랫폼 자체가 매체이기 때문이다. 그리고 플랫폼은 결코 중립적이지 않았다. 페이스북과 마찬가지로, 혁명은 그냥 급여를 받는 직원들과 어마어마한 권력을 가진 소수의 내부자들로 꾸려졌다. 한편에는 서로 평등해 보이는 다수의 구성원이 있지만, 다른 한편에는 매우 가파른 형태의 위계가 동시에 존재한다.[95] 그릴로는 오성운동 심벌에 대한 저작권을 직접 보유한 채, 조직의 규칙을 어겼다고 생각하는 사람에게는 사용을 금지했다. 또한 오성운동은 정당이 아니라는 이유로 정당 내부에서 민주주의를 실시하라는 법을 무시하기도 했다. 오성운동 측은 오성운동에 '당원'이 없고 오성운동의 '프랜차이즈'를 사용하는 사람들이 있을 뿐이라고 주장했다.[96]

오성운동의 온라인 인프라를 물려받은 잔로베르토 카살레조의 아들 다비데 카살레조는 "직접 참여할 수 있는데 대표로 만족할 이유가 없다"고 주장하기도 했다.[97] 그러나 이 "참여"는 구조적으로 과장된 면이 있었다. 제르바우도가 지적한 대로, 현실의 참여는 주로 대규모 온라인 투표의 형식으로 이루어졌다. "하이퍼 리더"의 견해는 스탈

린이라도 만족할 만큼 다수의 지지를 받았다. 온라인 시스템 '루소'는 사상가 루소의 불길한 예감을 현실로 확인시켜줬다. 대표자는 평범한 구성원과 소통하지 않고 자신의 입장을 설명하려 하지도 않는다. 실제로는 평등한 척조차도 없는 것이다.[98]

매개 기구 내의 매개자라고 할 수 있는 당내 엘리트의 권력을 축소하려는 시도도 있었는데, 이런 "지방 호족"의 존재가 바로 기존 정당의 특징이라는 주장이 그 근거였다(에마뉘엘 마크롱이 강력하게 주장한 바이기도 하다). 그러나 이 같은 시도는 결과적으로 지도자와 일반 당원 사이에 공백을 만들어냈을 뿐이다. 중간 관리자 층이 없으므로, 정치에 경험이 많은 인력도 없었다. 경험 대신 기술적인 전문성에 방점이 찍혔다. 일례로, 마크롱의 '전진하는 공화국당LREM'이 2017년 선거에 낸 후보의 절반 이상은 정치 경험이 전혀 없었다(LREM 후보의 90퍼센트는 프랑스 인구의 약 13퍼센트에 불과한 전문직과 기업인이었다).

신생 정당들은 (제르바우도의 표현에 따르면) "참여주의" 이념을 내세우지만, 현실은 지속적인 참여라는 희망에 부합하지 못하고 있다. 그러나 우리는 지난 장에서 발전시킨 주장, 즉 대표를 반드시 참여의 반대말로 이해할 필요는 없다는 주장을 잊지 말아야 한다. 플랫폼 정당들도 여러 가지 성취를 이루었지만, 이들이 분열에 대한 새로운 비전을 제공했던 사실에는 의심의 여지가 없다. 남유럽의 신생 플랫폼 정당들은 제르바우도가 "젊고 연결되어 있으며 빈털터리"라고 묘사한 집단을 대표하고 나섰다. 포데모스와 오성운동, 그리스의 좌익 시리자Syriza당은 남유럽의 주요 갈등인 경제적 긴축 대 반反긴축의 다툼이 정치 체제 안에서 충분히 대표될 수 있다는 점을 보여줬다.

　일각에서는 이들 정당이 하나같이 선거에서 이긴 후에 긴축 정책을 폐기하겠다는 공약을 지키지 않았다는 점을 들어 갈등을 대표하는 것, 전선을 긋는 것 자체는 별일이 아니라고 주장하기도 한다. 그러나 젊은 남유럽 시민들이 기존의 정당 체제를 바라보던 시각과 비교하면, 별일이 아니라고 볼 수는 없다. 두 개의 큰 세력이 번갈아가면서 권력을 잡고, 누가 집권하든 비슷한 정책을 펼치다가 결국은 부패로 막을 내리는 패턴은 카르텔 정치의 전형이었다. 포데모스와 오성운동은 교육 수준이 높지만 구직에 실패했거나 자신의 능력에 걸맞는 일자리를 잡지 못한 청년층을 다시 투표소로 불러들였다. 유럽 경제 위기로 인생에 큰 타격을 입은 젊은이들이 광장에 모여 시위를 하고 신생 정당에 투표를 했는데 그 정당이 집권에 실패했다면, 다시 의지를 모아 다음 선거에 새로 도전하는 것이 말처럼 쉽지는 않다(일례로 1970년대 젊은이들은 생각이 좀 달라서, 좌파의 이상을 실현한다는 명분 하에 테러를 자행하기도 했다).

　이들 정당 대부분이 스스로의 기준에도 도달하지 못한 것은 사실이다. 진정한 의미에서 좌우를 초월하는 비전을 제시하지 못했기 때문이다. '교수들의 정당partido de profesores'으로 불린 포데모스는 "언어를 가진 장인"을 자처했지만 결국에는 구식 좌파와 딱히 다른 정치 언어를 만들어내지 못했다. 그릴로와 그 후계자 루이지 디 마이오의 경우도 어느 정도는 마찬가지였다. 다소 자기모순적인 "테크노 포퓰리즘"이라는 용어를 일각에서 만들어냈다는 점이 이들의 차별점이었다고나 할까.[99] "보통 사람들"에 대한 충성을 소리 높여 외치는 일은 비당파적인 기술관료에게 힘을 실어주는 작업과 늘 나란히 진행되곤 했다. 시작은 민법 교수가 이탈리아 총리 자리에 오른 일이었다. 그릴로는 재무장관 자리에 경제학 교수보다는 자녀 셋을 둔 가정주부를 앉히겠다고 약속하면서도, 한때 오성운동 소속의 의원들을 "기술자"로 칭했다.

그러나 모순은 겉으로 드러나는 것에 그치지 않는다. 테크노크라시와 포퓰리즘은 서로 극단에 있는 반대 개념이라기엔 비슷한 점이 하나 있다. 테크노크라트, 즉 기술관료는 모든 정책 사안에 하나의 합리적인 해결책이 있다고 믿는다. 포퓰리스트는 단일하고 진정한 국민의 뜻이라는 것이 존재하며, 그 뜻은 반드시 공공의 선을 목표로 한다고 믿는다. 이 둘이 한데 뭉치면 극도로 이상하지만 또 동시에 신기하게도 말이 되는 2018년의 이탈리아 정부 같은 것이 탄생한다. 2018년 집권 세력은 루이지 디 마이오와 극우 북부동맹의 마테오 살비니라는 두 대학 중퇴자가 이끈 연정이었다. 두 사람은 인생을 정치에 걸고 정치로 먹고살던 인물이었다. 이들은 대중의 대변자를 자처하면서, 명목상으로는 비정치적이고 교육 수준이 높은 전문가들을 내각의 중요한 자리에 임명했다. 전문가도, 또 '완전히 통일된 대중의 뜻'이라는 허상도 결코 자동으로 해결책을 내놓을 수는 없는 것이 정치라면 테크노크라시와 포퓰리즘은 둘 다 반다원주의적이고 심지어는 반정치적이라고 할 수 있다.

요컨대 정당과 언론은 시민들이 서로 관계를 맺도록 도와준다는 점에서 민주주의의 필수 인프라다. 소셜미디어는 '플랫폼 정당'에 도움이 되는 동시에, 적어도 일부 전문 언론에는 치명적인 위협을 가하

고 있다. 신문과 달리 소셜미디어는 프로페셔널리즘으로 만드는 콘텐
츠가 아니고, 어쨌거나 중립적이었던 전화통신망과도 다르다. 개인들
이 모여 집단적인 대의권을 가질 수 있다는 점에서 19세기 미국에 만
연했던 정당과 신문의 결합을 연상케 하며, 트위터를 온라인 살롱이
라고 부르기는 좀 망설여지지만 이상적으로는 대화를 촉진하는 역할
을 할 수 있다.[100]

기술결정주의 신봉자들의 주장과는 반대로, 민주주의를 위협하
는 건 기술 그 자체가 아니다. 문제는 기술이 개인들을 연결해주는 동
시에, 행동을 예측하고 예측 가능한 것으로 만들어버리는 체제, 나아
가 돈이 된다는 이유로 양극화와 분노를 부추기는 감시 체제를 만드
는 데 일조하고 있다는 것이다. 이를 어쩔 수 없는 상황으로 받아들여
서는 안 된다. 소셜미디어 선택지가 극소수인 지금의 상황 역시 주어
진 조건으로 받아들여서는 안 된다. 우리는 정보와 의견의 출처, 그리
고 정당을 지금과는 다른 방식으로 조직할 수 있다. 물론 그렇게 할 수
있다고 말하는 것이 우리가 이상적으로 무엇을 원해야 하는가에 대한
답이 되지는 않는다.

4장 ○✕ 민주주의 다시 열기

> 문제는 1억 8천만 명의 아리스토텔레스가 어떻게 민주주의 사회를 운영할 것인가가 아니라, 1억 8천만 명으로 이루어진 정치 공동체가 구성원의 필요에 계속해서 잘 부응하도록 하려면 어떻게 조직해야 하는가이다. 이는 리더십과 조직, 대안, 책임과 신뢰의 체계 문제다. —E. E. 샤트슈나이더

> 정당은 지배할 수 있어도, 통치하지 않는다. 대중은 너무 혼란스러워하고 가려져 있기 때문에 정치적 행동과 정치 체제를 중재하는 역할을 맡은 기관도 활용하지 못한다. —존 듀이

> 모든 공동체에는 착한 말썽꾼 집단이 필요하다. —바이어드 러스틴

민주주의 사회에서 매개 기구, 특히 정당과 언론은 어떤 모습이어야 할까? 우선 접근성이 대단히 높아야 한다. 매개 기구에 대한 접근성이 이미 유리한 위치에 있는 사람들만 누리는 특권이 되어서는 안 된다. 매개 기구는 정확해야 한다. 한나 아렌트의 말처럼, 정치적인 판단과 의견은 팩트의 통제를 받아야 한다. 역시 아렌트가 지적한 대로 팩트가 늘 깨지기 쉬운 허약한 것이라 해도 마찬가지다. 매개 기구는 또한 독립적이어야 한다. 부패한 방식으로 숨겨진 행위자에게 의존하는 일은 없어야 한다. 매개 기구는 시민의 평가를 받아야 한다. 그리고 지금까지 언급한 모든 조건이 충족된다면 매개 기구는 책임성을 갖게 된다. 이처럼 추상적인 말들의 구체적인 의미는 무엇일까?

접근성 이야기부터 해보자. 접근성에는 제도적인 측면과 개인적인 측면이 있다. 정당 체제에서 정당 설립은 얼마나 쉬워야 할까? 개

인이 정당에 가입하거나 정당을 설립하는 것은 또 얼마나 쉬워야 할까? 각 국가에는 진지한 선거 참여 의도가 있음을 증명하기 위한 최소 인원 조건이 있는데 구체적인 인원은 나라마다 크게 다르다. 호주에서는 창당에 필요한 인원이 500명인 데 반해, 영국에서는 담당자 2명(!)만 있으면 환불되지 않는 신청비 150파운드를 내고 정당을 차릴 수 있다. 법적인 정당 설립 조건이 다가 아니다. 정당과 선거 제도가 서로 상호작용하기 때문이다. 정당 설립이 쉽다고 해도 바로 투표 용지에 이름을 올릴 수 있는 것이 아니다. 접근성을 높이기 위해서는 모든 지역에서 후보를 내거나, 비싼 소송을 치러야 한다(미국에서 무소속 후보는 대부분의 선거 자금을 여기에 쓰기도 한다). 투표 용지에 이름을 올린다 해도, 영세 후보들은 대의제의 규칙 때문에 황무지를 헤매게 된다. 미국에서는 한 사람이 단 한 정당의 경선에만 참여할 수 있기 때문에 유권자들이 전체 결과에서 자신의 영향력을 높이기 위해서 대형 정당 소속을 유지하곤 한다는 점을 떠올려보자.[1]

민주주의가 늘 새로운 대의의 등장에 열려 있어야 한다는 점을 진지하게 받아들인다면, 정치 과정에 대한 접근성은 최대한 높아야 한다. 물론 이론의 여지가 없는 것은 아니다. 모두에게 접근성이 있다는 것은 곧 누군가에게는 조직이 전혀 없다는 의미일 수도 있기 때문이다. 모두가 접근 가능한 결과 행위자가 너무 많아지고, 소음이 너무 커지고, 잠재적으로는 권력자들이 혼란을 극대화하기 위해 스티븐 배넌의 표현대로 "구역 전체에 똥칠을 해버리는" 사태도 생길 수 있다. 혼란은 언제나 가장 힘센 자에게 이득이기 때문이다.

위 시나리오의 가장 무해한 버전은 접근성이 너무 좋아진 나머지 시시한 정당들이 난립해 유권자들이 표를 낭비하게 되는 상황이다. 광대 같은 후보는 정치 과정의 질을 전체적으로 떨어뜨린다. 실제로 성공을 거둔 광대 후보들에게는 현실의 정곡을 찌르는 구석이 조금은 있었다. 브라질의 코미디언 티리리카가 2010년 국회의원 선거에 출마했을 때 슬로건은 "더 나빠질 순 없잖아"였다(보우소나루의 등장을 예측하지 못한 것이 분명하다). 티리리카는 다음과 같은 메시지로 표를 호소했다. "국회의원이 하는 일이 도대체 뭔가? 난 정말 모르겠다. 하지만 나에게 한 표를 준다면 내가 국회에 가서 알아보겠다."[2] 브라질 시민들은 정말로 궁금했던 모양이다. 티리리카는 그해 선거에서 그 어떤 후보보다 높은 지지를 받았다.

티리리카를 극우 호러 광대(이를테면 보우소나루)의 전신이라 비난하기에 앞서, 풍자는 절망에 빠진 시민들의 정당한 의사 표현이라고 봐야 한다(티리리카의 공약 중에는 브라질의 모든 가정, 특히 자신의 가정을 부양하겠다는 것도 있었다). 아이슬란드의 '최고당Best Party'은 2010년 레이캬비크 시의회 선거에서 승리했는데, 당시의 슬로건은 "다른 당은 모두 비밀리에 부패했지만, 우리는 공개적으로 부패하겠다"는 것이었다(한 코미디언이 실제로 시장에 당선되었는데, 어떤 기준으로 봐도 역할을 꽤나 잘 수행한 편이었다). 가장 역사가 깊고 널리 알려진 장난 정당jokes party 가운데 하나인 영국의 '공식 광란하는 괴짜 괴물당Official Monster Raving Loony Party'은 "소리 지르는 서치 경"으로 알려진 뮤지션 데이비드 서치가 창당했는데, 이미 1960년대에 '전국 십대당National Teenage Party'을 창당해 도발적인 선거 운동 전술을 충분히 가다듬은 후였다. 전국 십대당은 투표 연령을 18세로 낮춰야 한다고 주장했다. 전쟁에 끌려가 전사할 수 있는 나이면 당연히 투표도 할 수 있어야 한다는 취지였다. 세상의 모든 훌륭한 풍자와 마찬가지로, 풍자 정당의 강령 역시 일말의 진실을 담고 있거나 최소한 생각할 거리를 던져준다. 미국 하급 법원의 어느 판결에 따르면, 도널드 덕에게 투표할 권리는 "권력에 대한 진지한 풍자적 비판"의 의도일 수 있으므로 헌법에 의해 보호되어야 한다. 장난 정당이 꼭 장난이라는 법은 없다. 사람들이 장난 정당의 본질을 완전히 꿰뚫어보지 못할 것이라는 우려야말로 시민들의 판단 능력을 과소평가하는 일이다.

시민의 판단 능력을 더욱 얕잡아보는 시각도 있다. 정당이 너무 많으면 사람들이 혼란스러워한다는 주장이다.[3] 미국 법원이 두 주요 정당으로 하여금 정당 등록 절차를 까다롭게 유지하도록 허용하는 배경에도 이런 시각이 깔려 있다. 이 주장에 따르면, 이해하기 쉽고 잘 정립된 '브랜드'를 가진 두 중도 정당이 번갈아가면서 권력을 잡는 것 외에 다른 방법은 없다. 나머지는 모두 '무책임한 정부'를 낳거나 파벌주의로 이어질 뿐이다. 이론적으로는 두 개의 안정적이고 중도적인 정당이 사회의 모든 정치적 요구를 흡수한다는 마틴 밴 뷰런의 이상을 전제로 하며, 실질적으로는 '양당제가 곧 책임 있는 정부'라는 시각의 수혜자들이 '정치 시장을 장악'할 수 있도록 해준다.[4]

혼란을 야기하는 것은 권위주의의 검증된 전술이다. 1998년, 상트페테르부르크의 집권 정당은 야당 후보와 이름이 똑같은 연금 수급자와 배관공을 찾아내 후보 등록을 시켰고, 현직자가 재임에 성공할 수 있을 만큼의 표를 빼앗아올 수 있었다(러시아에서만 있었던 일은 아니다. 미국에서도 조지프 루소라는 후보와 이름이 같은 잡역부가 하원 선거에 출마해 투표 용지에 이름을 올린 적이 있다. 조지프 루소의 라이벌은 다름 아닌 존 F. 케네디였고, 잡역부 조지프에게 선거에 나가라고 돈을 준 이는 바로 케네디의 아버지였다).[5] 헝가리 교외에서는 정당 세 개가 난데없이 나타났는데, 각각의 창당인이 한 가족의 어머니와 아버지, 아들이었다. 이런 가짜 정당이야말로 진정한 의미의 장난 정당이며, 유권자를 속여먹는 짓이다.

정당의 접근성을 높이는 데 반대하는 주장은 시민이 눈앞의 선택지를 제대로 평가할 수 있어야 한다는 주장과 맥락이 같다. 이는 언론에도 똑같이 적용된다. 러시아 봇이나 가짜 아이디가 특정 시각을 퍼뜨리는 게 문제가 아니라, 사람들이 봇이나 가짜 아이디를 알아보지 못하는 게 문제라는 것이다(트럼프의 표현대로라면 "컴퓨터 시대에는 당장 무슨 일이 일어나는지를 아무도 모르게 됐다"). 연구 결과에 따르면, 2020년 봄 미국에서 "미국 국경 재개"를 논한 트위터 계정의 절반이 봇이었고, 대부분의 시민이 이 '작전'의 존재를 인지하지 못했다고 한다.[6] 가짜 팔로워를 잔뜩 거느리고서는 이를 대중적 지지의 근거로 지목하는 건 자신에게 유리하게 조작한 여론 조사 결과를 발표하는 것과 다르지 않다.[7]

투명성이란 어떤 면에서 교육과 비슷하다. 투명성 자체를 반대하는 사람이 없고, 투명성이 모든 문제의 해결책으로 여겨진다는 점에서 그렇다. 그러나 정당과 언론에 대한 우려는 합당하다. 정치에서는 보이는 것을 그대로 얻지 못할 때도 있지만, 우리가 보는 것은 현실 그대로여야 한다. 시민은 정치 세력의 형성이든 뉴스나 의견의 출처든 우리가 선택한 것의 독립성에 대해 어느 정도 확신할 수 있어야 한다.

독립성에 대한 이 같은 요구는 공평함에 대한 요구와는 다르다. 정당은 개념 자체로 편파적인 존재이며, 언론 역시 추구하는 가치관의 틀 안에서 (그 틀이 명확하게 인식되고 평가받을 수 있을 때에 한해서지만) 얼마든지 정당한 보도를 할 수 있다. 티모시 가턴 애시는 "투명한 편파성transparent partiality"이라는 개념을 만들었다. 투명한 편파성의 예시로는 조지 오웰의 『카탈로니아 찬가』를 꼽을 수 있다. 오웰은 독자들에게 스페인 내전에 대한 자신의 보도가 특정한 당파적 시각을 반영하고 있다는 점을 분명히 밝혔다. '어디에도 속하지 않은 시각'이라는 가식은 전혀 없었다.[8] 가턴 애시의 지적대로, 우리가 오웰을 신뢰하는 이유는 그가 자신을 '공정하고 균형 잡힌' 사람이라고 주장하지 않기 때문이다.[9]

독립성이란 구체적으로 어떤 의미일까? 대부분의 매개 기구는 경제적으로 자립할 수 없다. 일반적으로 정당은 당원이 내는 당비만으로 유지될 수 없고, 어느 정도 규모가 있는 신문이나 TV 채널 역시 구독자나 시청자가 내는 요금만으로는 이익을 내기는커녕 유지되기도 어려운 것이 현실이다. 그렇다면 누군가에게 재정적으로 의지할 수밖에 없고, 자율성도 어느 정도 양보할 수밖에 없는 것일까? 시장에, 아니면 국가에, 그도 아니라면 과두 지배 계급에 의지할 수밖에 없을까? 이 선택지들이 모두 동등하게 나쁜 건 아니다. 1장에서 살펴보았듯이, 과두 지배 계급의 문제는 부유한 개인이 정당이나 당파적 언론을 이용해 규칙을 바꾸려 든다는 것이다. 이러한 시도는 불투명하게 이루어지며, 그 목적은 자신의 사업적 이익을 증대하는 것이다. 언론사를 여럿 소유한 루퍼트 머독은 정치적인 영향력을 체계적으로 활용해 재정적 이익을 얻고 정책을 좌지우지한다. 토니 블레어처럼 좌파를 자처하는 이를 포함해 수많은 영국과 호주 정치인이 루퍼트 머독에 의존하는데, 이는 서구 사회의 흔한 사례 중 하나일 뿐이다.[10]

강력한 사적 행위자가 매개 기구를 이용해 권력을 강화하려 하는 게 사실이라면, 마땅한 해결책은 기회의 평등을 추구하는 공적인 접근법일 것이다. 일부 민주주의 사회에서는 정당과 방송국을 일종의 공공시설로 보고 그에 따라 재정 지원책과 규제책을 마련한다.[11] 정당과 믿을 수 있는 뉴스 출처가 민주주의에 꼭 필요한 인프라라는 사실을 명확하게 인식한 결과다. 이들이 생산하는 건 결국 '공공재'이고, 공공재의 본질은 아무도 소외하지 않는다는 것이다(대부분의 국가에서 국방이나 도로가 갖는 의미를 생각해보자). 하지만 동시에 공공재는 이익을 내고자 하는 목적 하나만으로는 결코 필요한 만큼 만들어낼 수 없다.[12]

공공재의 명확한 약점은 이 '공공'이 국가를 의미하고, 국가는 곧 정부, 그러니까 결국 정당을 의미한다는 것이다. 규제의 대상이 곧 규제의 주체가 되는 셈이다. 이런 상황에서라면 집권보다 신규 경쟁자의 배제를 강조하는 정치 카르텔이 형성될 위험이 따를 수밖에 없다.

하지만 '공공'이 곧 대중을 의미한다면 어떨까? 민주주의 인프라를 돌보는 일이 정당에만 맡겨져 있지 않고 시민의 손에 넘겨진다면 어떨까?

민주주의는 공짜가 아니다. 역사상 공짜였던 적이 한 번도 없다. 아테네인은 복잡한 추첨 기계를 만들고, 의회를 열 원형경기장을 지었다. 심지어는 참여를 독려하기 위해 돈을 주는 것도 괜찮다고 생각했다(민주주의를 가장 비싼 제도라고 여겼던 반민주주의 철학자들은 이에 격분했는데, 사실 의회 운영에 들어가는 연간 비용은 기병 1000명의 말을 먹이는 데 들어가는 비용과 비슷했다).[13] 오늘날의 민주주의에도 상당한 돈이 들어간다. (미국의 여러 지역에서 놀랄 만치 낙후되어 있는) 투표 도구에서부터 (미국의 여러 지역에서 놀랄 만치 정부의 재정 지원을 받지 못하는) 우편 투표 시스템, (미국에서 놀랄 만치 높게 책정되는) 정당과 선거 운동 지원금에 이르기까지 다양한 비용이 들어간다.[14] 문제는 누가 이 돈을 내느냐는 것이다. 미국에서는 연방 차원의 공적 자금 지원이 사실상 중단됐다. 버니 샌더스처럼 사회주의자를 자처하는 정치인조차 자금 지원을 거부했다. 엄청난 부자들이 내는 정치 후원금과 일부 시민들의 소액 기부가 선거 운동을 굴러가게 한다.

미국 선기 운동에 천문학적인 비용이 든다는 것은 모두가 알고 있지만, 다른 민주주의 국가의 시민들도 미친 미국인들을 마냥 경멸할 수 있는 처지가 아니다. 서유럽에서도 정치 후원금을 내는 사람들은 대부분 최상위 부유층에 속한다. 기업 후원이 허용되는 국가에서는 부유층만큼 정치 후원금을 내는 주체가 바로 대기업이다. 독일의 자동차 업계와 담배 회사 필립모리스는 가장 큰 좌익 정당과 우익 정당에 엄청난 돈을 기부하고 있다. 필립모리스는 독일 수도에서 열리는 전당대회와 '여름 파티'도 후원하는데, 회계상 숨기기 쉬운 지출임은 말할 필요도 없을 것이다.[15] 제러미 코빈의 리더십하에서 정치 후원금이 크게 줄기는 했지만, 영국 노동당에도 이제는 거액의 정치 후원금이 당비보다 훨씬 중요해졌다.

정당에 공적 자금을 지원하는 나라는 많지만, 이들 국가에서는 사적 후원에 대한 규제도 매우 약한 것이 사실이다.[16] 자치 제도에 들어가는 비용에 대해 세금을 공제해주는 등 더 민주적인 방식으로 국가가 국민의 손에 직접적으로 자금을 쥐어주는 나라에서는 그 효과가 상당히 왜곡된다. 부유층이 세금을 훨씬 더 많이 내기 때문에 세금 공제의 효과도 훨씬 더 크게 누리는 것이다. 프랑스 경제학자 줄리아 카제가 『민주주의의 비용』이라는 연구에서 지적한 바와 같이, 결국 빈곤층이 부유층의 선호에 비용을 대는 현상이 나타나게 된다(부유층은 당연히 경제적인 문제에서 훨씬 보수적인 입장을 취할 가능성이 높다). 카제에 따르면 프랑스에서는 하위 10퍼센트 시민의 정치 후원금 평균이 23유로인 데 반해, 상위 10퍼센트가 정치 후원금으로 받는 세금 공제액은 2900만 유로에 달한다.[17] 정치 참여에 재산 자격이 필요한 버전의 민주주의로 돌아가버린 셈이다. 나는 투표소에서 한 번밖에 투표를 할 수 없는데, 누군가는 지갑을 이용해 여러 번 투표할 수 있는 셈이다(그런 점에서 부유층에 실제로 두 표를 허용한 1820년 프랑스 선거법을 연상시키기도 한다).[18]

카제와 미국의 여러 헌법학자, 심지어는 민주당 쪽 의원들까지도 민주주의 인프라 지원에 관해 대안을 제시한 바 있다.[19] 시민들이 자신이 선택한 정당이나 후보에게 기부할 수 있는 개인 바우처를 도입하되 사용 가능 액수에 엄격한 제한을 두고(가장 흔히 언급되는 액수는 250달러다)[20] 모든 거액 기부와 기업 후원금을 불법화하자는 안이다. 이 안에는 바우처 수급 조건을 충족하기 위한 조건도 들어 있다. 신생 정당은 충분한 수의 시민에게서 후원금을 모을 수 있어야 하고, 어느 정도의 득표율을 보여줘야 한다. 사용되지 않은 바우처는 지난 선거 결과에 따라 배분한다(이미 여러 국가에서 자금 지원에 적용하는 원칙이기도 하다).

이 같은 제도에는 여러 가지 이점이 있다. 집중된 부富가 정치를 이용하는 상황, 즉 지금까지 설명한 현대 민주주의의 과두정치적 경향을 완벽하게는 아니더라도 상당히 막아줄 것이다. 직전 선거 결과에 따라 정당에 공적 자금을 지원하는 일부 민주주의 국가에서는 개방성과 역동성을 강화하는 효과도 있을 것이다. 선거 주기 중간에도 신생 정당들이 실질적인 지원을 받을 수 있기 때문이다. 지지자들의 책망을 듣더라도, 아예 사라져 마땅하다는 평가를 받지만 않는다면 패자, 그러니까 기존의 정당들 역시 잃을 것이 줄어든다(사회당 프랑수와 올랑드 대통령을 비판하면서도 그가 여전히 에마뉘엘 마크롱의 대안으로 남아주기를 원했던 프랑스의 좌파 시민들을 떠올려보자). 끝으로, 적은 액수나마 정치 후원금을 보탠다는 사실이 각 개인에게는 효능감을 안겨줄 것이다('게이츠나 소로스처럼 나도 무언가 기여를 하고, 또 만들어갈 수 있어!').[21] 정치 바우처 제도를 시행하고 정치인이 더 많은 유권자와 소통하도록 한다면 그 효과는 더욱 커질 것이다. 현재 미국 같은 나라에서는 의원들이 부유층을 상대로 하는 모금 활동에 하루 4시간 이상을 쓰고 있다. 지역구 전체의 대표자라기보다는 특정 집단을 상대하는 텔레마케터에 가까운 모습이다.[22]

숫자에 대해 이야기해보자. 카제의 안은 모든 유권자에게 7유로짜리 바우처를 지급하자는 것이다. 하지만 인당 7유로라면 다 더해도 엄청난 액수는 아니다. 독일을 예로 들면, 그 액수는 정부가 정책 개발과 정치 교육을 담당하는 정당 근처의 재단에 지급하는 지원금의 연간 예산과 비슷하다. 미국에서도 브루스 애커만 예일대학교 로스쿨 교수와 로 카나 의원이 100달러짜리 '민주주의 쿠폰'을 지급하거나, 50달러에 해당하는 '민주주의 달러'를 지정 신용카드로 쓸 수 있게 하자는 안을 제시한 바 있다.

개인의 지출과 관련된 결정이 공개되어야 하는가에 대해서는 진지한 의문을 제기할 수 있다. 직원이 반자본주의 정당에 정치 후원금을 낸다는 사실을 달가워할 기업은 없을 것이다. 기업에서 직원들에게 특정 후보를 후원하라고 강요하는 일이 벌어질 수도 있다. 카제는 세금 신고를 통해 정당과 후보자에게 바우처를 기부하는 아이디어를 제시한다. 소득이 너무 낮아서 소득세를 내지 않는 수백만 명에게도 특별 세액 공제를 제공한다면, 많은 국가에서 유권자 절반 이상이 혜택을 누릴 수 있다. 그렇게 하면 누군가가 웃돈을 받고, 아니면 액면가 그대로 바우처를 파는 행위를 막을 수 있다(1990년대 중앙 유럽에서는 약삭빠른 투자자들이 이런 식으로 민영화 바우처를 사 모은 역사가 있다). 또한 바우처 사용 정보를 단시간만 보관하고 삭제하여, 실질적으로 비밀이 보장되는 온라인 기표소isoloir를 만들 수도 있겠다.

이런 아이디어는 그저 공상이 아니다. 시애틀 지방 선거에서 실제로 비슷한 제도를 실행한 적이 있다. 시민들은 우편으로 바우처를 수령했다. 슬프게도 많은 이들이 봉투에 쓰레기가 들었다고 생각해 그냥 버리거나, 기부하는 것을 깜빡 잊기도 했다.[23] 보통 사람들의 역량을 회의적으로 바라보는 이들은 바우처를 받은 시애틀 주민의 3.3퍼센트만이 바우처를 기부했다는 사실에 내심 기뻐할지도 모른다. 하지만 긍정적인 면을 보자면, 소액 정치 후원금의 총액은 증가했고 부유한 기부자와 연이 없는 후보들이 제도의 수혜를 입었다고 판단할 근거도 발견됐다. 시민에게 민주주의 인프라에 대한 직접적인 재정 통제권을 주는 제도는 유권자들에게 선거가 깨끗하게 치러진다는 감각을 안겨줄 수 있다.[24] 모든 표가 중요하긴 하지만 결국은 숨은 자원이 선거 결과를 좌지우지한다는, 널리 퍼져 있고 종종 진실에 가까운 시민들의 통념(노르웨이의 정치학자 스타인 로칸이 공식으로도 선보인 바 있다)을 바꿔놓을 수 있다. 오늘날 많은 시민이 도달한 결론은 정치인이 자본에 종속되면 절차는 부패하고, 그러면 나의 정치 참여는 아무런 의미가 없다는 것이다. 이렇게 시민들이 정치 참여에 소극적으로 변하면 자원을 많이 가진 부유층의 영향력은 더욱 커지게 된다.

　물론 바우처의 일부는 제대로 쓰이지 못하고 낭비될 수도 있다. 정치에 관심을 쏟지 못하는 시민이 있을 수도 있고, 바우처를 기부하는 것 자체가 번거롭다고 여기는 사람도 있을 것이기 때문이다. 투표권을 행사하지 않는 사람이 있는 것과 마찬가지로, 사실상 '공짜 돈'인 바우처를 사용하지 않는 사람도 있을 수 있다. 힘이 덜 드는 대안으로는 매년 시행하는 여론 조사 같은 것을 지원금 지급 기준으로 삼는 방법이 있다.[25] 이런 여론 조사가 실시된다면, 민주주의 사회에 선거만 있을 때와는 다른 새로운 리듬이 생겨날 것이다. 그러나 동시에 여론 조사가 기능적으로 선거와 같은 역할을 하면서, 정당들이 정책에 집중하는 대신 선거 운동 같은 활동에 매년 매달려야 하고, 따라서 더 많은 자원을 필요로 하게 되는 부작용이 생길 수도 있다.

　이런 제도는 우리를 동등한 영향력이라는 이상에 한 발짝 더 다가서게 해주는 것처럼 보인다. 모두가 7유로씩의 영향력을 갖게 되는 셈이기 때문이다. 그러나 정치에 헌신할 시간이 더 많은 사람들이나 기업이나 노조의 지도자들은 여전히 정치에 더 쉽게 접근할 수 있고, 따라서 여전히 더 큰 영향력을 행사할 것이다. 순수함에 가까운 매력적 무례함을 자랑하던 조지 W. 부시가 '더 많이 가진 자the have-mores'는 여전히 그냥 '가진 자haves'와는 다른 위치를 차지할 거라고 말했던 일을 떠올려보자.[26] 그러나 '더 가진 자'라도 아예 다른 세상에 살거나 완전히 다른 규칙을 적용받으며 살 수는 없을 것이다. 바우처 제도가 시행된다면, 소액의 정치 후원금을 낼 여유도 없는 '못 가진 자have-nots'도 투표권 외에 무언가를 추가로 갖게 된다. 물론 그렇다고 해서 더 나은 정치적 결과가 보장되는 것은 아니지만, 새로운 대표의 기회가 열리고 아직은 선거에 참여해 좋은 결과를 얻지 못한 신규 참여자도 발돋움의 기회를 얻을 수 있을 것이다. 또한 이 제도는 민주주의의 필수 인프라를 유지할 책임이 현재의 미국에서와 같이 (2017년 부유층 세금 감면책으로 가히 '빼앗는 계급'이 된) '후원자 계급'에 있는 것이 아니라 모든 시민의 손에 있음을 시사하게 될 것이다.

원칙적으로 언론에도 같은 바우처 제도를 적용할 수 있다. 다만 모종의 작전에 의해 시민들의 바우처가 민영 매체로 몰리게 되면, BBC처럼 권위 있는 공영 기구가 갑자기 자금을 모두 잃는 사태가 생길 수 있다. BBC와 경쟁하는 민영 매체 입장에선 공영 방송국이 '리버럴 엘리트 집단'이라는 주장 등으로 대중의 반감을 부추길 동기가 얼마든지 있다. 일례로 2018년 스위스에서는 일각에서 '좌편향 국영 TV'라 비난하던 공영 방송국에 대한 지원 예산을 대규모로 삭감하려는 시도가 있었는데 실패로 돌아갔다. 상당히 부담스러운 간접 과세인 450스위스프랑의 연간 수신료 폐지를 국민투표에 붙인 결과, 71.6퍼센트가 반대표를 던진 것이다.[27] 1장에서 언급했듯이 극우 포퓰리즘 집권 세력은 일반적으로 공영 매체를 폐지하는 것보다 장악하는 쪽을 선호하는 것도 사실이다.

정당 후원 바우처와 마찬가지로, 언론 후원 바우처 역시 신생 언론에 절실한 디딤돌이 될 수 있다. 또한 바우처의 상당 부분을 지역 언론에 투입할 수도 있을 것이다. 앞서 등장한 줄리아 카제는 공동출자 기업과 민간 재단의 장점을 합친 '비영리 언론 기구'의 창설을 제안하기도 했다.[28] 거액 기부자와 소액 기부자 모두 비영리 언론 재단의 '주주'가 되어 세금 공제를 받을 수 있고, 자신에게 주어진 바우처를 원하는 매체에 기부할 수 있다. 당장 떠오르는 위험은 부유한 개인이 거액을 기부하고 언론사를 장악하는 사태다(성지 바우처와 마찬가지로 세금 공제를 통해 가난한 사람들이 부유층의 정치적 선호를 사실상 금전적으로 뒷받침하는 사태 역시 발생할 수 있다). 민간 재단의 문제점이라면 역시 정치적 영향력을 발휘하면서 책임성은 떨어진다는 것이고, 그러면서도 세금 감면을 받는다는 점이다(아무런 능력도 없는 사람들을 재단 창립자의 친척이나 친구 자녀라는 이유로 고용하는 것도 물론 문제다).

카제의 순진한 제안은 세금 공제를 받는 기부액에 따라 투표권을 축소하자는 것이다. 거액 기부자는 상당한 세금 혜택(과 대의 명분에 기여한다는 만족감)을 누리지만, 그것만으로 조직을 바로 장악할 수는 없게 하자는 것이다. 반대로 여느 공동출자 회사와 달리 소수, 즉 카제가 '독자 모임readers' society'이라고 칭한 집단에 속하는 소액 기부자들은 상당한 영향력을 행사할 수 있게 된다. 그렇게 되면 언론에 대한 접근성도 높아진다. 누구나 비영리 언론 재단의 일원이 될 수 있는 것이다. 그런 기구를 "투명한 편파성" 원칙에 따라 운영하는 것에는 아무런 문제가 없다. 사회 정의에 관심이 많은 사람에게도, 가톨릭교회의 자연법에 대한 최신 뉴스에 관심이 많은 사람에게도 편파성은 그야말로 특정 언론 기구의 일원이 되기로 결심할 이유가 될 것이다.

　　투명하게 당파적인 매체와 정당이 이처럼 결합하면 우려도 나올 것이다. 정치인에게 책임을 묻는 것이 언론의 역할 아니던가? 민주주의 정치에서 편파성 없는 틀을 제공해야 할 언론을 정치화하는 것이 정말 우리가 원하는 일인가? 현실적인 우려지만, 과거 정당과 언론이 종종 한데 어우러졌고 그것이 언제나 비도덕적인 결합은 아니었음을 간과하는 시각이다. 사회주의 정당에는 기자로 커리어를 시작했거나 국회의원, 선동가, 이론가, 언론인의 역할을 모두 적극적으로 수행하는 지도자들이 많다. 실제로 일부 역사학자들은 혁명적 사회주의 정당의 개념 자체가 노조나 노동 운동보다는 오히려 급진적인 저널리즘에서 나왔다고 주장하기도 한다. 카를 마르크스도 정당 지도자가 되기 전에 기자였다. 『공산당 선언』 역시 공산당이라는 조직 자체가 생겨나기도 전에 나온 것으로, 마르크스와 엥겔스가 작성하고 보도하여 세상이 알게 된 글이다.[29] 1920년 미국 대통령 선거에서는 신문 편집자 두 사람(공교롭게도 둘 다 오하이오주 출신)이 경쟁했다. 정당이 정확한 정보를 말하고 자율성을 갖기만 한다면 (포데모스처럼) 토크쇼에서 유래하거나 (오성운동처럼) 블로그를 출발점으로 삼는 것 자체에는 아무런 문제가 없다. 이 논리는 다른 방향으로도 똑같이 적용된다. 정당이 신문을 찍어내는 것 자체에는 아무런 문제가 없다. 미국 시골 지역의 소규모 언론이 문제가 되는 것은 그 내용이 당파적이기 때문이 아니라, 재정적 기반과 당파성을 의도적으로 숨기고 있기 때문이다.[30]

개별 구성원들에게 힘을 실어주는 구조의 비영리 언론 재단 설립이 만병통치약이 아님은 분명히 해야겠다. 카제의 안대로라면 특정한 의제를 가진 잘 조직된 소수는 한 언론 기구의 방향성을 바꿔버릴 수 있고, 세금 공제를 받은 기여분으로 엮여 있는 그보다 온건한 거액 기부자들은 이들을 막을 수 없다. 물론 이런 식의 장악이 명백히 드러난다면 장악된 그 언론에는 시민들이 더 이상 매력을 느끼지 못하게 될 수도 있다.

투자나 바우처 기부를 고려하는 시민들에게 당파성은 그다지 매력적인 셀링 포인트가 아닐 수도 있다. 한때 많은 이들이 희망을 걸었던 시민 저널리즘은 실망만 안겼지만, 지역 뉴스의 현 상태에 만족하지 못하는 이들은 어느 정도 전문직 언론인처럼 일하는 비전문직에게 지면을 내주는 매체에 재정 지원을 할 수도 있을 것이다. 이름 그대로 공공적 방향성을 갖는 '공공 저널리즘'도 마찬가지다.[31] 예를 들어 전형적인 경마 중계 식의 선거 보도, 그러니까 언제나 박진감 넘치는 스토리가 있고 기자는 중립을 유지하는 보도와 달리 공공 저널리즘은 우선 시민과 소통하고 그들이 관심을 갖는 이슈에 대해 더 파고들어 정치인의 관심을 촉구한다(미디어 비평가 제이 로젠이 "시민 의제 접근법"이라고 명명한 방식이다). 또한 앞서 언급한 대로 정치인들이 "타협할 수 없는 경계"를 밥 먹듯이 넘나들어 민주주의 자체가 위기에 처한다면, 언론인이 당파성을 가진 민주주의의 구성원으로 나서는 것에도 아무런 문제가 없다. 물론 리스크도 있다. 자신의 정책 선호가 모두 곧 민주주의는 아니라는 사실을 잊은 낭만적 저항군 스타일의 기자가 등장할 가능성도 있고, 스티븐 배넌 스타일의 영리한 계략을 통해 언론을 야당 역할로 전락시킴으로써 언론인의 모든 주장을 오로지 정치적인 것으로 몰아가는 사태도 일어날 수 있다. 그러나 기자가 자신의 입장, 즉 기자가 단순히 걸어다니는 녹음기가 아니며 기자의 일은 민주주의 사회의 기본적인 자유에 기반하는 동시에 그 자유를 보호하는 일이라는 것을 설명할 수 있다면, 시민들은 결정적인 차이를 인지할 수 있을지도 모른다. 시민들은 또한 권위주의 포퓰리즘 정당이 경계를 넘어 정치적 픽션이나 혐오 선동의 영역으로 가버릴 때, 일견 비대칭적인 보도처럼 보이는 것이 편견의 증거가 아니라 실은 정치적인 현실의 반영이라는 사실도 알아챌 수 있을 것이다(이에 대해 어느 미국인은 "불균형한 현상을 균형으로 대하면 현실이 왜곡된다"고 설명한 바 있다).[32]

　　여기서 우리는 민주주의 인프라의 개선이 결국 한 가지에 달려 있다는 점을 다시 한번 상기하게 된다. 영국 철학자 오노라 오닐의 말대로, 민주주의 인프라가 개선되기 위해서는 매개 기구가 접근성과 자율성을 가져야 할 뿐 아니라 평가의 대상이 되어야 한다. 매개 기구가 시민의 판단에 기여하기 위해서는 이들도 시민의 판단을 받아야 한다. 저 매개 기구의 재정적 기반은 무엇인가(언론사의 경우, 사주가 누구인가)? 어떤 의제를 갖고 있는가? (베를루스코니의 TV 정당처럼) 부도덕한 이해관계를 가진 개인의 도구로 전락하지는 않았나? 정당 후보의 진정한 배후 세력이 미국의 '그림자 정당'이나 '준정당para-parties' 같은 것은 아닌가? 선거 운동 비용 지출에 제한이 없거나 책임을 물을 수 없는 '다크 머니'가 투입되고 있지는 않은가?[34] 자신들의 온라인 플랫폼 루소가 정체를 밝힐 수 없는 '외국 세력'의 자금 지원을 받고 있다고 공공연하게 인정한 오성운동처럼, 외부 세력이 재정적으로 개입하고 있지는 않은가?

'준언론para-media' 기구는 공정한 보도를 하는 것같이 보여도 진정한 의미에서 독립적이라고 할 수 없다. 과두 지배 계급의 변덕에 좌지우지되기 때문이다. 반면 편파적인 것처럼 보여도 독립적일 수 있는데, 그렇지 않은 척 오도하지만 않는다면 그 자체에는 문제가 없다. 폭스TV 같은 방송국의 문제는 (전 앵커인 빌 오라일리의 표현대로) "보수적인 노동자 계층의 시각"을 대변한다는 것이 아니라 (최대한 너그럽게 표현해도) 부정확한 보도를 하기 때문이다(예컨대 특정할 수 없는 "사람들"이 대통령 선거에서 죽은 사람까지 투표에 참여시켰다고 보도해 트럼프 대통령의 근거없는 부정 투표 타령을 뒷받침하는 식이다).

언론사는 또한 말과 행동을 달리 하기도 한다. 슬프게도 다시 한번 특정 TV 방송국이 떠오른다. 2020년 봄, 폭스TV 앵커들은 팬데믹 한복판에서 "경제 재개"를 외치며 시청자들에게 밖으로 나와 함께 어울리라고 부추겼다. 그러는 동안 폭스TV 방송국의 사무실은 정작 문을 닫았고, 직원들은 재택 근무 지시를 받았다. 겉으로 드러난 폭스뉴스의 보도를 평가하기 위해서는, 이처럼 숨겨진 사실도 알아야 한다.

언론과 정당의 내부 사정 역시도 평가가 가능해야 한다. 기구 전반의 방향성에 대해서 누가 최종적인 결정을 내리는지 어느 정도는 명확히 알 수 있어야 한다.[35] 정당 내 엘리트들이 최종 선택지 후보를 좌지우지한다면, 겉보기에 민주주의인 것('구성원들이 결정하게 하자!')에는 아무런 의미가 없다. 19세기 미국 파벌 정치의 대표 인사였던 보스 트위드가 남긴 유명한 말이 있다. "후보를 내가 세울 수만 있다면, 뽑는 건 누가 뽑든 아무런 상관이 없다."[36]

   이 책에서는 지금까지 정치적인 기준으로서 접근성과 자율성의 중요함을 강조했다. 민주주의의 기본 원칙 안에 뿌리 깊게 박힌 기준에 따라, 우리가 특정 기구에 원하는 것이 무엇인지, 그러한 기준에 각 기구가 얼마나 잘 부합하는지를 판단하는 데 도움을 받을 수 있다. 그러나 기준이란 실질적인 법적 규제에도 영향을 줄 수 있어야 한다. 바우처 제도에서와 마찬가지로, 한 가지 정답이 있다고 여기는 태도는 기술관료적 해결지상주의에 지나지 않는다. 시민들이 직접 어떤 규제가 필요한지를 논의해야 한다. 어려운 부분을 피해 가겠다는 생각이 아니라면, 다음과 같은 점에 유념해야 한다. 규제에 대한 토론은, 현행 시스템으로 이익을 보는 사람들이 변화를 원치 않는 이유에 대해 참여자들이 이해하고 있어야 성공적으로 이루어질 가능성이 높다. 예를 들어 현행 정당 지원 제도로 득을 보고 있는 정당은 (처칠의 표현을 살짝 바꾸어) "작은 인간이 작은 바우처를 들고 후보자에게로 걸어가는" 식의 제도를 환영하지 않을 것이다. 우리는 어떻게 하면 구조적인 변화를 실제로 만들어낼 수 있을지 생각해야 한다.

   첫 번째 문제에 관해서는, 2장에서 논했던 로또크라시로 돌아가 보자. 무작위로 선발된 개인들의 손에, 특히나 지속적인 정책 관련 결정권을 주는 제도를 2장에서는 대의민주주의를 대체할 진지한 대안으로 그리지 않았다. 하지만 그렇다고 해서 추첨제를 완전히 기각하자는 것은 아니다. 추첨은 민주적 절차 개혁 과정에서 교착 상태를 타개하는 데 제한적으로 역할을 할 수 있다(임신 중단과 같이 근본적인 윤리 문제를 결정하는 데 추첨제가 때로 도움이 될 수도 있다는 주장에는 그 나름 일리가 있다). 물론 무작위로 선발된 시민들이 결정한 것은 무엇이든 국민투표에 붙여 유권자 전체의 판단을 받아야 한다.

선거 자금, 국회 정원, 임기 제한 등에 대한 논의는 대표자들이 스스로의 특권을 내려놓아야 하는 문제일 수 있다. 동시에 데모포비아까지 가지는 않더라도, 이런 이슈들은 한 번의 찬반 투표로 쉽게 결정할 일이 아니라는 주장도 나올 수 있다. 기부자 계급과 관계가 돈독한 정치인들이 정치에 공공 자금을 투입하는 데 반대하는 모습을 떠올리기란 어렵지 않다.

여기가 바로 부정부패가 개입할 여지가 적은 추첨제가 효과를 거둘 수 있는 지점이다. 무작위로 선발된 시민들에게 여러 가지 절차적 개혁안을 보여준 후에, 유권자 전체를 대상으로 권고안을 내도록 하는 것이다. 허황된 아이디어가 아니다. 2012년부터 2014년까지 진행된 아일랜드 개헌 회의에서 실제로 일어난 일이다. 미국에서는 전문가에게 정보를 제공받은 유권자 모집단의 정치적 선택과 뒤이은 국민투표로 구성된 의사 결정 방식을 '오리건 모델'이라고 부른다. 이 제도는 엄격한 로또크라시와 달리 시민 대부분의 영향력을 약화하지 않으면서도, 아테네인들이 높이 샀던 장점, 즉 무작위로 뽑히는 사람들에게 뇌물을 먹이기는 훨씬 더 어렵다는 장점을 그대로 지니고 있다.

공식 명칭이 "시민검토단Citizens' Initiative Review"인 오리건주의 실험은 2008년에 시작되어 지금도 진행 중이다. 20~25명의 유권자가 블라인드 방식의 대표 표집에 따라 선출되어 사법 정의, 교육 개혁 등 특정 사안에 대한 찬반 의견, 그리고 전문가 의견까지 모두 듣고 난 후 찬반 의견의 핵심을 쉬운 언어로 정리한다. 시민 대표들은 검토단 활동 기간 동안 평균 임금에 해당하는 돈을 받는다. 다시 한번 알 수 있듯이, 민주주의는 공짜가 아니다.[37] 검토단이 작성한 찬반 의견서는 짧은 문서로 정리되어 모든 가구에 배달된다. 평범한 유권자가 다른 평범한 유권자를 위해 만든 정보가 공식적인 "시민의 찬성 의견", "시민의 반대 의견"으로 제공되는 것이다. 최종 결정을 내리는 것은 주민 전체이되 '나와 다를 것 없는 사람'이 정리한 생각을 듣고 도움을 받는다. 사람들이 '더 많이 잘 아는 나 자신'인 동료 시민의 생각에 늘 동의하는 것은 아니지만, 시민검토단의 도움을 받은 시민이 훨씬 더 정확한 정보에 의거해 결정을 내리게 된다는 것은 여러 연구 결과로도 증명되었다.[38] 존 스튜어트 밀의 논의에서 살펴보았듯이, 합리적인 시민들이 서로 다른 의견을 갖는 논쟁적인 문제에서 그 이상을 기대할 수는 없을 것이다.

중립적인 의미의 선동가demagogue들이 실질적인 국민투표 캠페인에 적극적으로 참여할 가능성이 매우 높다는 사실을 기억하자. 정당과 언론의 해설가들은 편을 정하고 의견을 적극적으로 표명할 것이다. 민주주의 혁신 업계 일각에서는 바로 이것이 문제라고 본다. 자신의 이해관계 때문에 다른 결과를 원하는 전문가가 무작위로 선발된 시민, 즉 더 많은 정보를 가진 '보통 사람'이 선택한 합리적인 해결책을 결국 깔아뭉개버릴 것이라는 우려다.[39] 물론 그런 일이 얼마든지 일어날 수 있다. 정당과 언론이 때로는 오리건 실험류에 적대적인 입장을 취하는 것도 사실이다. 자신들이 가진 전통적인 권위를 약화시킨다고 보기 때문이다. 나아가 정당이 절대 추첨제 따위를 허용하지 않을 것이라는 비관적인 견해도 있다. 이에 대해서는 아일랜드와 아이슬란드의 예를 들어, 충분한 사회적 압력이 있다면 무작위 추첨 시민 의회 설립이 추진될 수 있다고 답할 수 있을 것이다. 물론 아일랜드와 아이슬란드에서 사회적 압력은 정치인들이 완전히 신뢰를 잃은 상황에서 금융 위기가 찾아오자 자연스럽게 형성되었다(아이슬란드에서 '최고당'이 창당된 것도 같은 맥락이다).

시민 검토단 제도에는 또 다른 이점이 있다. 정치 후원금 바우처와 마찬가지로 나의 표로 국민투표에서 차이를 만들어내는 경험이 정치 참여로 이어지는 선순환을 만들어낼 수 있다는 점에서 일부 정당에게는 매력적일 만한 제도인 것이다.[40] 아일랜드에서는 임신 중단과 동성 결혼에 대한 국민투표 이후 그와 같은 현상이 두드러졌다. 통상적으로 투표율이 낮은 젊은 층에서 국회의원 선거에 대한 관심도 덩달아 높아진 것이다.

민주주의를 살리기 위한 민주주의 폐업?

민주주의 정치에 대한 지금까지의 이야기가 지나치게 낙천적이지 않았나 하는 의문이 들 수도 있다. 이론상의 개방성과 접근성에 반대할 사람이 어디 있겠는가? 그러나 현실에서 조각조각 갈라진 정당 시스템이나, 589일간의 무정부 상태(2010년에서 2011년 사이 벨기에에서 벌어진 실제 상황)가 불러오는 불확실성을 좋아할 사람은 없을 것이다. 정당 시스템의 균열은 우리 시대의 두드러진 현상이 되었다. 그리고 애덤 셰보르스키와 같은 예리한 분석가에게 이는 그 자체로 민주주의의 위기를 보여주는 신호다.

지금에 비해 시민들이 안정적인 정치적 정체성을 거의 타고나듯 누리던 시절에 정치가 더 예측 가능했던 건 부정할 수 없는 사실이다. 노동자라면 응당 사회당에 투표하던 시절이었으니 말이다. 그러나 그런 시대는 이제 지나갔고, 유동적이고 불확실한 방향으로의 변화는 혼란스러울 수밖에 없다. 샤트슈나이더는 클라우제비츠에게서 군사 작전에서의 불확실성을 의미하는 "전장의 안개" 개념을 빌려, 정치 갈등에서의 피할 수 없는 안개에 대해 이야기했다. 사회가 변화함에 따라 안개는 더욱 짙어진다. 짙어진 안개 속에서 정치적 판단은 더욱 어려워지지만, 그것이 꼭 위기의 징조는 아니며 접근성이나 개방성이 그 자체로 문제적인 목표임을 보여주는 근거도 될 수 없다. 진짜 문제는 오히려 정당 제도가 새로운 도전에 전혀 대응하지 못하는 상황에서 비롯되는 '안정'인 듯하다.

물론 이로써 접근성과 개방성에 대한 우려를 모두 불식할 수는 없다. 개방성과 접근성을 활용해 악한 행위자가 민주주의를 훼손하려 하거나, 부정직한 태도로 민주주의 게임에 임하려 한다면 어떻게 할 것인가? 이와 같은 의문에 대해서는, 그런 반민주적인 인물이 권력을 잡더라도 법원이 사법 심사를 통해 의회의 입법을 견제한다면 악법은 살아남지 못할 거라는 답변을 할 수 있을 것이다. 만일 반민주적인 인물이 권력을 장악하지 못한다면 형법의 처벌 대상이 될 수도 있다. 네

덜란드의 우익 포퓰리스트 정치인 헤이르트 빌더르스가 모로코계 시
민에 대한 혐오를 부추겼다는 혐의로 기소된 일을 떠올려보자(빌더르
스는 환호하는 지지자들 앞에서 "모로코인이 줄어들기를 바랍니까?"라고
물었고, "줄이자!"를 외치는 군중을 향해 "문제를 해결하겠습니다!"라고
화답한 바 있다).[43]

그렇다고 안심하기는 좀 이르다. 이런 시각은 선거가 단순히 시
민의 선호를 취합하고 누가 정권을 잡을지를 결정하는 행사 이상임을
간과하고 있다. 선거는 확장된 기간에 걸친 정치적 동원이기도 하다.[44]
정치가 사람들의 생각을 단순히 반영하는 것이 아니라, 사람들의 자
기인식을 새로 만들어내기도 한다는 주장을 다시 한번 살펴볼 필요가
있다. 2016년 초에는 트럼프주의라는 것이 존재하지도 않았지만, 불
과 몇 년 후 다수의 미국인이 자신을 영혼까지 트럼프주의자라고 인
식하게 되었다(이들은 트럼프가 정계를 떠나더라도 오랫동안 트럼프주
의자로 남을 것이다. 이들에게 2021년 1월 6일 국회의사당 습격은 트럼프
의 대선 승리 주장이 결국 실패로 돌아갔음을 보여주는 사건이 아니다. 오
히려 엘리트의 배신이라는 신화의 밑거름으로 피해자성과 분노를 공유하
는 공동체를 하나로 뭉치게 한 사건이자, 순교의 상징으로 남을 것이다).

일부 국가에서 "전투적 민주주의"라 불리는 체제를 수립한 것은
바로 이 때문이다. 전투적 민주주의란 정치 제도를 훼손하려는 정당
이나 개인들에게서 체제를 보호하기 위해서는 민주주의가 권리를 제
한할 수도 있다는 개념이다.[45] 단순히 폭력 등 이미 형법이 규제하는
형태의 행위를 자행하는 사람을 진압하는 문제가 아니다. 전투적 민
주주의 사회는 특별한 정치적 금지 규정을 둔다. 전투적 민주주의를

독일에서는 의도를 더 명확하게 드러내는 표현인 "싸울 의지가 있는 민주주의"라 부르고, 이스라엘에서는 "민주주의 방어 패러다임"이라고 칭한다. 이런 개념 자체는 전혀 새로운 것이 아니다. 고대 아테네는 도편추방제를 통해 민주주의를 위협하는 강력한 개인을 공동체에서 쫓아냈다. 폭도들이 죄 없는 사람을 몰아내는 클리셰와 달리, 쫓겨난 이들은 실제로 경제적으로 여유가 있고 화술도 뛰어난 사람들이었다고 한다. 체제에 위협이 된다고 판단된 과두 계급 엘리트들은 10년 정도 공동체를 떠나 있어야 했다. 현대인은 믿기 어려울 수도 있겠지만, 이렇게 쫓겨난 이들에게 낙인이 찍히는 것은 아니었고, 나중에는 공동체로 복귀할 수 있었다. 반면 '아티미아atimia'는 정치 체제에 반하는 범죄를 저지른 자의 정치적 권리를 영구 박탈하는 형벌이었다.

우리 시대에 더 가까운 독일 바이마르 공화국으로 오면, 불관용을 관용할 것인가의 문제가 대두된다. 나치당은 선거 제도에 찬성했지만, 권력을 잡은 후에는 민주주의 폐지를 추진했다. 요제프 괴벨스를 비롯한 나치당원들은 처음부터 딱히 의도를 숨기지 않았다. 1928년, 괴벨스는 나치당이 "민주주의의 무기고에서 가져온 무기로 무장할 것"이라고 선언했고, 나중에는 "민주주의가 자신을 무너뜨린 철천지 원수에게 자기 무기를 직접 제공해주었다는 것은 민주주의에 대한 최고의 농담으로 남을 것"이라며 기뻐했다.⁴⁶ 1940년에는 공공연히 "1925년에 우리 몇몇을 체포했으면 그걸로 끝이었을 텐데"라고 말하기도 했다.

2차 세계대전이 끝나자, 역사의 교훈은 분명해 보였다. 민주주의는 반민주적 행위자들이 "민주주의의 무기고"를 악용하는 존재론적 위협에 대처하기 위해 법적 수단을 마련해야 했다. 특히 권리를 제한하는 조치는 반드시 필요해 보였다. 현실에서 이는 일차적으로 결사의 권리에 대한 제한, 즉 정당 설립을 금지할 수 있는 법적 근거를 의미했다. 그와 같은 금지 조치가 특정 개인에게 직접적으로 적용될 가능성이 있더라도 어쩔 수 없었다. 일례로 독일 기본법 18조는 시민이 기본적인 정치적 권리를 잃을 수 있음을 명시하고 있다. 이 조항을 실제로 적용하고자 한 시도는 지금까지 총 네 차례 있었다. 다만 문제의 개인이 법정에서 충분한 위협이 되지 않는다는 판결을 받았거나 이미 형법에 위배되는 범죄를 저질러 정계에서 쫓겨나버렸기 때문에, 네 번 모두 시도에 그쳤다.

전투적 민주주의는 전후 독일에서 가장 두드러진 발전을 보였다(전투적 민주주의를 헌법에 반영하자는 아이디어는 아마도 바덴의 프랑스 점령군 내부에서 나왔을 것이다).[47] 전투적 민주주의는 반전체주의의 핵심이자 본질로 여겨졌다. 민주주의와 상대주의를 결합한 한스 켈젠의 개념을 노골적으로 거부하고, 대신 객관적이고 실질적인 가치, 특히 인간 존엄성을 민주주의와 동일시하면서 그 가치들을 수호하겠다는 입장이었다. 냉전 기간 발전한 전투적 민주주의의 편리한 부작용 가운데 하나는 공산주의의 끔찍함에 이목이 집중되면서 나치라는 과거가 스포트라이트에서 밀려나게 되었다는 점이다. 나치당의 실질적인 후계자는 1953년에 법에 따라 해산되었지만 공산당은 훨씬 더 많은 주목을 받았고, 결국 3년 후 나치당의 후예와 같은 운명을 맞이했다.

이와 같은 전투성을 전후 유럽 특유의 현상으로 보는 것이 미국 헌법학자들 사이의 주류적 시각이지만, 그렇게 볼 수만은 없다. 남북전쟁 직후의 미국에서 역시, 북부는 남부 민주당원들이 재건을 받아들이지 않는 한 의회에 발을 들이지 못하게 해야 한다고 주장했다. 민주주의의 이름으로 권리를 제한한 것이다.[48] 프랭클린 델러노 루스벨트 대통령이 선동가 휴이 롱의 손안에 있는 루이지애나주가 기본적인 민주주의 원칙을 지키고 있는지를 의회에 조사해달라고 했을 때, 대통령은 군사적 개입을 고려하고 있었다(휴이 롱은 의회의 조사가 제대로 이루어지기도 전에 암살당했다. 루스벨트가 우려한 것은 민주주의뿐이 아니었을 것이다. 당시 상원의원이었던 롱은 대선 출마를 생각하고 있었는데, 정말로 그가 대선에 출마했다면 루스벨트의 재선 가도에 빨간불이 켜질 수도 있었다).[49] 또 1960년대 중반 이후 투표권법에 따라 '딥사우스'라 불리는 미국 최동남부 지역의 주들은 투표와 관련된 모든 변경 사항을 연방 정부에 보고해야 하는 의무를 지게 되었는데, 이 법의 논리 역시 전투적 민주주의의 한 형태였다. 아프리카계 미국 시민들의 정치적 자유를 보호하기 위해서 주 정부의 권리를 제한한 것이기 때문이다. 물론 정당을 불법화하는 것이 전투적 민주주의의 더 일반적인 접근법이었으나, 미국에서 그런 일은 한 번도 없었다(매카시즘이 절정에 달했던 시절에도 미국 공산당은 해산되지 않았고 오늘날에도 여전히 건재하다).[50] 영국에서도 마찬가지로, 1930년대에 파시스트들은 정치적으로 큰 타격을 입었지만 국가가 나서서 이들을 민주주의 게임에서 퇴출하는 일은 없었다.

때로는 하나의 정당이 아니라 정치 게임 전체가 금지되기도 한다. 알제리에서는 이슬람교 정당이 총선 결선투표에서 승리를 눈앞에

두게 되자, 군이 즉시 나서서 투표를 취소해버린 적도 있다. 이슬람교 정당이 "이슬람교는 빛이고, 민주주의는 어둠"이라고 주장했기 때문이다. 당시 주알제리 미국 대사는 미국이 '일인 일표'를 지지하지 '일인 일표 일회'를 지지하는 것은 아니라며 알제리군의 조치를 용인했다.[51] 물론 투표 취소가 10년에 걸친 내전으로 이어질 줄은 미처 몰랐을 것이다.

전투성은 민주주의가 자기 자신을 폐지할 위험성을 지닌 유일한 체제라는 인식에 따른 것이다. 이 같은 관점에 따르면, 민주주의는 완벽하게 합법적이고 정당한 방식으로 민주주의를 폐지한다는 결정을 내릴 수 있는 유일한 정치 제도다. 하지만 이는 사실과 거리가 멀다. 이론상으로라면 군주나 독재자도 얼마든지 자기 자리를 내놓고 민주주의를 노입하겠다는 결정을 내릴 수 있다. 피지배자들이 그 같은 바람에 복종할 수도, 복종하지 않을 수도 있지만 민주주의에도 그와 같은 불확실성은 존재한다. 분명한 점은 (이 책의 두 번째 장에서 길게 논했듯이) 민주주의 체제에서 다수는 소수도 언젠가는 다수가 될 수 있도록 길을 열어두어야 한다는 것이다. 유권자의 51퍼센트가 모든 이의 정치적 기본권을 폐지하겠다고 결정하는 것은 애초에 민주적이지 않다. 권위주의로의 전환이 유권자 만장일치로 통과되는 일이 일어날 때만이, 민주주의가 내재적인 모순을 지니고 있다는 주장이 힘을 얻을 수 있을 것이다(반면 군주나 독재자가 스스로 자리에서 물러나는 것은 전혀 모순적이지 않다). 하지만 그런 식으로 민주주의가 권위주의로 전환된 사례는 단 한 번도 없었다.

전투적 민주주의를 비판적인 시각으로 보는 이들은 민주주의에 특별한 보호 장치가 필요하다는 주장에 동의하지 않는다. 이들은 체제 수호에 필요한 정치적 기본권을 제한하는 민주주의는 이미 민주주의가 아니며, 민주주의를 구하려는 바로 그 노력이 오히려 민주주의를 해할 것이라고 주장한다. 정치적 다원주의를 명분 삼아 정치적 다원주의를 축소하는 것은 말이 안 되며, 불로써 불에 맞서다가는 민주주의라는 집 전체가 다 타서 없어진다는 것이다.

한스 켈젠은 또 다른 비유를 사용해, 일관성 있는 민주주의자라면 민주주의를 폐지하자는 다수의 바람을 받아들여야 한다고 주장한다. 1932년 그는 "배가 침몰하고 있어도 깃발에 충성해야 한다"며, "대중 지배는 국민의 뜻에 반해 유지될 수 없고, 민주주의에 찬성하는 사람이라면 민주주의를 구하기 위해 독재에 손을 뻗는다는 치명적인 모순에 빠져서는 안 된다"고 말했다.

어쩌면 독재가 유일한 선택지는 아닐지도 모른다. 권리를 제한하는 문제는 일반적으로 법원의 판단에 달려 있는데, 법원이 정치적 절차에 관여하다가는 법원의 정당성 자체가 훼손될 수 있기 때문에 권리의 제한과 관련된 판단은 매우 조심스럽게 이루어진다. 이유는 명확하다. 법원은 민주주의 게임의 규칙을 보호하는 공정한 수호자로 여겨지기 때문이다.[52] 현실에서 법원이 정치 위에 존재하는 경우는 거의 없으며 장기적으로 여론의 변화에 발을 맞춘다는 사실은 전투적 민주주의에서 법원이 중간 행위자로 기능한다고 보는 사람들도 인정할 것이다. 그러나 이들은 동시에 사법부가 그 모든 결점에도 불구하고 정당처럼 비뚤어진 의도, 즉 민주주의 게임에서 다른 플레이어를 제거하겠다는 생각 따위는 갖고 있지 않으며, 법원에는 유권자의 환심을 사기 위해 취약한 소수자나 인기 없는 정치적 견해를 공격할 이유도 없다고 주장할 것이다.

　　1950년 "호주의 안보와 국방, 영연방의 헌법 및 법률 실행과 유지에 필요하다"는 이유로 발의되었던 호주 공산당 해체법을 떠올려보자.[53] 이 법안은 여론 조사에서 80퍼센트 이상의 압도적인 지지를 받았지만 결국 고등법원에서 무효화되었다. 법원 판결의 주요 근거는 이 같은 입법이 의회의 권한을 넘어섰다는 것이었는데, 전투적 민주주의의 핵심적인 모순에 대한 일반적인 경고도 다음과 같이 담고 있었다. "고대뿐만 아니라 역사 전반에 걸쳐 민주주의 제도가 위헌적인 억압을 받은 국가에서는 그 억압이 집행권을 가진 자들에 의해 가해진 일이 많았다. 제도 내부에서 생겨날 수 있는 위험으로부터 정부를 보호할 필요가 있을 수 있다."[54]

　　그러나 여러 전투적 민주주의 체제하의 정당은 실제로 일종의 동료 평가 같은 과정 속에서 중요한 역할을 했다. 독일이 전형적인 사례다. 민주주의 수호를 명분 삼아 정당을 금지할 수 있는 주체는 정부와 의회, 또는 주 정부인데 이 기구들 역시 정당들로 구성된다. 헌법재판소는 단독으로 정당을 조사하거나 불법화할 수 없다. 이는 전투적 민주주의의 기본적인 구조와 관계된다. 독일 기본법의 관련 조항에 따르면 헌법에 위협이 되는 정당은 금지될 수 있지만, 반드시 금지되어야 하는 것은 아니다. 따라서, 이를테면 전문가로 구성된 독립 위원회나 특검처럼 정당 정치에서 완전히 분리된 채 정당을 조사할 수 있는 행위자는 없다. 실질적으로는 민주주의를 해친다는 혐의를 받는 동료 정당이 자신과 충분히 비슷한지 아닌지를 정당더러 판단하라고 요구하게 되는 것이다. 정당은 과연 기본적인 민주주의 원칙에 따른 합의를 지지하는가? 앞서 카르텔 정당이라고 묘사한 정당들이 이런 시스템을 악용하거나 정당 정치에 진입한 골칫거리 신입을 괴롭히는 사태도 일어날 수 있다.

정당이 전투적 민주주의를 악용하지 않는 여러 이유 중 명확한 건 바로 대중의 눈에 비친 자신의 입지를 생각해야 하기 때문이다. 정당이 이미 너무 커져버려 불법화할 수 없을 때만이 아니다(그런 경우 정당 해산 조치는 내전의 서막이 될 것이다). 작은 정당을 자주 해산시키면 시민의 눈에는 정치 제도에서 경쟁을 없애려는 시도, 다원주의를 수호하겠답시고 다원주의를 축소하려는 조직적인 시도로 비칠 수 있다. 기존 정당이 나쁜 의도로 행동하지 않더라도, 시민들은 이들이 더 이상 투표소에서 경쟁자를 물리칠 자신이 없어 저런다는 인상을 받을 수도 있고, 그 결과 민주주의 시스템 전반에 대한 시민의 지지가 약해질 수도 있다. 권리 제한을 통해 민주주의를 수호하는 건 일종의 패배주의처럼 보일 수 있다. 즉 기존 정당은 신규 정당이 정치 시스템을 장악하게 될 것이라고 확신한 나머지 탄압이라는 대응밖에는 생각하지 못한다는 것이다. 그리고 이 같은 패배주의적 결론은 시민들 사이에서 전염성을 갖게 될 수 있다. 특히 (터키에서 법치를 훼손하려 했다는 이유로 복지당이 해산된 이후 순교자 역할을 완벽하게 소화해낸 에르도안처럼) 금지당한 행위자가 스스로를 정치적 희생양으로 포장하는 일에 능하다면 문제는 더욱 악화된다. 그가 (정의개발당이라는 이름으로 화려하게 컴백한 에르도안처럼) 새로운 당명을 내걸고 다시 선거판으로 돌아올 방법을 찾는다면 문제가 더 커진다.

체제에 위협이 될 수 있는 모든 정당을 곧장 해산시키는 대신, 일종의 정당 동료 평가 같은 분별 방식이 더 낫다고 생각할 수도 있겠다.[55] 문제의 기미가 보이는 모든 결사를 즉시 조사하는 대신, 정당이 어떻게 발전해가는지 지켜보면서 체제에 얼마나 큰 위협이 되는지를 판단하자는 것이다. 미국을 비롯한 여러 국가의 탄핵 절차에는 이미 어느 정도의 신중함이 제도적으로 내장되어 있다. 탄핵을 할 의무라는 것은 없고, 대통령이 "중대 범죄 및 경범죄"를 저질렀는지, 대통령 또는 전 대통령이 미래에 공화국을 위험에 처하게 할 것이라고 판단할 만한 행동의 패턴이 있는지는 판사가 아닌 다른 정치인들이 판단한다.[56]

중도에 대한 인센티브도 제공할 수 있을 것이다. 민주주의 정당은 극좌 또는 극우 정당으로 인식되는 정당과 연정을 구축하는 데 필요한 선제 조건들을 미리 만들어놓을 수 있다. 기준 일람표를 만든 오스트리아의 사회민주당이 좋은 사례다. 사회민주당은 이 목록에 명시된 기준을 충족하기만 하면 어떤 정당과도 연정 가능성을 논할 수 있다고 선언했다. 극우 포퓰리스트 정당인 자유당을 중도로 끌어오려는 의도가 읽히는 조치였다(결국에 자유당은 기독민주당과 함께 연정에 참여하게 되었는데, 그 과정에서 딱히 어떤 기준을 충족해야 했던 것은 아니었다).

그렇다면 정당을 해산시키는 데 필요한 적절한 기준이라는 것이 존재하기는 할까? 가장 그럴듯한 답변은 대략 다음과 같다. 자유롭고 평등한 존재로서 체제 구성원의 입지를 체계적으로 부정하는 정치적 결사는 금지의 대상이 된다.[57] 정당은 개인과 다르다. 개인이 사회적 제재 이외에 다른 처벌을 받아야 하느냐고 묻는다면 합리적인 사람은 동의하지 않을 것이다.[58] 누군가가 발언대에 올라서 또는 트위터에서 다른 이를 폄하하는 것과, 정권을 목표로 하는 정당을 설립해 그러한 뜻을 실행에 옮기는 것은 전혀 다른 문제다. 이 책의 1장과 2장에서 다룬 경계, 즉 '국민' 개념을 둘러싼 갈등에서 타협할 수 없는 선이 바로 여기다. 동료 시민에 대한 구조적이고 체계적인 폄하의 위험성은 정당 설립에만 있는 것이 아니다. 노스다코타주의 작은 마을 리스Leith에 땅을 조금씩 사서 인종적으로 순수한 마을을 만들고자 했던 백인우월주의자들을 떠올려보자.[59] 미국 국가사회주의 운동의 지도자가 마을을 방문하자 다른 지역에 사는 사람들까지 몰려와 항의했고, 결국 나치 정치의 전조 같았던 이 프로젝트의 기획자는 마을을 위협한 혐의로 기소되었다. 하지만 여기서 끝이 아니었다. 리스의 시장이 앞으로도 인구가 줄어들 이 마을을 누군가가 장악하려 들까 우려한 나머지, 시 정부를 해체해버린 것이다.

　이 일화는 민주주의에 대한 위협이 실제로 어디서 오는지를 판단하기가 얼마나 어려운지를 보여준다. 미국에서든 2013년 네오나치당 해산 시도가 있었던 독일에서든, 공개적으로 인종차별주의를 내세우는 정당이 연방 정부를 장악할 가능성은 현실적으로 거의 없다. 독일 헌법재판소가 네오나치당을 "헌법에 능동적으로 적대적"이라면서도, 해산을 명하기에는 민주주의 전반에 미치는 위험이 미미하다고 판단한 이유다(동시에 네오나치당에 대한 공적 자금 지원 금지 가능성은 열어놓았는데, 그렇다면 또 하나의 흥미로운 문제를 제기할 수 있다. 앞서 설명한 정치 바우처 제도하에서 이런 정당도 바우처를 받을 수 있도록 해야 할까?).

중앙 정부 장악 가능성이 낮다 해도, 작은 정당이 지역 차원에서 주민을 괴롭히면 어떻게 해야 할까? 국가적인 차원에서 문제가 되지 않는다고 해서 아무런 대응도 하지 않는다면 시민들은 민주주의 국가가 '이런 것도 다 용인한다'는 메시지를 받게 될 것이다. 물론 국가가 반민주주의자의 권리를 제한하지 않고 말로 대응할 수도 있다. 침묵이나 금지, 샬러츠빌에서 벌어진 사태2017년 8월 버지니아주 샬러츠빌에서 일어난 백인우월주의 극우 단체들의 폭력 시위를 일컫는다―옮긴이에 대해 "양쪽에 모두 훌륭한 시민들"이 있었음을 강조했던 트럼프 대통령의 양쪽주의 both-sides-ism 외에도 다양한 선택지가 있다. 정부가 마틴 루서 킹 추모 행사와 6월 19일 노예해방기념일 행사에 참여하거나, 시민 교육을 강회히고, 포용에 대한 공식적인 메시지를 내놓을 수도 있을 것이다.[60] 그러나 적어도 정당 금지가 법적으로 허용된 국가에서는, 공식적인 반대 메시지의 대상이 된 정당이 '우리가 그렇게 나쁘면 해산시키지 그러냐, 해산시키지도 않을 거면서 공권력을 이용해 시민들 보라고 우리를 나쁜 놈 만드는 것은 공정한 정치적 경쟁 기회를 빼앗아 가는 차별 아니냐'는 식으로 정부의 위선을 비난하고 나서는 사태가 벌어질 수 있다.

이는 시나리오가 아니라 실제 상황이다. 그러나 이런 문제가 과거, 즉 20세기의 전장이라고 생각하는 이도 있을 것이다. 전투적 민주주의를 고안해낸 이론가들은 이런 정당들이 시민의 기본권을 해치고자 하는 희망을 공개적으로 내보일 것이라고 생각했다. 하지만 오늘날 그런 정당은 거의 없다. 바이마르 시대와는 다르다. 물론 우익 포퓰리스트들이 일부 시민은 '진짜 국민'이 아니라는 뉘앙스를 풍기기는 하지만, 이들조차 조심스럽게 말을 고른다(멕시코계 이민자들이 마약과 범죄를 미국에 들여온다며 맹비난하고서도 "일부는 좋은 사람들이 겠죠?"라고 덧붙인 트럼프를 떠올려보자). 오늘날의 민주주의가 마주한 위협은 스스로를 공개적으로 선포하지 않는다. 민주주의를 위협하는 것은 오히려 법원이나 관료주의 내부의 감시 기구, 선거 위원회와 같은 독립적인 민주주의 수호자에 대한 장악이나 정치 절차의 체계적인 재편이며, 제도화된 불확실성은 크게 줄어들었다.[61] 트럼프가 자기 행정부의 부패상을 노출시킬지 모르는 감찰관에게 실질적인 보복 조치를 감행한 일이나, 연방 선거 위원회라는 중요한 선거 감시 기구를 초당적으로 구성하는 전통을 깨고 공화당 다수로 만들어버렸던 일을 떠올려보자.[62]

이 책의 1장에서 논의한 과두 계급 엘리트의 영향력은 민주주의 게임을 조작하려는 시도의 원인이자 결과일 수 있다. 과두제는 원래 전투적 민주주의의 주요 타깃이 아니었으나 법원이나 옴부즈맨, 심지어는 정당도 그런 상황에서 아예 힘이 없지는 않다. 평범한 시민의 권리를 빼앗는 것이 정당화되는 경우는 거의 없지만, 과두 계급 엘리트처럼 강력한 행위자는 민주주의 게임의 규칙을 위반할 경우 게임 자체에서 배제될 수 있다. 베를루스코니나 트럼프가 단순히 일회성 실수를 한 것이 아니라 게임의 규칙을 훼손하는 지속적인 패턴을 보였음을 상기하자(트럼프가 결국 범죄 행위에 대한 증명이 필요 없는 정치적 조치인 탄핵을 맞이하게 된 것도 이 때문이다). 반대로 범죄 행위가 없었다면, 이 같은 인물이라도 게임에서 영구 퇴출하기에는 다소 무리가 따를 것이다. 앞서 길게 강조한 것처럼, 정치적으로 구제할 수 없는 사람은 없으며 누구나 마음을 바꿀 수 있다는 것이 민주주의의 기본 전제이기 때문이다. 베를루스코니는 오랫동안 정계에 몸담으면서 면책 특권을 누렸지만 결국은 세금 포탈 혐의로 기소되었고, 선고에 따라 지역사회 봉사를 마친 후 유럽 의회 선거에서 다시 당선될 수 있었다. 반면 트럼프는 의회 습격 사건 이후 전혀 반성의 기미를 보이지 않았고, 이는 정계 영구 퇴출 대상자에 더 걸맞은 모습이라 할 수 있다.

정치 과정을 보전하는 임무는 헌법재판소가 담당하는 경우가 많다. 실질적인 근거가 없어 보이는 법을 법원이 폐지할 때는, 국회가 반대 의견에 대한 검토 등 필요한 심의 과정을 제대로 밟지 않았기 때문에 법원이 이를 바로잡는 과정일 수 있다. 때로는 이런 제도적 장치를 통해 권력의 불균형을 직접적으로 해소할 수도 있다. 남아프리카공화국의 헌법재판소는 의회가 제이컵 주마 대통령의 부정부패를 문제 삼았을 때, 제도적으로 의회를 강화하는 조치를 취하기도 했다.

하지만 이런 경우는 원칙이라기보다 예외에 가까운 듯하다. 주마 대통령을 완전히 무너뜨린 것은 자신이 속한 아프리카 민족회의 당원들의 탈당 사태였다(물론 주마의 너무나 노골적인 부정부패가 탈당 사태에 부분적으로 기여한 것도 사실이다). 독재자 지망생들도 이제는 절차를 따르고, 형식적으로 멀쩡해 보이는 법을 만드는 일에 매우 능숙해졌다(심지어는 스칸디나비아 국가들처럼 나무랄 데 없는 민주주의 국가의 법과 제도를 모델로 삼기도 한다).[63] 하지만 이들의 의도는 결국 정치 게임에서 불확실성을 없애는 것이다. 이런 전략은 여론의 반대가 있을 때도 성공을 거둘 수 있다. '법과 정의'당이 폴란드의 헌법재판소, 나아가 대법원을 장악하려 했을 때 시민들은 거리로 뛰쳐나와 재판소 벽에 "우리의 법원"이라는 글자를 프로젝터로 쏘면서 항의했다. 시위대는 쇼팽의 피아노 곡을 틀고, 국가와 함께 헌법 조항을 노래로 만들어 부르기도 했다.[64] 인도에서는 모디 총리의 시민권법 개정안에 항의하는 시위대가 헌법 전문을 읽는 영상을 찍어 트위터와 유튜브, 틱톡으로 퍼 날랐다. 그러나 헌법 조항을 가사로 쓴 노래도, '틱톡에 헌법 올리기'도 별 소용이 없었다(적어도 이 글을 쓰고 있는 시점에는 그런 것 같다).[65]

여기까지 오면 시민조차 민주주의를 구할 수 없는데 누가 민주주의를 지킬 수 있을까 싶다. 하지만 '보통 시민'들에 대한 희망을 너무 빨리 접은 것이 아닌가 다시 한번 생각해봐야 한다.

모든 것이 실패한다면? 답은 민주적 불복종이다

시민은 물론이고 트위터 같은 민간 기업도 언제든지 전업 정치인이 해야 할 일을 일부 나서서 할 수 있다. 권위주의 포퓰리스트가 국민 개념에 대한 토론에서 정해진 경계를 지키도록 하는 일, 적어도 지켜보는 이들에게 민주주의에서 반反다원주의가 얼마나 위험한지를 알리는 일 등이 이에 해당한다. 단단히 고립되어 있는 우익 미디어 생태계의 벽이 아무리 높다 해도, 이른바 '보통 사람'들은 길 위에서, 광장에서, 심지어는 집 안에서 다른 시민과 직접 소통할 방법을 찾을 수 있을지 모른다. 물론 소통에 대해 지나친 환상은 곤란하다. 편견의 대상을 직접 만나보면 생각이 바뀔 가능성이 높다는 접촉 가설에 대해 사회학자들이 회의적인 시각을 고수해왔음을 기억하자.

더 극적인 행동이라면 어떨까? 권위주의가 전 세계적으로 부상하고 있는 상황에서 세계 각지, 특히 미국에서는 '저항'에 대한 이야기가 많이 나오고 있다(물론 '저항 키치'라고밖에는 부를 수 없는 유행이 함께 퍼지고 있는 것도 사실이다). '저항'은 광범위한 용어다. 야당 후보자가 정치력을 모으는 일상적 활동부터, 나치 점령지에서 사람들이 목숨을 걸고 펼쳤던 지하 저항운동까지를 모두 아우르는 개념이다(저항이 좌파의 전유물이 아니라는 점은 말할 필요도 없다).[66]

가능한 한 많은 시민에게 어필하고 싶을 때 모호함은 도움이 될 수도 있다. 하지만 모호함은 자신들이 무엇을 하고 있는지, 또 궁극적으로 무엇을 얻으려고 하는지에 대한 개념을 다소 흐리게 보이게도 한다. '저항'을 대체할 더욱 명확한 개념은 시민 불복종일 것이다. 이론상 시민 불복종은 권위주의 포퓰리스트에 맞서는 효과적인 무기가 될 수 있다.[67] 그러나 강력한 장애물이 두 가지 있다. 하나는 널리 퍼져 있는 시민 불복종에 대한 오해이고, 다른 하나는 구조적인 변화와 관련된 훨씬 더 심각한 문제로, 왜곡된 공론장이 정치적 저항의 가능성에도 영향을 미칠 수 있다는 점이다. 이 책에서 계속해서 이야기했지만 속 시원한 답을 찾지 못한 문제이기도 하다.

시민 불복종의 고전적인 정의는 1970년대 초 미국의 철학자 존 롤스가 정립했다. 시민 불복종은 공공연한 법 위반을 의미했다. 당연히 모든 법 위반이 시민 불복종에 해당하는 것은 아니다. 양심에 따른 비폭력적인 행위여야 하며, 무엇보다도 법이 기본권의 침해와 같은 심각한 불의를 낳고 있으므로 반드시 바뀌어야 한다는 점을 동료 시민들에게 설득하려는 목적이 있어야 한다. 롤스는 또한 시민 불복종에 나서는 이들이 법 위반에 대한 처벌을 받아들여야 한다고 생각했다. 사회와 제도가 "거의 정의로운" 상태여야 한다는 조건을 조심스럽게 덧붙이기는 했지만, 일단은 정해진 법을 충실하게 따르는 모습을 능동적으로 보여주어야 한다는 취지였다.

오늘날엔, 법 위반에 해당하지 않는 시위마저도 '시민답지 못한' 행위, 또 이미 양극화된 사회에서 분열을 부추기는 행위로 종종 비판을 받는다. 2018년 가을, 미국 대법관 후보 브렛 캐버노의 청문회장 안팎에서 정치인들과 마주했던 시민들은 '폭도'라는 비난을 듣기도 했다. BLM 운동 역시 지나치게 공격적이고 분열을 조장한다는 비판에 직면했다. 부다페스트에서 반정부 집회를 주도한 시끄러운 시위대에게는 '리버럴 무정부주의자'라는 딱지가 붙었다.

시민 불복종을 공손함이나 품위의 결여 따위로 혼동하는 것은 위험하다. 제대로 실행한 시민 불복종은 "법 앞에 가장 높은 존경을 표하는 것"이라던 마틴 루서 킹 주니어의 말을 존 롤스도 그대로 따랐다. 다시 말해 법을 어기더라도 법 아래 깔려 있는 정의의 원칙에 호소해야 하며, 차후 동료 시민과의 협력 가능성을 아예 차단해버리는 방식이어서는 안 된다는 뜻이다. 마틴 루서 킹은 법을 "애정 어린 마음으로 어겨야 한다"고 표현하기도 했다.

물론 '애정'이라는 표현이 들어갔다고 해서 의지가 여리다거나, 불복종이 대립각을 세우지 말아야 한다거나, 법 위반 행위가 누구의 신경도 거스르지 말아야 한다는 뜻은 결코 아니었다. 오히려 명백한 불의 앞에서 화를 내지 않는다면, 지켜보는 사람은 화낼 일이 없다는 잘못된 인상을 받게 될 것이다. 분노는 이성을 넘어선 격렬한 열의가 아니라, 내가 민주주의 사회에서 불공정한 대우를 받고 있으며 구조적으로 발언권을 부정당하고 있다는 이성적인 판단을 기반으로 한 감정이다.[68]

미국 민권운동사에서 불편한 부분을 지워낸 감상적인 버전은 1950년대와 1960년대에 자유와 평등이라는 범미국적인 정치적 이상이 백인들의 마음을 돌리고 인종 분리를 철폐하기에 충분했다고 말한다. 하지만 실제로 민권운동은 매우 전략적인 방식에 따라 경찰 및 백인우월주의자들과의 대립을 목표로 삼았고, 이런 대립이 폭력 사태로 이어질 수 있음을 잘 인식하고 있었다. 충돌은 백인의 잔혹성을 잘 보여주는 장면을 낳았고, 이를 통해 적어도 일부 시민이 그간 무조건 정당하다고 믿어온 짐 크로 법19세기 말부터 미국 남부 주에서 시행한 인종 차별 및 분리 정책. 1965년에 폐지되었다―옮긴이이나 법과 질서 전반에 대해 다시 생각해볼 기회를 갖게 되었다.

사회학자 에리카 체노웨스와 마리아 스테판의 주장대로, 비폭력적이지만 거칠고 대립적인 전략은 높은 성공률을 보여왔다. 100여 년의 역사를 돌아본 체노웨스와 스테판의 연구에 따르면, 이들이 "시민 저항civil resistance"이라고 표현한 시민 불복종은 폭력적인 방식에 비해 목적을 달성한 비율이 두 배가량 높았다. 이들의 데이터를 살펴보면 인구 중 단 3.5퍼센트만이 시민 불복종에 참여해도 근본적인 정치 변화를 가져오기에 충분했다.[69]

그러나 미국 민권운동의 실제 역사는 동시에 우리 세대의 새로운 문제를 상기시킨다. 롤스와 킹을 비롯한 시민 불복종 운동가들은 정의라는 원칙에 대한 호소가 큰 왜곡 없이 시민 다수의 마음을 움직일 수 있다고 믿었다. 하지만 이 책에서 길게 논한 여러 국가의 사례를 보면, 오늘날의 대중은 너무나 분열되어 있어서 킹이 한때 이야기한 하나의 "국가적 의견"이라는 것은 존재하지 않는다고 해도 과언이 아니다. 롤스가 말한 "대중의 정의감"이라는 게 대체 무엇인지도 그다지 분명하지 않다. 포퓰리즘-권위주의 통치 기술이 이미 발휘되는 곳에서는 정의에 대한 호소도 침묵당하거나, 혹은 더 높은 확률로 왜곡되거나 열외로 취급될 것이고, 더 거칠게 말하자면 "구역 전체에 똥칠을 해버리자"던 스티브 배넌의 표현대로 '정보의 똥통'에 묻혀버리고 말 것이다.[70]

그렇다면 시민 불복종을 실천에 옮기고자 하는 사람들이 얻을 수 있는 교훈은 무엇일까? 우선 체면이라는 함정에 빠져서는 안 된다는 것이다. 통제된 범법 행위, 일반적인 규칙을 무시하는 행위는 무정부 상태와 다르다. 헝가리에서 야당 정치인들이 의사 진행을 막기 위해 연단으로 올라가는 통로를 막아버렸을 때, 이들의 행동은 쿠데타 시도라는 비난을 받았다.[71] 이들이 원했던 것은 이미 정부에 유리하게 절차를 무시하고 규칙을 왜곡하는 의회가 더 이상 정당한 법을 통과시키는 입법 기관이 아님을 주장하는 것이었다. 특정한 사안에 대해 반대 의사를 표현한 것이라기보다, 민주주의 절차상의 근본적인 문제점을 지적하고자 한 것이었다.[72] 실제로 이런 행위는 전투적 민주주의의 실천으로 해석할 수 있다. 불확실성을 보장하기 위해 만들어진 제도가 망가졌을 때 개입하는 행위, 소로의 표현에 따르면 "기계를 멈추기 위해 역방향으로 마찰력을 발생시키는" 행위이기 때문이다. 이런 종류의 저항은 당연히 위험성이 크다. 패배를 받아들이지 못하는 패자로 비칠 가능성이 언제나 존재하기 때문이다. 그러나 독일을 포함한 여러 나라의 헌법은 이와 같은 행위를 명시적으로 독려하고 있다. 이들 헌법에는 민주주의 수호라는 명분하에 다른 모든 방법이 실패로 돌아갔을 때 마지막 시도로서 저항할 권리가 포함되어 있다.[73]

불복종 운동을 실행에 옮기기 위해서는 분열된 공론장, 더 거칠게 표현하자면 매우 오염된 공론장이라는 구조적인 문제를 해결해야 한다. 때로는 장애물을 피해 갈 수도 있을 것이다. 혁명이 TV로 중계되지 않는다고 해도, 라이브 스트리밍으로 불복종 운동을 널리 알리고 왜곡되지 않은 시각을 가진 시청자를 찾을 수 있다. 2020년 미국에서 경찰 폭력에 반대하는 시위가 벌어졌을 때 활약한 독립 미디어 그룹 '유니콘 라이엇Unicorn Riot'이나 2020년 벨라루스에서 일어난 반루카셴코 시위에서 사용된 텔레그램 채널 '넥스타Nexta'를 예로 들 수 있겠다. 하지만 둘러 가는 길이 항상 있는 것은 아니다. 그렇기 때문에 매개 기구에 대해 논의할 수밖에 없었던 것이다. 매개 기구가 접근성과 자율성을 잃고 사회 구성원의 평가를 받지 않게 되면, 분열과 방해 시도는 성공을 거둘 가능성이 높아진다. 악순환이 자리 잡게 되는 것이다.

이러한 난점은 왜 법을 어겨야 하는가에 대한 질문을 불러일으키기도 한다. 그저 대중의 이목을 끄는 것이 목적이라면 다른 방법도 얼마든지 있다. "우리는 생각보다 많다"라는 슬로건을 앞세운 극우 세력에 대항하는 집회를 연다고 가정해보자.[74] 집회의 신뢰도를 높이고 민주적 절차의 문제를 바로잡는 것이 시급함을 알리는 것이 목적이라면,

내가 법을 어겨서 감옥에 갈 각오를 했다는 이유만으로 나의 의견에 딱히 동의하지 않는 다수의 마음이 움직일지는 분명치 않다.

민주주의적 불복종을 행하려는 이들, 즉 기본권의 침해 문제보다는 정치 과정이 교착 상태에 빠졌거나 고의로 차단되어 있는 상황을 지적하고자 나서는 사람에게는 특별히 더 어려운 과제가 있다. 예를 들어 민주주의 국가가 전쟁을 선포하거나 청년을 징집하는 데는 동의하지만 베트남 전쟁이 제대로 된 토론이나 승인 없이 시작된 것이 문제라고 주장하는 시위대를 떠올려보자. 민주주의의 인프라가 형편없이 망가진 상태에선 이런 식의 교착 상태가 일어날 가능성이 더 크다. 카르텔 정당들이 사회와 담을 쌓는 방식을 떠올려보자.

민주적 절차의 수호자들은 자신이 어떤 조건하에서 실질적인 정책 문제에 대한 패배를 수용할 수 있는지, 나아가 민주적 절차에 대한 지적이 다른 시민들의 공감을 사지 못한 것을 인정할 수 있을지를 자문해봐야 한다. 내가 선호하는 입법안이 통과되지 못했다는 사실은 불복종의 충분한 근거가 될 수 없다. 정치 과정의 구조적인 왜곡과 시민들의 적절한 참여 부족으로 인해, 패자가 정치적인 결과에 동의할 수도 없고 이번 결정을 내린 집단적인 과정에 자신이 간접적으로나마 참여했다는 사실도 인정할 수 없다는 점에 대해 충분한 설명이 필요하다.[75] 정치 체제의 단합을 유지한다는 명분으로 늘 같은 사람들이 희생하고 있다면 무언가가 잘못된 것일 가능성이 크다. BLM 운동을 두고 "너네 할아버지 시절의 민권운동"이 아니라는 말이 나왔는데 이는 미국이 다른 국가와 비교했을 때 매우 선진적인 차별금지법을 보유하고 있음에도 구조적 인종 차별이 여전히 명백하게 남아 있다는 사실을 강조하기 위한 것이었다.

바로 이 지점에서, 법 위반은 아니면서 보는 사람들의 마음을 바꾸겠다는 목표를 가진, 명백히 점잖지 못한 형태의 대립에 해당하는 회색 지대가 발생한다. 여기서 대립은 물론 권위주의적 포퓰리즘을 확산시키거나 유지하려는 세력과 이에 저항하는 시민 간의 대립이다. 트럼프 행정부의 고위급 인사들이 식당에서 서비스를 거부당했던 일이나, 활동가들이 폭스뉴스 앵커 터커 칼슨의 집으로 몰려가(당사자는 집에 없었지만 가족들이 있었다) "당신이 밤에 어디서 자는지 알고 있다"는 구호를 외치며 항의했던 사건을 떠올려보자.[76] 시민들이 영국 보리스 존슨 총리의 특별 자문위원 도미닉 커밍스의 집 앞으로 몰려가 커밍스가 스스로 만든 방역 수칙을 어겼다고 항의한 사건도 비슷한 경우다. 독일에서는 극우 정치인 알렉산더 가울란트가 수영을 하다가 옷을 도둑맞아 수영복 차림으로 집까지 걸어가는 사진이 퍼진 적이 있다. 옷을 훔쳐간 도둑은 "나치는 수영도 하지 마라!"라고 소리쳤다고 전해진다.

대립각을 세운다고 해서 그것이 반드시 정치 체제 내 다른 구성원의 입지를 존중하지 않는 행위인 건 아니다. 몇 가지 조건만 충족한다면 과격한 행동 자체에는 아무런 문제가 없다. 첫째, 대립각을 세우는 상대가 내가 문제 삼고자 하는 불의에 직접적으로 관계된 인물이어야 한다. 부수적으로 발생하는 피해는 정당화될 수 없다는 뜻이기도 하다. 즉 극우 메시지의 슈퍼 전파자와 같은 집에 산다는 이유로 어린아이에게 겁을 주는 행위는 존중받기 어렵다. 둘째, 대립은 실질적인 불의, 또는 민주적 절차상의 명백한 결함을 보여주는 것이어야 한다. 정치인에게 삿대질을 하고 소리를 지르는 건 아직은 나에게 동의하지 않을 다수에게 어필하기에 좋은 방법일 수도, 아닐 수도 있다. 밴드 푸시 라이엇이 모스크바 대성당에서 〈펑크 프레이어Punk Prayer〉를 부른 것은 푸틴의 독재를 정확히 겨눈 비판일 수도 있고 아닐 수도 있지만, 다수의 보통 사람들을 설득하는 효과는 크지 않았을 것이다. 77세 노인의 축 늘어진 속살이 노출된 사진을 소셜미디어에 올려 잔인하게 조롱하는 것은 내가 지적하고자 하는 불의와 직접적인 관계가 없다. 불복종이 정책에 대한 일상적 반대가 아니고 정치 체제의 가장 근본적인 부분에 대한 반대라면 '점잖지 못한 행동'도 용인될 수 있다. 달리 표현하자면 불복종은 이 책의 1장에서 정의한 "타협할 수 없는 경계", 즉 민주주의 사회 내 모든 구성원의 자유와 평등을 수호하는 행위일 때 가장 정당한 것이 된다. 이런 경우라면 진짜로 시민답지 못한 쪽은 소란을 일으키는 쪽이 아니라, 재킷에 넥타이까지 갖추고 점잖은 말투를 쓰더라도 시민 개념의 근간을 공격하는 쪽이 된다.[77]

전투적 민주주의는 불에 불로 맞설 것을 제안한다. 위험성이 크기는 하지만, 민주주의의 경계를 강화하기 위한 것이라면 정당화될 수 있다. 개인의 권리를 영구적으로 제한하거나, 누군가를 지속적으로 정치에서 배제하지는 않는다는 점에서 더욱 그렇다. 시민 개개인이 경계를 수호하기 위해 법에 불복종할 때, 이는 불에 불로 맞서는 행위로 인식되어야 한다. 그 과정에서 구경꾼의 집이나 자신의 집을 불태워버리지만 않는다면, 얼마든지 정당화될 수 있는 행위다.

결론　　　　　**(낙관주의는 아니지만)**
　　　　　　　　민주주의에 희망을 품는 다섯 가지 이유

전 세계적으로 수백만 명의 사람들이 자기 나라의 민주주의에 불만이 있는 것은 분명해 보인다. 하지만 이들이 사상으로서 민주주의 자체에 등을 돌린 것은 아니다. 밀레니얼 세대를 포함해, 민주주의에 실망했지만 그렇다고 아직 민주주의를 포기하지는 않은 이들은 민주주의에 마땅한 관심과 애정을 기울이지 않는다는 의심을 받아왔다.[1] 이것이 바로 아직 희망이 남아 있는 이유다. 시민들이 의회 같은 기구가 권위를 잃었다고 느꼈던 20세기와는 다른 점이기도 하다.

　이는 민주주의를 훼손하려는 의도를 가진 정당들과 단체들이 공개적으로 민주주의의 이상을 비난하지 못하는 단 하나의 이유이자, 권위주의자들이 민주주의인 척이라도 하기 위해 갖은 수단과 자원을 동원하는 이유다. 때로는 민주주의의 변형(이를테면 '반리버럴 민주주의' 같은), 심지어는 '자기통치'의 개선된 버전을 성공적으로 만들어냈다는 이들의 말을 시민이 믿어버리는 일도 발생한다. 실제로는 민주주의가 퇴보했거나 완전히 망가졌는데도 불구하고 시민들은 여전히 자신이 민주주의 사회에 살고 있다고 믿고 있는 것이다. 이 같은 위선은 우리에게 희망을 준다. 오늘날 권위주의 지도자들은 여전히 민주주의에 대한 립서비스를 아끼지 않는다. 그런다고 당장 그들의 입지가 흔들리는 것도 아니며, 그러는 게 다른 종류의 권위주의 아래서는 불가능한 돌파구를 만들어주는 것도 사실이기 때문이다.

　물론 여전히 불편한 진실이 많이 남아 있다. 권위주의 정치인을 지지하는 유권자라고 해서 모두 속고만 있는 것은 아니다. 때로는 그 나름의 트레이드오프를 고려하기도 하고, 당파적인 이익을 위해 민주주의에 적대적인 수사와 행동을 수용하기도 한다. 과두 지배 엘리트는 물론, 모두에게 제 나름의 이유가 있다는 것이 비극이다.

권위주의적 포퓰리스트가 정치적인 지형을 재편해 시민들이 저쪽 편에 붙는 것 말고는 다른 선택지가 없다고 느끼게 된다면 특히 문제다. 현재진행형인 문화 전쟁으로 인해 이런 인물들의 등장이 더욱 용이해졌다. 하지만 '문화'를 민주주의가 약화되고 있는 '이유'로 볼 수는 없다. 앞서 설명한 두 가지 '분리' 현상과, 더 넓은 의미에서 불공평의 심화가 진짜 범인이다. 가장 중요한 점은 정치가 만들어낸 것이 무엇이든 간에 정치인들이 이를 되돌릴 수 있다는 것이다. 양극화와 부족주의는 주어진 인간 본성이 아니지만, 갈등이 어떤 식으로 그려지고 싸움이 어떻게 일어나는지에 따라 모습을 드러낼 수 있다. 이것이 바로 희망의 세 번째 근거다.

민주주의는 평등과 자유에 기반을 둔다. 이 두 가지 원칙은 서로 갈등하는 관계다. 자유는 특히 자원의 불공평과 결합해 정치적 불평등을 고착화하거나 꾸준히 악화시키기도 한다. 그러나 동시에 자유가 없다면 이 같은 불평등에 맞서 싸울 방법도 없다.

민주주의는 동등한 권리를 의미하는 동시에 동등한 존중을 뜻한다. 봉건사회나 인종에 따른 계급이 존재하는 사회와 달리, 고개를 조아리거나 공포심을 갖지 않고 상대의 눈을 똑바로 바라볼 수 있는 삶이 누구에게나 똑같이 주어지는 체제다. 서로 존중한다고 해서 의견의 불일치가 존재하지 않는 것은 아니다. 얼마든지 서로 존중하면서 전혀 다른 의견을 가질 수 있다. 모든 의견 차이가 원칙에 대한 입장 차이는 아니며, 원칙에 대한 입장 차이가 있다고 해서 그것이 곧 상대의 시민성을 부정한다는 뜻도 아니다.

자유가 보장된 사회에서 갈등은 피할 수 없다. 갈등이 어떻게 다루어지는지가 관건이다. 패자 없는 민주주의는 존재할 수 없다. 정치 체제의 존속이라는 명분하에 사람들이 돌아가면서 희생하는 게임인지가 관건이다. 나의 정적이 옳을 수도 있다는 마음가짐이 존재하는 사회에서는 이것이 가능하다. 상대가 지금 있는 자리에 언젠가 내가 갈 수도 있다고 상상 가능한 사회에서는 이것이 한층 더 용이해진다.

민주주의에는 규칙이 필요하다. 규칙은 민주주의를 가능케 하는 동시에 제한하기 위한 것이다. 대의민주주의에서 규칙은 불확실성을 제도화한다. 불확실성을 제도화한다는 말이 영 불편하게 느껴질 수도 있다. 최대한 긴장감 넘치는 경기를 보고 싶어 하는 스포츠팬 정도를 제외하면, 도대체 누가 불확실성을 좋아한단 말인가(열렬한 스포츠팬이라도 어쩌면 우리 팀이 압도적으로 강해서 결국은 늘 승리가 보장되는 편을 선호하지 않을까)? 그러나 확실한 규칙을 기반으로 나오는 결과의 불확실성은 민주주의의 역동적이고 창의적인 면과 직결된다. 민주주의는 아이디어와 이해관계, 정체성에 대한 새로운 대표의 등장에 언제나 열려 있어야 한다. 민주주의는 가능성 안에서 존재한다.

이런 정치적인 작업을 누가 수행하게 될 가능성이 가장 높을까? 막스 베버는 정당을 "민주주의와 대중 선거권의 자식, 대중에게 구애하고 대중을 조직할 필요성의 자식"이라 불렀다(슬프게도 이 아이들은 정치적·법적 이론이라는 부모가 없는 고아이기도 했다). 이제는 이 아이들이 자라서 일부는 고령에 접어들었고 일부는 사망하기도 했지만,

새로운 세대 역시 등장했다. 대의민주주의를 언제나 그림자처럼 따라다닌 끈질긴 의심과 달리, 정당이 무조건 "분열적이고 정신을 분산시키는 위험한 존재"인 것은 아니다.[2] 정당은 여전히 개개인이 지닌 민주적 권리의 가치를 실현하고 집단적인 의견 불일치('누가 국민인가'와 같은 문제에 대한 의견 불일치를 포함해)의 문제를 해결할 수 있는 최선의 수단이다. 변화하는 정당 시스템이 반드시 민주주의의 위기를 보여주는 신호는 아니며, 새롭고 더 많은 행위자들이 무대에 오르게 되는 방향의 공론장 재편 역시 마찬가지다. "정당 없이 시민이 중심에 서는 하이퍼 민주주의"라는 (베페 그릴로의) 비전은 곧 전체적으로 더 이해하기 힘든 정치, 또는 잘 드러나지 않은 (베페 그릴로 같은) 특정 개인에 의한 지배를 의미할 것이다.

또한 정당은 이 책에서 다룬 두 가지 분리 현상에 대응할 수 있는 가장 그럴듯한 정치적 도구다. 포데모스 스타일로 더 직설적으로 설명하자면, 바닥에 있는 사람들을 동원해서 꼭대기에 있는 이들에게 맞서기에 정당만 한 도구가 없다는 뜻이다. "서로 다른 출신과 정체성을 가진 집단들에게 결속이 분열보다 더 중요함을 상기시켜줄 제도적·사회적·정치적 도구를 갖추는 데 모든 것이 달려 있다"는 토마 피케티의 주장대로다.[3] 물론 그렇게 되리라는 보장은 없지만, 적어도 일부 정당 시스템이 시민에게 새로운 도구와 새로운 선택지를 제공하고 있다는 사실은 희망의 신호라고 할 수 있다.

정당과 전문 언론은 대의민주주의에서 필수적인 기능을 다할 수 있도록 적절한 규제를 받아야 한다. 분열을 시각적으로 제시해 정치적 갈등의 판을 깔고, 안팎으로 다원주의를 실천하며, 정치의 시간표를 세우는 역할이다. 진입 장벽은 상대적으로 낮아야 한다. 동시에 그 과정에서 특정 시각을 배제하거나 일부 구성원에게 힘을 더 실어주게 되더라도 정당의 핵심적인 신념이나 전문가로서의 윤리를 지키려고 하는 것은 정당한 행위다.

매개 기구는 접근성이 높아야 하고, 정확하며 자율적이며, 평가 가능해야 하고, 따라서 책임을 질 수 있어야 한다. 당파성이 없어야 한다는 뜻은 아니다(정당의 경우에는 당연한 말이겠지만, 언론도 마찬가지다). 이들의 목표는 진실을 찾는 것이 아니라 시민들이 갈등에서 각자 다른 입장을 취할 수 있도록 하는 것이다. 팩트가 언제나 깨지기 쉬운 것이라 해도 그 과정은 팩트에 의해 가능해지고 또 팩트에 의해 제한되어야 한다. 오늘날 많은 이들이 소셜미디어가 민주주의를 망치고 있다고 한탄하나, 이 새로운 매개체가 시민들에게 전례 없는 접근성을 제공했다는 사실을 기억해야 한다. 다시 한번 강조하자면 문제는 사람들에게 있는 것이 아니라 나쁜 규제에 있다. 이렇게 말하면 유행에 어긋나는 것 같지만, 공론장에 대한 접근성이 좋아진 것은 역시 희망적인 신호다. 문제는 실질적인 독점이 깨질 수 있는지, 또 '바이럴성'과 '참여도'를 기반으로 삼지 않는 사업 모델이 다른 법적인 틀 속에서도 성공할 수 있을지 여부다. 페이스북처럼 소셜미디어 사업을 어쩌다 겸하게 된 감시 기업이 자체적인 감독 기구를 설치한 것은 다행스러운 일이다. 그러나 감독 기구를 설치만 해놓고 지금처럼 계속 무시한다면, 그것은 규제 수단이 아닌 기업 홍보라고 보아야 한다.[4] 대의민주주의는 언론이나 정당 같은 매개 권력이 시민을 위해 수행해야 하는 기능이 명확하게 알려져 있을 때 잘 돌아간다. 나아가, 기본적인 민주주의의 원칙에 의거해 매개 기구에 대한 규제책을 세우는 국가가 매개 기구의 기능을 법적으로 구체화해두었을 때 특히 잘 돌아간다.

지금까지 이 책에서 민주주의의 필수 인프라라고 칭한 정당과 언론이 어떤 국가에서는 매우 심각하게 망가진 상태다. 최선의 대응은 기본적인 민주주의의 원칙에 따라 규제하고, 시민에게 정당과 언론을 재정적으로 뒷받침할 수 있는 자원을 주어 직접 망가진 것을 고칠 수 있도록 하는 것이다. 스트레스와 혼란 속에서 시민들이 지속적으로 정치 인프라의 모양을 잡아가는 역할을 맡으려 할지는 알 수 없다. 이미 투표조차 하지 않는 사람이 많은 것도 현실이기 때문이다. 더 많은 자원, 정치 과정에 대한 더 많은 관심을 가진 이들은 당연히 자신의 영향력을 유지할 새로운 방법을 계속해서 생각해낼 것이다. 이 때문에 개혁에 회의적인 일부는 뉴턴의 운동의 법칙 비슷한 정치적 운동의 법칙을 이야기하며 절망하기도 한다. 물리학적 비유를 이어가자면, 정치 자금에도 수력학이 적용되어 한쪽에서 돈의 흐름을 막으면 돈은 어떻게든 다른 방향으로 흘러갈 곳을 찾는다는 것이다.[5]

클로드 르포르는 민주주의의 '끝이 열린' 절차에 대해 설명했다. 민주주의는 "무엇이 정당하고 무엇이 부당한가에 대한 토론의 정당성 위에 세워진 체제"이며 "토론에는 반드시 보증인(입회인)도, 끝도 없어야" 한다고 말이다.[6] 실제로 민주주의에는 어떠한 보장도, 미리 정해져 있는 목표도 없다("이제 민주주의는 완벽하게 실현되었어!"라고 말할 일은 없다는 뜻이다). 그러나 한계는 있다. 불확실성과 전반적인 자유의 행사는 두 가지의 타협할 수 없는 경계 안에 머물러야 한다. 정치 체제의 자유롭고 동등한 구성원으로서 동료 시민의 입지를 훼손할 자격은 누구에게도 없으며, 모든 사람은 자기 의견을 가질 수 있지만 누구도 자신만의 팩트를 가져서는 안 된다.

이런 경계를 강하게 주장하는 것이 정치를 규칙 준수나 선 긋기로 축소하자는 의미는 아니다. 때에 따라 규칙을 파괴하고 다시 만드는 것이 곧 민주주의적인 행동일 때가 있다. 민권 운동가 출신 고故 존 루이스 의원은 이를 두고 "좋은 말썽, 필요한 말썽"이라고 표현한 바 있다. 기존의 규칙이 정치적 자유와 평등이라는 핵심 요소에 위배될 때는 특히 그렇다. 정치 과정이 차단되어 있거나 망가져 있는 경우에는 명백히 민주적인 형태의 불복종 역시 정당화될 수 있다. 덧붙이자면, 불복종하는 이는 자신의 저항이 당파적 갈등에서 패배를 받아들이지 못하는 것과 어떻게 다른지를 제대로 설명할 수 있어야 한다. 이런 종류의 불복종이 가능하다는 사실(성공했다는 뜻은 아니지만) 역시 희망의 근거다.

현시점에 민주주의에 대해 낙관적이어야 할 이유는 딱히 없다. 민주주의의 수호자들이 위기 대응 매뉴얼을 펴내느라 분주히 움직이는 동안, 민주주의를 뒤집어 엎으려는 자들도 포퓰리즘-권위주의 통치 기술을 완벽하게 다듬기에 여념이 없다. 경험했다시피 이런 상황에서 법원이 반드시 우리를 구해줄 수 있는 것은 아니다. 다른 전문가들도 마찬가지다. 종국에는 결집한 시민만이 스스로를 구할 수 있다.

마틴 루서 킹 주니어의 가르침처럼, 낙관주의는 희망과 다르다. 전자가 확률에 대한 것이라면, 후자는 누군가가 그 길을 택할 가능성과 관계없이 그럼에도 불구하고 앞으로 나아갈 길을 찾는 것이다. 길이 존재하는 것은 분명하다. 나머지는 우리에게 달려 있다. 결국 민주주의는 개인에 대한 것이든, 기관에 관한 것이든 신뢰의 문제가 아니라 노력의 문제다. 이는 규칙 이면의 정신을 되살리기 위해 규칙 파괴자가 된 우리 시대의 인물 가운데 한 사람인 에드워드 스노든의 통찰이기도 하다.

주석

서문

1 라인하르트 코젤렉은 이렇게 썼다. "고대 그리스에서 위기는 법, 신학, 의학 부문에서 각각 구분되는 의미를 지녔다. 합법 또는 불법, 구원 또는 지옥, 삶 또는 죽음과 같이 명백한 대안을 요구하는 개념이었다." Reinhart Koselleck, "Krise", in *Geschichtliche Grundbegriffe: Historisches Lexikon zur politisch-sozialen Sprache in Deutschland*, ed. Otto Brunner et al. (Stuttgart: Klett-Cotta, 1982), 617.

2 세계적으로 아주 영향력 있는 철학자이지만 데모포비아 성향의 우파라고는 할 수 없는 찰스 테일러도 "많은 사람에게서 이슈를 파악하고 사안 간의 관계를 파악하는 능력이 감소하고 있다는 차원에서 유권자들의 하향평준화가 진행 중"이라는 진단을 망설임 없이 내린다. Charles Taylor, "Is Democracy Slipping Away?", items.ssrc.org/is-democracy-slipping-away/

3 이 부분에서 비율을 간과하기가 쉬운데, 도널드 트럼프를 공화당 대통령 후보로 선택한 사람은 미국 인구의 6퍼센트이고, 유권자 중 그를 대통령으로 뽑은 사람은 28퍼센트다.

4 다음을 참조할 것. Jonathan Rauch and Benjamin Wittes, "More Professionalism, Less Populism", *Center for Effective Public Management at Brookings*, May 2017, www.brookings.edu/wp-content/uploads/2017/05/more-professionalism-less-populism.pdf

5 Geert Corstens, *Understanding the Rule of Law*, trans. Annette Mils (Oxford: Hart, 2017), xx.

6 정치 분석, 특히 정치학의 학문적 접근은 늘 좀 더 확고하고 과학적으로 보이는 설명에 가려 뒷전으로 밀려나는 듯하다. 오랫동안 그런 역할을 대신 해온

학문은 경제학이었고, 이제는 심리학이 그 자리를 차지했다. 양극화에 대한 대응으로 '명상'을 든 경우로는 다음을 참조할 것. Ezra Klein, *Why We're Polarized* (New York: Avid Reader, 2020).

7 애덤 셰보르스키는 이에 대해 다음과 같이 건조하게 기술했다. "설문조사 답변을 가지고 민주주의의 안정성을 추론하는 것은 홍보용 쇼이지, 근거 있는 과학적 절차가 아니다." *Why Bother with Elections?* (Cambridge: Polity Press, 2018), 131.

8 이 모든 것이 새로운 현상은 아니다. 조지 오웰은 1946년에 이렇게 썼다. "우리가 어떤 나라를 민주적이라고 부를 때, 이는 칭찬의 뜻이라는 게 거의 보편적인 인식이다. 그렇기에 어떤 정권을 수호하는 이든 자신의 정권을 민주주의라고 주장하며, 민주주의가 어떤 한 가지만을 의미하게 되었을 때 더 이상 그 단어를 쓰지 못하게 될까 봐 두려워한다. 이런 종류의 단어는 종종 의식적으로 부정직하게 사용된다. 즉 그런 단어를 쓰는 사람이 자신만의 개인적인 정의를 따로 내리고 있으면서도 듣는 사람이 다른 뜻으로 해석하도록 놓아두는 것이다."

9 이탈리아 정도가 (복잡한) 예외가 되겠다.

10 다음의 훌륭한 책에서 수많은 근거를 확인할 수 있다. Nancy Bermeo, *Ordinary People in Extraordinary Times* (Princeton, N.J.: Princeton University Press, 2003).

11 또는 행정법에서 익숙한 구분을 따르자면 구체적인 규칙이 아닌 기준에 초점을 맞추자는 뜻이다.

12 Steven Levitsky and Daniel Ziblatt, *How Democracies Die* (New York: Crown, 2018).

13 제데다이아 퍼디는 이렇게 덧붙였다. "구체적인 이념이 아니라 안정적이고 초당적인 규범의 쇠퇴라는 차원에서 정치 발전의 분석이 가능하다는 생각 자체가 하나의 정치적인 입장이다." Jedediah Purdy, "Normcore", Dissent

(Summer 2018), www.dissentmagazine.org/article/normcore-trump-resistance-
books-crisis-of-democracy. 코리 로빈Corey Robin은 한발 더 나아가 민주주의가 곧
규범의 침식이라고 했다. 나는 그렇게까지 말하지는 않겠지만, 그 말에도 나름
의 진실이 담겨 있다.

14 같은 글.

15 Melissa Schwartzberg, *Counting the Many: The Origins and Limits of
Supermajority Rule* (New York: Cambridge University Press, 2013).

16 존 듀이는 다음과 같이 썼다. "이미 존재하는 같은 종류의 부품을 더 들
여오거나 다듬고 고쳐서 악을 구제할 수 있다는 의미라면, '더 많은 민주주의'
가 민주주의라는 병의 치료법이라는 고언은 옳지 않다. 그러나 특정 단계에서
는 그 개념 자체로 돌아가는 것, (…) 그 개념의 정치적 현현을 비판하거나 재건
하기 위해 개념 정의에 대한 우리의 감각을 활용할 필요가 있을 수도 있다. John
Dewey, *The Public and Its Problems* (1927; Athens: Ohio University Press, 1954), 144.

17 Christian Meier, *Die Entstehung des Politischen bei den Griechen* (Frankfurt
am Main: Suhrkamp, 1980); Melissa Schwarzberg, *Democracy and Legal Change*
(New York: Cambridge University Press, 2007). 철학자 레이먼드 저스는 다음과 같
이 썼다. "정말로 중요한 정치적 행동은 좋든 싫든 기존 규칙에 그저 순응하는
것도, 장인 정신으로 특정 문제에 대한 해결책을 찾기 위해 개입하는 것도 아닌,
기존의 규칙의 단순한 예시화로는 볼 수 없는 방식으로 상황을 바꾸는 행동이
다. (…) 이런 행동은 새로운 팩트를 만들어내고, 규칙을 위반하거나 무시하거
나 심지어는 바꾸기도 한다. (…) 이런 파괴적인 변화가 늘 최소한 하나의 가능
성이라는 사실이 정치에 특별한 성질을 부여한다." Raymond Geuss, *Politics and
the Imagination* (Princeton, N.J.: Princeton University Press, 2010), 41. 데이비드 그
레이버는 진정 자유롭고 잠재적으로 두려움을 불러일으키는 플레이와 규칙이
확실한 게임을 놓고 비슷한 대비를 보여준다. "모두가 규칙을 알고 모두가 규칙

에 따라 경기하는 세상, 나아가 규칙대로 경기하는 사람이 이기는 세상을 누군들 꿈꾸지 않겠는가? 문제는 그런 세상이 절대적으로 자유로운 플레이가 가능한 세상만큼이나 유토피아적인 환상이라는 점이다." David Graeber, *The Utopia of Rules: On Technology, Stupidity, and the Secret Joys of Bureaucracy* (Brooklyn, N.Y.: Melville House, 2015), 205. 이 같은 플레이와 게임의 대비는 다른 언어로는 거의 표현된 바가 없다.

1장 가짜 민주주의: 핑계없는 무덤은 없다

1 인도 정도를 예외라고 볼 수 있다. 인도의 민족의용단RSS은 조직적으로 폭력을 사용하는 대중 동원 세력이다.

2 이같이 상징적인 메시지는(실제로는 상징적이기는커녕 매우 실질적인 결과로 이어지지만) 린치 대 도널리 재판에서 샌드라 데이 오코너 대법관이 사용한 '승인endorsement' 개념과 조심스럽게 비교할 수 있다. 당시 판결문에 대법관은 "승인은 지지하지 않는 이들에겐 자신이 정치 공동체의 정회원이 아니라 외부인이라는 메시지를, 지지자들에겐 자신이 선호되는 구성원이자 내부인이라는 메시지를 준다"고 썼다. 어떤 사람을 열등한 존재로 대하고 소외하는 것은 종종 그 자체로 그들에 대한 부당한 대우가 정당함을 뒷받침하는 근거로 쓰일 수 있다.

3 트럼프의 포퓰리즘이 현장에서 어떤 의미였는지를 보여주는 예시는 다음 글에서 찾아볼 수 있다. Dylan Matthews, "Donald Trump, the Family Separation Crisis, and the Triumph of Cruelty", *Vox*, June 19, 2018, www.vox.com/2017/1/28/14425354/donald-trump-cruelty; Seth Harp, "I'm a Journalist but I Didn't Fully Realize the Terrible Power of U.S. Border Officials until They Violated My Rights and Privacy", *Intercept*, June 22, 2019, theintercept.

com/2019/06/22/cbp-border-searches-journalists/ A. C. Thompson, "Inside the Secret Border Patrol Facebook Group Where Agents Joke About Migrant Deaths and Post Sexist Memes", *ProPublica*, July 1, 2019, www.propublica.org/article/secret-border-patrol-facebook-group-agents-joke-about-migrant-deaths-post-sexist-memes

4 Larry Diamond, *Ill Winds: Saving Democracy from Russian Rage, Chinese Ambition, and American Complacency* (New York: Penguin, 2019), 106.

5 Kate Manne, "The Logic of Misogyny", *Boston Review*, July 11, 2016, bostonreview.net/forum/kate-manne-logic-misogyny

6 David Miller, *On Nationality* (Oxford: Oxford University Press, 1995).

7 Bálint Magyar, *Post-Communist Mafia State: The Case of Hungary* (Budapest: Central European University Press, 2016).

8 David Frum, *Trumpocracy* (New York: HarperCollins, 2018), 53에서 인용.

9 Ernst Fraenkel, *The Dual State: A Contribution to the Theory of Dictatorship*, trans. Edward Shils (New York: Oxford University Press, 2017.

10 Kim Lane Scheppele, "Hungary and the End of Politics", *Nation*, May 6, 2014.

11 댄 켈러멘Dan Kelemen과의 개인적인 대화에서 인용했다.

12 세계 각국의 지도자가 권위 있는 이름을 언급하는데, 이는 분명 그들의 정치적 성향에 대한 힌트가 될 수 있다. 비슷한 맥락에서, 특정 인물의 총체적인 세계관을 현실로 바꾸는 건 핵심으로 하지 않을지언정 지도자가 어떤 이름을 언급한다는 것 자체가 중요하다. 그렇다면 중요한 질문은 이것이다. 누구에게 보내는 신호인가? 그 신호를 받는 대상은 왜 중요한가? 철학적인 허세를 갖춘 열강 후보 선두주자 러시아에서는 특정 철학자의 이름을 언급하는 것이 실제로 정책의 근거를 설명하기 위한 게 아니라 열성적인 민족주의자와 군인 출신

정치인들을 만족시키기 위한 수단으로 보인다. 이 주제에 대해 기욤 소베와 이반 크라스테프와 대화를 나누며 많은 것을 배웠다.

13 Benjamin R. Teitelbaum, *War for Eternity: Inside Bannon's Far-Right Circle of Global Power Brokers* (New York: Dey Street Books, 2020).

14 Larry Bartels, "2016 Was an Ordinary Election, Not a Realignment", *Washington Post*, Nov. 10, 2016, www.washingtonpost.com/news/monkey-cage/wp/2016/11/10/2016-was-an-ordinary-election-not-a-realignment/

15 유권자들은 힐러리 클린턴의 남편이 대통령이던 시절부터 만들어진 길을 걸어 내려오다가 운명적인 지점에 도달했다. 뉴트 깅그리치는 공화당원들에게 민주당원에 대해 이야기할 때 다음과 같은 표현을 쓰라고 당부했다. "배신, 기괴, 부패, 파괴, 집어삼킨, 욕심, 거짓말, 한심, 극단적, 이기적, 수치, 역겨운, 훔친, 배신자". Lilliana Mason, *Uncivil Agreement: How Politics Became Our Identity* (Chicago: University of Chicago Press, 2018), 132.

16 이 문제에 대해서는 크리토발 로비라 칼트바서와의 토론에서 많은 것을 배웠다.

17 이 부분에 대해서는 킴 레인 셔펠과의 대화에서 많이 배웠다.

18 Kim Lane Scheppele, "The Party's Over", in *Constitutional Democracy in Crisis?*, ed. Mark A. Graber, Sanford Levinson, and Mark Tushnet (New York: Oxford University Press, 2018), 495–513.

19 미국인 세 명 중 한 명이 정치 때문에 친구를 잃었다는 것도 놀랄 일이 아니다. Roderick P. Hart, *Trump and Us* (New York: Cambridge University Press, 2020), 239.

20 Ivan Krastev, "The Fear of Shrinking Numbers", *Journal of Democracy* 31 (2020): 66–74.

21 Jérôme Fourquet, *L'archipel français: Naissance d'une nation multiple et* *divisée* (Paris: Seuil, 2019).

22 Ivan Krastev, *Ist heute schon morgen? Wie die Pandemie Europa verändern wird*, trans. Karin Schuler (Berlin: Ullstein, 2020).

23 기능적인 엘리트와 국가적 맥락 속 이들의 자기재생산에 대해서는 다음 책을 비롯한 미카엘 하트만의 저작들을 참조할 것. Michael Hartmann, *Die Abgehobenen: Wie die Eliten die Demokratie gefährden* (Frankfurt am Main: Campus, 2018).

24 이와 같은 맥락에서 생각할 수 있도록 도와준 이반 크라스테프에게 감사한다. 물론 기술 역시 그 나름의 역할을 한다. 두 차례의 세계대전 이후 영국 귀족들은 전장에서 죽어간 이들에게 부채감을 느꼈지만, 오늘날 무인 드론에게 감사하는 마음을 갖는 사람은 찾아보기 어렵다.

25 물론 그 반대도 사실인 것으로 드러났다. 트럼프가 장벽 이야기를 했을 때 그 벽은 말 그대로의 벽이었지만, 탄압받는 이들을 위해 뭔가를 하겠다는 약속을 했을 때는 진심이 아니었다.

26 Peter Thiel, "The Education of a Libertarian", *Cato Unbound*, April 13, 2009, www.cato-unbound.org/2009/04/13/peter-thiel/education-libertarian

27 Evan Osnos, "Doomsday Prep for the Super-rich", *New Yorker*, Jan. 30, 2017.

28 Emmanuel Saez and Gabriel Zucman, *The Triumph of Injustice: How the Rich Dodge Taxes and How to Make Them Pay* (New York: Norton, 2019), 77−78.

29 "Transcript: Trump's 'Winning, Winning, Winning' Speech", *Tampa Bay Times*, Feb. 24, 2016, www.tampabay.com/opinion/columns/transcript-trumps-winning-winning-winning-speech/2266681/

30 Jeffrey Winters, *Oligarchy* (New York: Cambridge University Press, 2011).

31 여기서 초부유층ultra-wealthy이 자원을 물려받은 집단인지, 아니면 대니얼 마코비츠가 묘사한, 오늘날 미국을 지배하고 있는 능력주의적이고 일하

는 부자들인지는 잠시 접어두도록 하자. 마코비츠는 "오늘날 미국 부자 10명 중 8명은 유산이나 거기서 나온 이자로 부를 얻은 것이 아니라 기업 활동 또는 경영 노동을 통해 얻은 보상으로 부를 일궜다"고 설명했다. Daniel Markovits, *Meritocracy Trap: How America's Foundational Myth Feeds Inequality, Dismantles the Middle Class, and Devours the Elite* (New York: Penguin Press, 2019), 89.

32 아리스토텔레스에게 어려운 문제는 과두 계급 엘리트와 귀족을 구분하는 것이었다. 부는 탐욕과 부패의 표식이기도 하지만, 덕성의 근거도 될 수 있었다. 고든 알렌의 탁월한 설명을 참조할 것. Gordon Arlen, "Aristotle and the Problem of Oligarchic Harm: Insights for Democracy", *European Journal of Political Theory* 18 (2019): 393-414.

33 Jacob S. Hacker and Paul Pierson, *Let Them Eat Tweets: How the Right Rules in an Age of Extreme Inequality* (New York: Simon & Schuster, 2020).

34 고대 아테네에서 부유층은 주로 기병대에, 역사가들이 "중산층"이라 부르는 집단은 보병대에 복무했고, 빈곤층은 주로 해군 소속으로 노를 저었다. 급진적 민주주의는 곧 노젓는 사람들이 의회에서 다수가 된다는 의미였다. Mogens Herman Hansen, *The Athenian Democracy in the Age of Demosthenes: Structure, Principles, and Ideology*, trans. J. A. Crook (Norman: University of Oklahoma Press, 1999), 126.

35 볼프강 메르켈은 이러한 현상을 묘사하기 위해 "3분의 2 사회"라는 용어를 만들었다. 하위 3분의 1은 사실상 정치적 삶에서 완전히 지워졌다는 의미다. 다음을 참조할 것. Brice Teinturier, "Plus rien à faire, plus rien à foutre", *La vraie crise de la démocratie* (Paris: Robert Laffont, 2017). 실증적인 근거를 보려면 다음을 참조할 것. Armin Schäfer and Hannah Schwender, "'Don't Play if You Can't Win': Does Economic Inequality Undermine Political Equality?", *European Political Science Review* 11 (2019): 395-413. 여기서는 다음과 같이 단호한 결론

을 내리고 있다. "가장 평등한 국가에서 불평등이 심한 국가순으로 보면 다른 조건이 모두 같을 때 투표율이 7~15퍼센트포인트까지 차이가 난다. 이는 투표의 무제의 효과와 비교할 만한 수치다. 제도적 변수가 다르지 않은 독일 내에서도, 상대적으로 빈곤한 지역의 투표율은 눈에 띄게 낮다. 끝으로, 불평등이 심한 국가에서는 모든 소득 집단의 투표율이 낮지만, 저소득층의 투표율은 특히 더 낮다는 점을 발견했다. 이러한 발견은 불평등이 정치 참여에 부정적인 영향을 미친다는 합리적 기권 이론을 명백히 뒷받침한다. 우리의 분석은 불평등이 심한 국가에서 투표하는 사람의 비율이 떨어진다는 것을 보여준다. 불평등이 심하면 '선거에 더 많은 것이 걸려 있기 때문에' 빈곤층이 정치에 더 많이 참여하게 된다는 주장에는 어떠한 실증적인 근거도 없다."

36 Claus Offe, "Participatory Inequality in the Austerity State: A Supply Side Approach", in *Politics in the Age of Austerity*, ed. Armin Schäfer and Wolfgang Streeck (Cambridge: Polity Press, 2013), 203. 토마 피케티도 탈퇴하거나 기권하는 사람을 인종차별주의자로 단정지을 수 없다고 덧붙였다. "만일 빈곤층이 진심으로 반이민 운동을 지지한다면, 이들의 투표율은 오늘날 정점을 찍어야 할 것이다. 이들의 투표율이 실제로는 매우 낮다는 것은 이들이 주어진 선택지에 만족하지 못하고 있음을 보여준다." *Capital and Ideology*, trans. Arthur Goldhammer (Cambridge, Mass.: Harvard University Press, 2020), 754.

37 Milan W. Svolik, "Polarization Versus Democracy", *Journal of Democracy* 30 (2019): 20–32. 밀란 W. 슬로빅은 여기서 다음과 같이 썼다. "차베스와 오르반, 에르도안의 정치적 감각은 정치적 전선을 사회적 분열이 존재하는 곳에 긋는 능력에서 온다. 이들이 처음 당선되었을 때는 희미하게 보이던 분열이지만, 일단 성공하고 나면 선거에서 지지자들은 당파적 이익과 민주주의적 원칙 사이에서 양자택일할 수밖에 없는 상황에 놓이게 된다." 유권자들이 지지정당 정치인들의 반민주적인 행동을 견제하기 위해 행동할 의지가 있는지에 대한 자세한

근거는 다음을 참조할 것. Matthew H. Graham and Milan W. Svolik, "Democracy in America? Partisanship, Polarization, and the Robustness of Support for Democracy in the United States", *American Political Science Review* 114 (2020): 392–409. 저자들은 "정치인이 똑같이 민주주의의 원칙을 어기더라도 자기 정당의 후보에 대해서는 50퍼센트가량 더 관대하다"고 지적한다.

38 Larry M. Bartels, "Ethnic Antagonism Erodes Republicans' Commitment to Democracy", *Proceedings of the National Academy of Sciences*, Sept. 15, 2020, www.pnas.org/content/pnas/early/2020/08/26/2007747117.full.pdf

39 Josiah Ober, *Athenian Legacies: Essays on the Politics of Going on Together* (Princeton, N.J.: Princeton University Press, 2005); Andreas Kalyvas, "Democracy and the Poor", in *Thinking Democracy Now: Between Innovation and Regression*, ed. Nadia Urbinati (Milan: Feltrinelli, 2019), 57–76. 칼리바스는 평민의 민주주의가 부유층을 몰아내는 것이 아니라, 부유층이 경제 권력을 정치 권력으로 바꾸는 능력을 갖지 못하게 하는 것이라고 강조한다.

40 Lenz Jacobsen, "Im Bund mit den Ängstlichen", *Zeit Online*, Nov. 28, 2015, www.zeit.de/politik/deutschland/2015–11/alternative-fuer-deutschland-parteitag-frauke-petry-hannover

41 Jedediah Purdy, *This Land Is Our Land: The Struggle for a New Commonwealth* (Princeton, N.J.: Princeton University Press, 2019), 15.

42 Krastev, "Fear of Shrinking Numbers"; Catherine Fieschi, *Populocracy: The Tyranny of Authenticity and the Rise of Populism* (Newcastle: Agenda, 2019), 162.

43 물론 투표소에서 비전에 대한 승인을 주었더라도 이것이 전권 위임은 아니다. 비전의 실행은 현재의 소수파가 정권을 잡을 가능성이나 국민의 개념을 재구성할 가능성에 의해 제약을 받게 된다.

44 국민의 뜻을 형성해 가는 것과 찾아내는 것의 차이는 에른스트 프

렝켈이 처음으로 제시했다. 일례로 나렌드라 모디가 "나는 도구에 불과할 뿐, 목소리를 내는 것은 국민이다"라고 주장한 것을 떠올려보자. Sunil Khilnani, "The Idea of India Says Persuade, Not Dictate", *Times of India*, Aug. 15, 2017, timesofindia.indiatimes.com/india/the-idea-of-india-says-persuade-not-dictate/articleshow/60063019.cms

45 이 딜레마와 관련해서는 다음을 참조할 것. Jonathan White and Lea Ypi, "The Politics of Peoplehood", *Political Theory* 45 (2015): 439-65.

46 흔히 포퓰리스트의 이미지는 제멋대로에 규범을 파괴하는 사람이지만, 이들은 사실 어떤 의미에서 딜레마에 처하게 된다. 국민의 유일한 대표인 포퓰리스트 자신이 국민으로 지칭하는 이들이 곧 국민이라는 것이 규범이라는 딜레마다.

47 이와 같은 배타적인 조치가 지배적인 곳에서는 "그들이 반대 시각을 알려야 할 급박한 필요성을 일깨워주고 행동을 촉구한다"고 말하는 것으로는 다소 부족할 듯하다. White and Ypi, "Politics of Peoplehood", 456.

48 Anna Stilz, *Territorial Sovereignty: A Philosophical Exploration* (New York: Oxford University Press, 2019).

49 조시아 오베르가 지적한 대로, 주인 없는 사회적 협력의 이점을 추구하는 집단은 드물지만 분명히 존재한다. 압제에서 벗어나고자 하는 집단을 상정하는 것은 얼마든지 합리적이다. 물론 오베르도 인정했듯이 "좋은 일도, 나쁜 일도, 정의로운 일도, 부당한 일도, 다 과거에 일어난 적이 있다"고 말할 수는 있겠지만 말이다. 오베르의 다음 글을 참조할 것. *Demopolis* (New York: Cambridge University Press, 2016), 37-38.

50 Stilz, *Territorial Sovereignty*, 98.

51 같은 책.

52 Fabio Wolkenstein, "Populism, Liberal Democracy, and the Ethics of

Peoplehood", *European Journal of Political Theory* 18 (2019): 330–48.

53 Christoph Möllers, *Das Grundgesetz: Geschichte und Inhalt* (Munich: C. H. Beck, 2019), 103.

54 민주주의에서는 다른 이에게 강제되는 모든 결정에 대해 합당한 근거가 필요하다고 주장하는 이들도 있다. 경계란 경계 안에 있는 사람뿐 아니라 그에 의해 바깥에 놓이게 되는 이에게도 영향을 주므로, 경계 밖에 있는 사람도 결정 과정의 일부가 되어야 한다는 주장이다. 이 주장을 일관적으로 적용하다 보면 결국 시민의 범위는 전세계가 될 수밖에 없다. 다소 약한 분류 기준에 따라 민주주의 국가의 모든 결정이 직간접적으로 시민이 아닌 이에게까지 영향을 미친다고 주장한다고 해도 결론은 같다. 결정에 의해 영향을 받는 사람이면 누구든지 의견을 낼 수 있어야 하기 때문에 결국 세계 민주주의 같은 것을 외치게 되는 것이다.

이러한 시각에 대한 통상적인 반박은 다음과 같다. 보편적으로 구속력을 갖는 결정을 일관성 있게 시행하는 것은 차치하고서라도, 세계 시민이 어떠한 압제도 없이 집단적인 결정을 내릴 수 있도록 하는 정치 체제는 상상하기 어렵다는 것이다. 자유와 평등이라는 원칙을 실행하는 정당한 방식이 매우 다양하다는 점을 강조하는 것도 또 하나의 반박이 될 수 있다. 정치적인 기본권의 구체적인 내용에 대해서도 의견이 다양하게 갈리는데, 사람마다 역사적인 경험, 가치관, 기본권이 타인에게 미치는 영향에 대한 고려 등 저마다의 합당한 근거를 갖고 있을 수 있다. "세계 민주주의"가 국민의 개념을 최대치로 확대한다는 점에서 민족적 관점을 고수하는 이들이 원하는 것과 정반대의 상황을 만들어낸다는 점도 기억하자(이 원칙을 일관성 있게 적용하려면, 외계인들 역시 이들이 지구라는 공동체에서 배제되어야 할지에 대한 토론에 참여할 수 있어야 한다). 그러나 어떤 차원에서는 이 두 가지 극단적인 시각에도 공통점이 있다. 둘 다 국민의 개념에 대한 민주주의적 논쟁을 중단시킨다는 것이다. 두 관점 모두에서 국민의 범위는 정해져 있으며, 시간 속에서 도전을 받거나 재구성되지 않는다. 두 가지 시각이 도덕적으로 동등하다는 의미는 아니다. 상호주의의 원칙에 입각해, 외부적 요소에 민감한 국민의 개념에 대해서는 할 이야기가 많다. 볼켄슈타인은 자신의 목적을 내부인은 물론 관계가 있는 외부인에게도 설득하고자하는 사례로 스코틀랜드 독립 운동을 꼽은 바 있다(여기서 내부는 스코틀랜드이고, 외부는 스코틀랜드를 제외한 영국과 EU를 의미한다). 이와 관련해 다음을 참조할 것. Arash Abizadeh, "Democratic Theory and Border Coercion: No Right Unilaterally to Control Your Own Borders", *Political Theory* 36 (2008): 37–65, Wolkenstein, "Populism", 343–44.

55 다음에서 인용했다. Adam Przeworski, *Democracy and the Limits of Self-Government* (New York: Cambridge University Press, 2010), 27. 이는 정치적인 국민이 하나의 체제가 아니라 지속적인 다원주의적 과정이라는 의미다. 다음을 참조할 것. Jürgen Habermas, "Constitutional Democracy: An Uncertain Union of Paradoxical Principles?", *Political Theory* 29 (2001): 766–81.

2장 진짜 민주주의: 자유, 평등, 불확실성

1 정치적 평등이 공동체의 기초라는 인식에 동의한다면, 세계 최대의 민주주의 국가가 어떻게 동시에 카스트 사회일 수 있는지 의문이 생길 것이다. 인도 헌법이 권리와 절차에 대한 내용을 담고 있을 뿐 아니라, 사회를 변화시키고 신분제를 줄여나가려는 교육적, 정책적 프로그램이라는 사실이 하나의 설명이 될 수 있다. 다음을 참조할 것. Madhav Khosla, *India's Founding Moment: The Constitution of a Most Surprising Democracy* (Cambridge, Mass.: Harvard University Press, 2020).

2 Philip Pettit, *On the People's Terms* (New York: Cambridge University Press,

2012), 84-88.

3 사회적 평등과 정치적 평등은 서로 별개다. 운동화를 신고 티셔츠를 입은 기업가는 소탈한 사람일 수 있고 상대를 존중하는 매너를 보일 수 있겠지만, 정치 참여의 평등을 보장하는 민주주의의 필수 인프라가 제대로 갖추어져 있지 않다면 그와 나는 결코 정치적으로 평등할 수 없다.

4 Elizabeth Anderson, *Private Government: How Employers Rule Our Lives (and Why We Don't Talk About It)* (Princeton, N.J.: Princeton University Press, 2017).

5 진 코헨의 지적에 감사를 전한다.

6 Dexter Filkins, "James Mattis, a Warrior in Washington", *New Yorker*, May 29, 2017.

7 물론 조니 캐시 이야기다(U2가 노래를 쓴 것은 사실이지만, 여기서 언급한 이론적인 통찰은 조니 캐시 버전에만 등장한다).

8 존 롤스는 이 같은 "판단 책임"으로 인해 근대 민주주의 사회에서 다원주의가 불가피해졌지만 그 자체로 문제가 있는 것은 아니라고 주장했다. John Rawls, *Political Liberalism* (New York: Columbia University Press, 1993).

9 평등과 자유의 긴장 관계에 대한 아라쉬 아비자데의 논의에서 큰 도움을 얻었다. 곧 출간될 다음 책을 참조할 것. Arash Abizadeh, "Representation, Bicameralism, Political Equality, and Sortition: Reconstituting the Second Chamber as a Randomly Selected Assembly", *Perspectives on Politics*.

10 타인을 동등한 존재로 대한다는 것이 정확히 무엇인지는 분명 복잡한 문제다. 다음을 참조할 것. G. A. Cohen, "Notes on Regarding People as Equals", in *Finding Oneself in the Other*, ed. Michael Otsuka (Princeton, N.J.: Princeton University Press, 2013), 193-200.

11 이 책에서는 투표의무제에 대한 복잡한 논의는 제쳐둔다. 나는 투표의무제에 대체로 찬성하는 쪽이다. 우리의 일상을 유지하는 데 쓰일 세금을 내는

것이 의무라면, 우리가 공유하는 정치적 삶을 유지하는 데 필요한 투표("지지 후보 없음"에 대한 투표 포함) 역시 의무가 될 수 있다.

12 선거운동이 있는 선거 등과 달리 단순 다수로 결정을 내리는 것도 동등한 기회, 동등한 존중이라는 사전 조건을 만족시킨다는 점을 기억하자. 단순 다수 결정의 고유한 특징에 대해서는 다음을 참조할 것. Kenneth O. May, "A Set of Independent Necessary and Sufficient Conditions for Simple Majority Decision", *Econometrica* 20 (1952): 680-84; Charles Beitz, *Political Equality* (Princeton, N.J.: Princeton University Press, 1989), 58-67.

13 이런 차이는 또 다른 차이를 낳는다. 트럼프는 모든 TV 프로그램과 영화의 카메오 출연에서도 본인으로 등장했는데, 실제 배우에게는 공감 능력과 타인이 경험한 삶을 마음속 깊이 이해하려는 노력이 요구된다. 리오 브로디는 "레이건의 연기 경험은 대통령 노릇을 하찮게 보이게 하기는커녕 본인이 실제로 갖고 있는 것보다 훨씬 더 복잡다단한 캐릭터를 선보이는 데 오히려 도움을 주었다"고 지적한 바 있다. James Poniewozik, *Audience of One: Donald Trump, Television, and the Fracturing of America* (New York: Liveright, 2019), 210.

14 Abizadeh, "Representation, Bicameralism, Political Equality, and Sortition", 6.

15 Hansen, *Athenian Democracy*, 250, 313-14.

16 이 같은 대비가 곧 그리스인 자신들이 그런 시각을 갖고 있었다는 뜻은 아니다. 의사 결정 기구인 의회가 실제로 법령을 발표했기 때문에 제비뽑기로 뽑힌 시민들이 오늘날의 기준에서 "통치"를 했다고는 볼 수 없다. 전제는 시민 모두가(관직에 따라 30세 또는 40세라는 최소 연령 기준이 있기는 했지만) 관직을 맡을 능력이 있다는 것이었지, 의사결정권이 무작위로 뽑힌 개인에게 주어져야 한다는 것이 아니었다. 제비뽑기가 기본적으로 평등을 강화한다는 시각에 회의적이었던 핸슨조차 "귀족은 선거, 그리고 개인이 자리를 차지하는 쪽을 택했

고, 민주주의자들은 제비뽑기와 협력관계를 택했다"고 말했다(같은 책).

17 Bernard Manin, *The Principles of Representative Government* (Cambridge: Cambridge University Press, 1997).

18 이는 원론적인 주장일 뿐이다. 사학자들은 아테네인들이 평등을 강화하기 위해 추첨제를 사용했다는 주장에 대해 회의적이다. 오히려 "추첨제가 국민의 권력을 지켜주었고 갈등과 부패를 방지할 수 있었기 때문에" 추첨제를 실시했다고 보는 쪽이다. Hansen, *Athenian Democracy*, 84.

19 E. E. Schattschneider, *The Semisovereign People: A Realist's View of Democracy in America* (Boston: Cengage, 1975), 68.

20 Hansen, *Athenian Democracy*, 138, 204.

21 물론 그렇게 단순한 문제는 아니다. 표 집계에 오류가 있을 수도 있고 (그렇다면 논란은 끝도 없이 이어지게 된다) 일부 국가에서는 표를 더 받고도 패배할 수 있다(세계를 선도한다는 민주주의 국가 미국이 단적인 예다). 또한 케네스 애로 같은 학자가 사회선택이론에 따라 "확실한 결과"에 대한 약속에 여러 가지 의문을 제기할 수도 있다. 그러나 사회 이론에서와 달리 이른바 현실 세계에서 순환성은 그렇게 큰 문제가 아니며, 안드레아스 셰들러의 지적대로 선거의 오차 범위는 통계학이 아니다. "선거의 잠재적 오차는 추론적이지 않고 조직적이다." Andreas Schedler, *The Politics of Uncertainty: Sustaining and Subverting Electoral Authoritarianism* (New York: Oxford University Press, 2013), 111.

22 물론 고대 의회에서도 이것은 사실이었다. 다만 그리스인들은 개별 표를 일일이 세지 않고 패자가 이의를 제기할 수 있는 어림짐작에 의존했다는 점에서 예외다.

23 Przeworski, *Democracy and the Limits of Self-Government*.

24 Walt Whitman, "Election Day, November 1844"; https://whitmanarchive.org/published/LG/1891/poems/329

25 "강요"와 "제안"이라는 개념은 애덤 셰보르스키에게서 빌려온 것이다.

26 또한 카스 머드의 말대로, 리버럴은 두려움에 사로잡히기를 좋아하는 사람들이다(개인적인 대화에서 인용했다).

27 미국에서는 내 이웃이 어떤 정당 소속인지를 인터넷에서 바로 확인할 수 있기 때문에 그가 어떻게 투표할지도 알 수 있다(물론 이웃이 지지하지 않는 정당에 영향력을 행사하기 위해 투표하는 예외적인 경우는 있을 수 있다). 다만 미국은 매우 예외적인 경우로, 다른 민주주의 국가에서는 관련 데이터와 시민들의 익명성을 훨씬 더 강력하게 보호한다.

28 이 주장에 가장 강력한 반박을 내놓은 사람은 베르나르 마냉으로, 오늘날의 상황에도 그대로 적용할 수 있다. "공개 투표를 하면 유권자가 자신의 표를 좌지우지하는 사람을 선택하는 것이 아니라 그들이 스스로를 선택하게 된다. 유권자는 자신에게 관심을 갖는 사람의 눈이 지켜보는 가운데 투표를 하게 된다. 이는 곧 공개 투표에서 유권자가 일반 대중의 통제 하에 놓이게 되는 것이 아니라 각자의 사회적 환경의 통제하에 놓이게 된다는 뜻이다. (…) (그 사회적 환경이란) 작고 제한된 집단이지만, 그 집단이 딱히 덜 배타적이고, 덜 이기적이고, 관대할 것이라고 여길 근거는 없다." Bernard Manin, "Why Open Voting in General Elections Is Undesirable", in *Secrecy and Publicity in Votes and Debates*, ed. Jon Elster (New York: Cambridge University Press, 2015), 211.

29 Przeworski, *Democracy and the Limits of Self-Government*.

30 제이슨 브레넌마저도 다음 책에서 인정한 바다. Jason Brennan, *Against Democracy* (Princeton, N.J.: Princeton University Press, 2016).

31 John Stuart Mill, "Thoughts on Parliamentary Reform", in *Essays on Politics and Society*, ed. J. M. Robson (Toronto: University of Toronto Press, 1977), 332.

32 같은 책, 333.

33 투표권 확대에 동의했을 때, 글래드스턴은 유권자들이 "자제력과 질서

에 대한 존중, 고통 받는 상황에서의 인내심, 법에 대한 신뢰"를 보여주기를 바랐다.

34 물론 공개적으로 후보자의 인종이나 젠더를 문제 삼아 차별할 수는 없겠지만, 유권자는 언제고 자신의 진짜 동기를 숨길 수 있으므로 공개 선거로도 이 문제를 해결할 수는 없다.

35 Abizadeh, "Representation, Bicameralism, Political Equality, and Sortition", 7.

36 Jean-Jacques Rousseau, *The Social Contract*, trans. Victor Gourevitch (Cambridge: Cambridge University Press, 2018), 114.

37 같은 책. 51-52.

38 고대 도시 국가와 현대 대의민주주의 국가의 차이는 단순히 직접민주주의와 간접민주주의의 차이로 축소해 생각할 수 없다. 아테네에서도 대표적인 공직으로 여겨지는 자리에 대해서는 선거를 치렀고, 오늘날에도 국민투표와 같은 제도를 실시하는 국가가 여럿 있다. 그럼에도 한 가지 중요한 차이점은 일반 시민으로 구성된 배심원 재판의 역할이다. 이는 검찰 제도와도 다른데, 배심원단을 부유층으로만 채우는 대신 평범한 시민들이 돈을 받고 배심원 자리를 채웠다. 이 같은 제도는 부유한 엘리트 계층을 견제하는 데 중요한 역할을 했다. 폴 카틀리지는 이에 대해 "민중demos이 법정에서 힘kratos을 행사했다"고 표현한 바 있다. Paul Cartledge, *Democracy: A Life* (New York: Oxford University Press, 2016), 117.

39 카스 머드의 통찰에 감사한다.

40 Ellen Meiksins Wood, *Peasant-Citizen and Slave: The Foundations of Athenian Democracy* (New York: Verso, 1989).

41 Hansen, *Athenian Democracy*, 318.

42 Ober, Demopolis; Josiah Ober, "Epistemic Democracy in Classical Athens", in *Collective Wisdom: Principles and Mechanisms*, ed. Hélène Landemore and Jon Elster (New York: Cambridge University Press, 2012), 118–47.

43 물론 대의기구에서 다수가 지지한 결정도 패자가 사법심사제 등을 통해 뒤집을 수 있기 때문에 문제가 복잡해질 수 있다.

44 경화된 절차에 저항하는, 구속받지 않는 대중의 역할을 강조하는 것이 포퓰리스트의 두드러진 특징이라는 주장도 있다. 그것이 사실일 수도 있지만, 절차가 없는 민주주의는 존재하지 않는다는 점을 상기하자. 민주주의를 향한 진정성 있는 열망을 기반으로 한 풀뿌리 운동이 처음으로 하는 일이 무엇인가? 월가 점령 시위 때도 그랬듯이, 공정한 절차가 무엇인가를 놓고 끝도 없는 토론을 벌이는 것이다. Michael Kaplan, "Prohibiting the People: Populism, Procedure, and the Rhetoric of Democratic Value", *Constellations* 26 (2019): 94–115.

45 Sam Wang, "Why Trump Stays Afloat", *New York Times*, Oct. 29, 2016.

46 국가 기관, 자원, 언론에 대한 접근이 구조적으로 불평등한 상황은 곧 기울어진 운동장이다. 다음을 참조할 것. Lucan Ahmad Way and Steven Levitsky, "Why Democracies Need a Level Playing Field", *Journal of Democracy* 21 (2010): 57–68. 1788년부터 2000년 사이 전세계에서 치러진 선거 가운데 현직자가 승리한 경우가 80퍼센트인 것은 아마 우연이 아닐 것이다. Przeworski, *Democracy and the Limits of Self-Government*, 167.

47 Allan Lichtman, *The Embattled Vote in America* (Cambridge, Mass.: Harvard University Press, 2018), 248.

48 Danielle S. Allen, *Talking to Strangers: Anxieties of Citizenship Since Brown v. Board of Education* (Chicago: University of Chicago Press, 2004).

49 Jennifer Hochschild, "Four Ways to Lose Politically", *Political Theory* (출간 예정).

50 Jeffrey K. Tulis and Nicole Mellow, *Legacies of Losing in American Politics* (Chicago: University of Chicago Press, 2018). 좌파 정당이 한 차례의 선거 패배 후

곧장 지도자를 갈아치우는 요즘 같은 시대에, 빌리 브란트나 프랑수아 미테랑처럼 판을 바꾼 정치인들이 선거에서 승리를 거두기까지 몇 번이나 패배했는지를 떠올려보는 것도 의미가 있겠다.

51 물론 문제는 오늘날 여러 민주주의 국가에서도 모두가 발언권을 갖지 못한다는 인식이 지배적이라는 점이다. 그것이 모든 종류의 불복종을 낳을 수 있는 백지수표를 의미하지는 않지만, 특정한 종류의 민주주의적인 불복종을 정당화할 수 있는 근거가 되는 것은 사실이다. 이에 대해서는 이 책의 4장에서 보다 자세히 다룰 것이다. Daniel Viehoff, "Democratic Equality and Political Authority", *Philosophy and Public Affairs* 42 (2014): 337-75.

52 Daniel Markovits, "Democratic Disobedience", *Yale Law Journal* 114 (2005): 1897-952.

53 House of Commons, April 10, 1826, *Hansard*, vol. 15, hansard.parliament.uk/Commons/1826-04-10/debates/9539b799-a397-487e-9839-65bee9e441e8/CommonsChamber

54 민주주의 정당이 분리독립을 추구한다면 이런 견해를 시험대에 올리는 흥미로운 사례가 될 것이다. 캐나다에서 퀘벡 분리 독립을 주장하는 퀘벡 블록은 선거 결과를 기준으로 보면 "충실한 야권"에 해당하는데도 불충실한 반대파라는 공격을 받았다. 한 의원은 1995년에 다음과 같이 발언했다. "의장님, 현재 자유당의 지지를 받고 있는 퀘벡 블록이 충실한 야당이라는 말에 대해 발언하고자 합니다. 옥스퍼드 사전에 따르면 '충실한loyal'은 신의가 있고, 믿을 수 있으며, 참되고, 충심에 변함이 없으며, 자신의 조국의 군주나 정부에 헌신한다는 의미입니다. 하원에서 퀘벡 블록은 여왕이나 캐나다 정부에 충실하지 않으며, 분리된 퀘벡을 세우기 위한 반정부 음모를 공개적으로 꾸미고 있습니다." www.ourcommons.ca/DocumentViewer/en/35-1/house/sitting-265/hansard#HERMAJESTY'SLOYALOPPOSITION.

55 토크빌은 다음과 같이 주장했다. "한쪽은 권력으로, 다른 한쪽은 여론으로 버틴다. 대중의 선호가 곧 영향력이며, 열렬한 신념과 사심 없는 열정이 투쟁에서의 무기다." 토크빌은 야권의 "큰 권력"이 "언제나 감정이나 일반적인 생각 안에 있다"고 주장했다. 다음에서 인용. William Selinger, *Parliamentarism* (New York: Cambridge University Press, 2019), 153.

56 여기서 발생하는 이점도 있다. 야권이 일관된 입장을 취할 때, 정부 역시 자신의 입장을 더욱 조리 있게 다듬을 수 있다. 일례로, 마틴 밴 뷰런 대통령은 연방주의자들의 쇠퇴가 오히려 정당 내 파벌을 부추김으로써 제임스 먼로 정부를 망쳤다는 점을 깨달았다(먼로는 1820년 대선에서 경쟁자 없이 단독 출마해 당선되었다). Richard Hofstadter, *The Idea of a Party System: The Rise of Legitimate Opposition in the United States, 1780–1840* (Berkeley: University of California Press, 1969), 228–29. 밴 뷰런은 다음과 같이 썼다. "두 개의 거대 정당이 각자가 국민의 이익에 가장 잘 부합한다고 믿는 정부의 원칙을 둘러싸고 공정하고 공개된 경쟁을 벌이는 대신, 사적인 파벌이 나라를 장악했다." Martin Van Buren, *Inquiry into the Origin and Course of Political Parties in the United States*, ed. his sons (New York: Hurd and Houghton, 1867), 3–4.

57 Nadia Urbinati, *Representative Government: Principles and Genealogy* (Chicago: University of Chicago Press, 2006), 236.

58 John M. Murrin, "Escaping Perfidious Albion: Federalism, Fear of Aristocracy, and the Democratization of Corruption in Postrevolutionary America", in *Virtue, Corruption, and Self-Interest*, ed. Richard K. Matthews (Bethlehem, Pa.: Lehigh University Press, 1994), 118–19.

59 야당 당대표도 내각 각료와 동일한 임금을 받는다.

60 Beitz, *Political Equality*, 229.

61 "소수는 목소리를 낼 수 있어야 하고, 다수는 원하는 것을 얻어야 한

다"는 베네치아 위원회(법을 통한 민주주의 유럽 위원회)의 보기 좋은 공식을 가져다 쓴 것이다. *Opinion on the Relationship Between the Parliamentary Majority and the Opposition in a Democracy: A Checklist* (2019), www.venice.coe.int/webforms/documents/default.aspx?pdffile=CDL-AD(2019)015-e

62 이 전략은 정부가 아무것도 하지 않고 있을 때 유권자의 비난이 정부를 향하지는 않을 것임을 전제로 한다. 그러나 이런 전제가 모든 민주주의 국가에서 똑같이 적용될 수는 없다. 해당 국가의 매개 기구, 특히 전문 언론의 역할에 많은 것이 달려 있다. 배넌의 말은 다음에서 가져왔다. Hacker and Pierson, *Let Them Eat Tweets*, 206.

63 정부와 야권 간의 지속적인 토론이라는 개념의 기원은 한스 켈젠으로 거슬러 올라간다. 켈젠은 그 토론의 결과로 양측 간 타협이 도출된다고 믿었다.

64 Andreas Schedler, "Democratic Reciprocity", *Journal of Political Philosophy* (출산 예정).

65 같은 책.

66 이 부분과 관련해 아르민 나세히에게 감사한다.

67 사례로 다음을 참조할 것. afd.nrw/aktuelles/2017/06/keine-demokratieklausel-mit-den-systemparteien/

68 반체제 정당이 없더라도, 정당 시스템의 분열은 충실한 야권이 다음 정부가 될 수 있다는 개념 자체를 손상시킨다. 너무 많은 수의 야당이 존재하면 하나의 일관된 대안을 제시하기 어렵기 때문이다. Florian Meinel, *Die Vertrauensfrage: Zur Krise des heutigen Parlamentarismus* (Munich: C. H. Beck, 2019), 36-38.

69 야당들이 선거 자체를 보이콧할 수 있는가도 하나의 문제가 될 수 있다. 통상적으로는 선거 자체를 보이콧해서는 안 된다고 하지만, 맥락을 고려하지 않은 정답은 있을 수 없다. 대통령 선거라면 보이콧이 가능하다는 주장이 좀 더 힘을 얻을 수도 있다. 의회 선거와 달리 야당은 자리 하나를 잃을 뿐 모든 대

표성이나 영향력을 잃는 것은 아니기 때문이다. 중요한 외부 관찰자가 현 정부를 명확한 반민주 정권으로 인식하고 있는지 여부도 하나의 변수가 될 수 있다. 그런 경우에는 극적인 보이콧을 통해 사람들의 생각이 바뀔 수도 있다(보이콧을 통해 민주주의의 파괴를 인정하고 싶지 않은 외부 행위자들에게 당혹감을 안겨줄 수도 있을 것이다. 폴란드나 헝가리에서 전면적인 의회 선거 보이콧이 일어났다면 유럽연합 위원회가 얼마나 큰 압박감을 느꼈을지 생각해보자).

70 토마시 콘체비치에게 감사한다.

71 물론 회색 지대가 존재한다. 모든 사례에 하나의 옳은 결정이 존재하는 것은 아니다. 비민주주의 국가의 법정에서 나오는 판결이라고 해서 모두 통치자의 명령에 따른 것도 아니다(모스크바와 부다페스트의 법원이 때때로 독립적인 기구인 양 행세하는 것은 외부인들에게 혼란을 가져다줄 뿐 아니라, 푸틴이나 오르반에게 정말로 중요한 재판에서는 법원이 대체로 통치자의 편에 선다는 사실을 알아차리기 어렵게 만들기도 한다).

72 Adam Przeworski, *Democracy and the Market* (New York: Cambridge University Press, 1991). 안드레아스 셰들러가 지적했듯이, "불확실성의 정치는 민주주의 정권과 권위주의 정권의 경계를 초월"한다. 민주주의 체제에서 절차의 확실성은 결과의 불확실성과 합쳐지고, 권위주의 체제에서는 결과의 확실성이 절차의 불확실성과 함께한다. 결과는? 셰들러에 따르면 "약한 민주주의 체제는 약한 권위주의 체제만큼 깨지기 쉽지만, 확립된 권위주의 체제는 결코 확립된 민주주의 체제만큼 안전할 수 없"다. Schedler, *Politics of Uncertainty*, 26.

73 톰 스토파드의 연극 〈점퍼스Jumpers〉에서 인용.

74 Przeworski, *Democracy and the Market*, 10. 정당의 존재가 민주주의의 근거는 될 수 없다. 에리카 프란츠의 지적대로 "2차 대전 이후 권위주의 정권의 91퍼센트에서 최소 하나의 정당이 존재했다." Erica Frantz, *Authoritarianism* (New York: Oxford University Press, 2018), 76. 일부 권위주의 통치자들은 무소

속 정치인을 민주주의의 근거로 내세웠다. 독재자 루카셴코 집권하의 벨라루스에서는 1995년 선거에서 명목상 무소속 의원이 의석의 48퍼센트를 차지했고, 2000년 선거에서는 73.6퍼센트, 2004년 선거에서는 89.1퍼센트, 2008년 선거에서는 93.6퍼센트를 차지했다. Schedler, *Politics of Uncertainty*, 90.

75 이 같은 정리에 대해 샘 모인에게 감사한다.

76 이 그림이 옳았다면 엘리자베스 워런은 진작에 대통령에 당선되었을 것이다. 카스 머드의 통찰에 감사한다.

77 Christopher H. Achen and Larry M. Bartels, *Democracy for Realists: Why Elections Do Not Produce Responsive Government* (Princeton, N.J.: Princeton University Press, 2016). 이 현실주의자들마저도 다음과 같이 썼다. "자유로운 언론이 의심스러운 일들에 대해 보도할 수 있고 문해력을 갖춘 대중이 이를 읽을 수 있다면, 정치인에게는 비난받을 만한 일을 하지 않을 인센티브가 주어지는 셈이다. 물론 이에 위배되는 사례가 발생하지만, 그 대가는 크다. 자기 자리를 잃게 될 가능성이 높다. 반대로 독재 정권하에서는 도덕적, 또는 재정적 부정부패가 보다 일반적이다. 대중의 분노가 명확하고 조직된 분출구를 찾지 못하기 때문이다. 이는 정치적 책임성에 있어 소박한 승리다."(같은 책, 319) 포퓰리스트 권위주의의 시대, 우리는 그 승리가 그다지 소박하지 않다는 점을 배워가는 중이다.

78 Roslyn Fuller, *In Defence of Democracy* (Cambridge: Polity Press, 2019), 55–61, 저자는 정치학의 "샤크네이도Sharknado"(상어 토네이도)라고 칭한 사건에서 얻을 수 있는 각종 결론을 우리가 비판적으로 바라보아야 할 이유를 다양하게 제시하고 있다.

79 같은 책.

80 당시에 연방 정부가 지원책을 제공할 방법이 없었다는 반박이 가능하다.

81 이 부분에 대해서는 탈리 멘델버그에게서 많이 배웠다.

82 이는 또한 공정함의 근거도 될 수 없다. 월터 리프먼이 거의 100년 전에 이미 지적했듯이, 지름길은 선입견의 영향을 받는다. Walter Lippmann, *Public Opinion* (New York: Harcourt, Brace, 1922), 96.

83 Arlie Russell Hochschild, *Strangers in Their Own Land: Anger and Mourning on the American Right* (New York: New Press, 2016), 228.

84 E. E. Schattschneider, *Party Government* (New York: Holt, Rinehart, and Winston, 1942), 37.

85 Lawrence Lessig, *They Don't Represent Us* (New York: Dey Street Books, 2019), 7.

86 Martin Gilens, *Affluence and Influence: Economic Inequality and Political Power in America* (Princeton, N.J.: Princeton University Press, 2012).

87 선거 운에 대해 더 이해하기 쉬운 자료를 보고 싶다면 다음을 참조할 것. Martin Gilens, *Affluence and Influence: Economic Inequality and Political Power in America* (Princeton, N.J.: Princeton University Press, 2012).

88 모지스 핀리의 뒤를 이어 클레온에 대한 투키디데스의 논쟁적인 서술을 뒤집은 카틀리지는 다음과 같이 지적했다. "선동가는 하층, 또는 적어도 상대적으로 낮은 계급의 정치인으로, 이들이 민주주의에 (마땅한) 오명을 씌웠다. 이들은 단순히 일반 대중의 기본적인 욕망에 영합했기 때문이다. 반면 페리클레스는 사람들을 이끌었을 뿐 아니라, 단도직입적으로 어떻게 결정하고 어떻게 행동할지를 알려주기도 했다. 그러나 이는 고대에서나 현대에서나 순전히 이데올로기일 뿐이다. '데마고고스'라는 단어는 그 자체로 '민중의 지도자'를 뜻한다. 그런 지도자, 또는 지도자 지망생을 과두정치적·보수주의적 관점에서 보았을 때만이 선동가나 대중을 호도하는 인물을 의미하게 되는 것이다." 카틀리지는 또한 아테네에서는 어떠한 관직에 오르지 않고도 주요 지도자가 될 수 있음을 지적했다. Cartledge, *Democracy*, 115-16.

89 Adam Przeworski and John Sprague, *Paper Stones: A History of Electoral Socialism* (Chicago: University of Chicago Press, 1986).

90 Hacker and Pierson, *Let Them Eat Tweets*, 27-28. 이등병 윌리스와 디즈레일리의 대비와 관련해서는 이들에게 많이 배웠다. 독일어에서는 Darstellung, 즉 집단 간의 갈등을 보여주는 것과 Vertretung, 즉 갈등 내에서 한 집단을 대표하는 것의 차이가 명확하게 구분된다.

91 Michael Saward, *The Representative Claim* (Oxford: Oxford University Press, 2010).

92 "The People Lose Patience", *Economist*, Aug. 29, 2020.

93 "A New World: Real Opposition Politics Beckons for the First Time", *Economist*, July 4, 2020.

94 Schattschneider, *Semisovereign People*, 10, 105.

95 같은 책, 16.

96 Alexander A. Guerrero, "Against Elections: The Lottocratic Alternative", *Philosophy and Public Affairs* 42 (2014): 135-78.

97 추첨제로 들어간 자리의 일이 끝난 후에 큰돈을 벌 수 있는 자리를 약속하는 식으로 뇌물을 줄 수는 있겠다(미국 우파의 생태계 안에는 고도로 발달된 싱크탱크나 정치 엔터테인먼트 업계가 있기 때문에, 자리는 얼마든지 만들 수 있다). 이 부분의 통찰과 관련해 스티브 마세도에게 감사한다.

98 Abizadeh, "Representation, Bicameralism, Political Equality, and Sortition", 8.

99 Urbinati, *Representative Democracy*.

100 Jane Mansbridge, "Rethinking Representation", *American Political Science Review* 97 (2003): 515-28.

101 Maria Paula Saffon and Nadia Urbinati, "Procedural Democracy, the

Bulwark of Equal Liberty", *Political Theory* 41 (2013): 441–81.

102 기속위임imperative mandate을 도입했다면 이야기가 다르다.

103 David Plotke, "Representation Is Democracy", *Constellations* 4 (1997): 19–34.

3장 필수 인프라

1 이 책에서 필수 인프라에 관한 논의를 정당과 언론에만 제한하고, 통상 매개 기구로 분류되는 NGO, 노조, 고용인협회 등은 제외하는 이유가 궁금할 수도 있겠다. 후자의 중요성을 부정하는 것은 아니다. 그러나 단도직입적으로 말하면 대의민주주의 체제에서 후자가 없는 경우는 상상할 수 있어도 정당과 언론이 없는 것은 상상할 수 없다. 이 부분에서 나의 선택을 끝까지 밀어붙이도록 해준 댄 켈러멘에게 감사한다.

2 물론 접근성이 곧 성공을 의미하는 것은 아니다. 특히 블로그 등과 대비되는 전문 언론에 있어서는 하나의 시장이 감당할 수 있는 질 높은 상품의 양에 한계가 있다(특정 상황에서는 경쟁이 정보 환경의 질을 떨어뜨리고 정치적 참여를 오히려 감소시킨다는 연구 결과도 있다). 다음을 참조할 것. Julia Cagé, "Media Competition, Information Provision, and Political Participation: Evidence from French Local Newspapers and Elections, 1944–2014", *Journal of Public Economics* 185 (2020), doi.org/10.1016/j.jpubeco.2019.104077

3 선거에서는 사람들을 제때 제 장소로 이동시키는 것, 즉 수송이 관건인데, 이는 주어진 인프라의 영향을 받을 수밖에 없다. 다음을 참조할 것. Eitan Hersh, *Politics Is for Power* (New York: Simon & Schuster, 2020). 논문의 정식 제목은 "Relation aller Fürnemmen und gedenckwürdigen Historien"이다.

4 David Roberts, "Donald Trump Is the Sole Reliable Source of Truth, Says

Chair of House Science Committee", *Vox*, Jan. 27, 2017, www.vox.com/science-and-health/2017/1/27/14395978/donald-trump-lamar-smith

5 Bob Woodward, *Fear: Trump in the White House* (New York: Simon & Schuster, 2018), 205. 트럼프는 다음과 같은 말도 남겼다. "우리나라의 많은 기자들은 진실을 말해주지 않고, 마땅히 존중받아야 할 훌륭한 사람들을 제대로 존중하지도 않는다. 특히 워싱턴 D.C.와 뉴욕, LA의 기자들은 국민을 대변하는 것이 아니라 특수한 이해관계와 명백히 망가진 시스템으로부터 이익을 취하는 자들을 대변한다." 제데다이아 퍼디의 말대로, 트럼프의 트윗은 "통치의 방식, 엔터테인먼트의 부수적인 형태, 부인할 수 있는 연성의 국가 폭력"으로 볼 수 있다. Purdy, *This Land Is Our Land*, 61. 제프 툴리스는 트럼프의 취임이 매우 이례적인 구조를 띠고 있어서, 일련의 트윗으로 이해하는 것이 최선이라고 설명한 바 있다.

6 Marshall McLuhan and Quentin Fiore, *The Medium Is the Message* (New York: Random House, 1967), 22.

7 Urbinati, *Representative Government*.

8 카를 슈미트의 의회주의 비평 이후, 의회가 말parlare하는 곳이라는 잘못된 믿음이 많이 남아 있다(바이마르 공화국 시절, 의회는 늘 Schwatzbude, 즉 말만 무성한 장소로 치부되었다). 그러나 의회는 무엇보다도 결정을 내리는 장소이며, 실제로 말을 자르고 결정을 내리도록 유도하기 위한 절차적 장치가 충분히 마련되어 있다(미국 상원은 필리버스터에도 제한을 둔다).

9 John Stuart Mill, "Considerations on Representative Government", in *On Liberty and other Essays*, ed. John Gray (Oxford: Oxford University Press, 1991), 282.

10 찰스 테일러는 공론장을 이해하는 데 시사적인 방식과 "메타시사적"인 방식이 있다고 설명한다. "메타시사적"인 방식은 "다양한 시사적 공간"을 "하나의 큰 비조립 공간"으로 엮어낸다는 의미다. 그러나 테일러, 그리고 일정 부

분에서는 하버마스에게도 미안한 말이지만, 공론장은 그 자체로 비정치적이지 않다. 테일러는 정치적으로 형성된 고대의 코이노니아koinonia가 공론장이 아니라고 주장한다. Charles Taylor, *Modern Social Imaginaries* (Durham, N.C.: Duke University Press, 2004), 86, 92.

11 Jürgen Habermas, *Strukturwandel der Öffentlichkeit: Untersuchungen zu einer Kategorie der bürgerlichen Gesellschaft* (1962; Frankfurt am Main: Suhrkamp, 1990). 존 스튜어트 밀도 다음과 같이 썼다. "영국이라는 민주주의 국가가 아테네의 아고라에서와 마찬가지로 한날 한시에 투표를 할 수 있는 것은 신문과 철도 덕분이다. 신문과 철도 덕분에 서로에 대해 잘 몰랐던 지역 간 특색이 빠르게 지워지고 영국 국민이 그 어느 때보다 동질성(강력한 여론 형성의 제1조건)을 지닌 집단으로 거듭나고 있다."

12 같은 책.

13 1789년 3월 13일 제퍼슨이 프랜시스 홉킨슨에게 한 말. founders.archives. gov/documents/Jefferson/01-14-02-0402. 그의 당파성이 심화될수록 워싱턴이 정당을 비난하는 강도도 높아졌다. Hofstadter, *Idea of a Party System*, 99.

14 *Federalist*, No. 10, avalon.law.yale.edu/18th_century/fed10.asp.

15 Hofstadter, *Idea of a Party System*, 28.

16 Alexis de Tocqueville, *Democracy in America*, trans. Arthur Goldhammer (New York: Library of America, 2004), 600–601.

17 Edmund Burke, *Thoughts on the Cause of the Present Discontents*, archive. org/details/cihm_44099/page/n3/mode/2up.

18 Pierre Bourdieu, *In Other Words: Essays Towards a Reflexive Sociology*, trans. Matthew Adamson (Stanford, Calif.: Stanford University Press, 1990), 138. 정치학자 낸시 로젠블룸은 "갈등은 자연스럽게 민주적 토론과 결정으로 이어지지 않으며, 누군가가 사회적 목표, 안보, 정의에 분할선을 그려야 한다"고, 또한

"정당 간 경쟁 관계가 구성 요소로서 '전장을 만들어내는' 역할을 한다"고 설명한다. 그람시도 이렇게 썼다. "현대사회에서 정당이 세상에 대한 인식을 정교하게 다듬고 널리 퍼뜨리는 데 중요한 역할을 한다는 점을 강조해야 한다. 정당이하는 일이 세상에 대한 인식에 상응하는 윤리와 정치를 만들어내고 역사적 '실험실'로 기능하기 때문이다."

19 Hannah Arendt, "Truth and Politics", in *Between Past and Future* (New York: Penguin, 1977), 227–64. 물론 팩트가 그저 발견되기를 기다리고 있다가 당파적인 의제에 맞게 끼워 맞춰지는 존재는 아니다. 월터 리프먼의 간결한 정리에 따르면 "우리가 보는 팩트는 우리가 어디에 서 있는지와 우리 눈의 습관에 달려 있"다. Lippmann, *Public Opinion*, 80. 달리 말하면 팩트는 정치적 함수를 따르는 것이다.

20 Rawls, *Political Liberalism*.

21 Arendt, "Truth and Politics."

22 Hans Kelsen, "Foundations of Democracy", *Ethics* 66 (1955): 1–101.

23 Christopher Lasch, "Journalism, Publicity, and the Lost Art of Argument", *Gannett Center Journal* (Spring 1990): 1–11.

24 일부 국가에서는 정당이 헌법에 명시되어 있지 않지만, 정당 민주주의가 명백히 법제화된 것처럼 보이게 하는 법과 관행(예를 들면 탈당금지 조항)들이 만들어져왔고 당파성은 민주주의가 제대로 작동하는 데 필수적인 요소로 인식된다. 인도가 대표적인 예다.

25 민주적 정치 의사 형성에 기여하는 모든 기구가 그 자체로 민주적이어야 하는 것은 아니다. 조반니 사르토리가 건조하게 기술했듯이, "대규모의 민주주의는 작은 여러 민주주의의 총합이 아니"다.

26 스칼리아 대법관은 대법원 다수 의견을 작성하면서 포괄 예비선거가 "정당이 기껏해야 해당 정당에 소속되기를 거부하는 사람들, 최악의 경우에는

대놓고 라이벌 정당에 소속된 사람들과 결부되도록 강요하며, 이들에 의해 후보와 입장을 결정하게 된다"고 썼다.

27 극단적인 예를 들자면, 1998년 라로슈 대 파울러 재판에서 D.C. 순회 법원은 민주당이 린든 라로슈의 이름을 투표 용지에서 내리지 못했지만 그가 민주당원이 아니기 때문에(나아가 인종차별주의자이므로) 그가 확보한 선거인단을 선거에서 배제할 수 있다고 판결했다.

28 러셀 뮤어헤드는 다음에서 "인식론적 편파성"의 장단점을 논한 바 있다. Christopher Lasch, "Journalism, Publicity, and the Lost Art of Argument", *Gannett Center Journal* (Spring 1990): 1-11.

29 Jonathan White and Lea Ypi, *The Meaning of Partisanship* (New York: Oxford University Press, 2016).

30 이는 분명 의회, 또는 숙의에 의한 결정에 대한 훨씬 더 말이 되는 설명인 동시에 대규모 국민투표에 대한 설명으로는 부족하다. 그 차이점과 실증적인 트렌드에 대한 개요를 보려면 다음을 참조할 것. Thomas Poguntke et al., "Party Rules, Party Resources, and the Politics of Parliamentary Democracies: How Parties Organize in the 21st Century", *Party Politics* 22 (2016): 661-78.

31 Aradhya Sethia, "Where's the Party? Towards a Constitutional Biography of Political Parties", *Indian Law Review* 3 (2019): 1-32.

32 "상호적 평등이 도시들을 유지시키는 이유가 바로 이것이다. (…) 자유롭고 동등한 사람들 사이에서도 이것이 존재해 마땅하다. (…) 사람들은 마치 내가 타인이 되는 것과 마찬가지로 돌아가며 통치하고 통치받기 때문이다. 서로 다른 관직을 맡고 있는, 통치하는 사람들 사이에서도 마찬가지다." Aristotle, *Politics*, trans. C.D.C. Reeve (Indianapolis: Hackett, 2017), 1261b1, 23.

33 Hersh, *Politics Is for Power*.

34 정당 내 민주주의의 중요성과 관련해 더 자세한 내용은 다음을 참조할

것. Schepele, "The Party's Over."

35 독일 기본법 21조는 다음과 같다. "정당은 국민의 정치적 의사 형성에 참여한다. 정당은 자유롭게 설립될 수 있다. 정당의 내부 조직은 민주주의적 원칙을 따라야 한다. 정당은 정당의 자산과 수입원, 기금과 자산의 사용을 공개해야 한다." 이어 정당법은 결사의 자유라는 권리를 침해한다는 지적이 나올 만큼 당 내부 민주주의에 대한 세세한 규정을 담고 있다. 유럽에서는 헌법에 정당과 관련된 내용을 명시하는 것이 규범으로 자리잡았다. 이에 대해서는 다음의 탁월한 정리를 참조할 것. Ingrid van Biezen, "Constitutionalizing Party Democracy", *British Journal of Political Science* 42 (2012): 187-212. 반 비젠이 지적한 바와 같이, 헌법에 정당에 대한 언급이 없는 나라는 영국, 덴마크, 아일랜드, 네덜란드뿐이다. 가장 먼저 헌법에 정당에 대한 내용을 담은 나라는 아이슬란드(1944년)이며, 오스트리아(1945년)와 이탈리아, 독일이 그 뒤를 따랐다.

36 엄밀히 따지면 정당은 비법인 민간 협회다. 동시에, 누가 정당에 가입할 수 있는지, 누가 예비선거에서 투표할 수 있는지, 여성으로만 후보 명단을 구성하는 것이 가능한지를 결정하는 주체는 내부의 중재 패널이 아니라 법원이다.

37 일부 결사, 특히 종교 집단이 차별금지법의 일부 조항을 면제받을 수는 있지만, 여러 맥락에서 사적인 클럽이라고 해서 내키는 대로 차별을 할 수 있는 것은 아니다.

38 Nixon v. Herndon, 273 U.S. 536, 540 (1927).

39 Adam Przeworski, *Crises of Democracy* (Cambridge: Cambridge University Press, 2019), 63.

40 데니스 F. 톰슨은 주기성, 동시성, 궁극성을 민주주의 선거의 특징으로 꼽았다. "Election Time: Normative Implications of Temporal Properties of the Electoral Process in the United States", *American Political Science Review* 98 (2004): 51-64.

41 Michael Schudson, "Was There Ever a Public Sphere? If So, When? Reflections on the American Case", in *Habermas and the Public Sphere*, ed. Craig Calhoun (Cambridge, Mass.: MIT Press, 1992), 142–63.

42 Jonathan White, "Rhythm and Its Absence in Modern Politics and Music", *German Life and Letters* 70 (2017): 383–93. 화이트는 "제도화된 리듬이 민주주의의 시간의 자율성을 표현한다"고 설명했다.

43 Juan J. Linz, "Democracy's Time Constraints", *International Political Science Review* 19 (1998): 19–37.

44 이에 대한 고전적인 설명은 다음을 참조할 것. Daniel C. Hallin and Paolo Mancini, *Comparing Media Systems: Three Models of Media and Politics* (New York: Cambridge University Press, 2004).

45 Paul Starr, *The Creation of the Media: Political Origins of Modern Communication* (New York: Basic Books, 2004).

46 자유민주당의 안은 67.9퍼센트의 반대로 무산됐다. 영국 전체 국민투표에서 EU 문제와 무관한 유일한 사안이었으나 투표율은 42퍼센트에 그쳤다.

47 Hallin and Mancini, *Comparing Media Systems*, 24. 대중정당에 대해서도 비슷한 이야기를 할 수 있다. 19세기 말에 이르러 대중정당이 없었던 나라에서는 이후에도 대중정당이 생겨나지 못했다. 이 부분을 짚어준 카스 머드에게 감사한다.

48 Victor Pickard, *Democracy Without Journalism?* (New York: Oxford University Press, 2020), 16.

49 Tocqueville, *Democracy in America*, 350.

50 Natan Lebovic, *Free Speech and Unfree News: The Paradox of Press Freedom in America* (Cambridge, Mass.: Harvard University Press, 2016), 10. Benjamin Wittes and Susan Hennessey, *Unmaking the Presidency* (New York: Farrar, Straus and

Giroux, 2020), 60.

51 David M. Ryfe, *Journalism and the Public* (Cambridge: Polity Press, 2017), 50.

52 같은 책, 602. 매우 너그럽게 설명하자면, 정당과 신문 모두 "인식론적 수탁자" 역할을 한다고 할 수 있을 것이다. 정확한 정보를 제공하기도 하지만, 기존의 당파적 신념을 감안하여 그 정보를 해석할 수 있도록 도와주기 때문이다. White and Ypi, *Meaning of Partisanship*.

53 Pickard, *Democracy Without Journalism?*, 18. 피카드 역시 뉴스가 "언론주와 광고주 간의 일차 교류에서 만들어진 부산물, 긍정적인 외부효과"가 되었다고 설명했다. 같은 책, 66.

54 Robert Post, "Data Privacy and Dignitary Privacy: Google Spain, the Right to Be Forgotten, and the Construction of the Public Sphere", *Duke Law Journal* 67 (2018): 981–1073.

55 같은 책, 1036–37.

56 Hallin and Mancini, *Comparing Media Systems*, 34.

57 리프만 자신을 비롯해, 넓은 독자층을 보유한 특약 칼럼니스트 syndicated columnist들이 의견을 표출했던 것은 사실이다.

58 Matthew Pressman, *On Press: The Liberal Values That Shaped the News* (Cambridge, Mass.: Harvard University Press, 2018).

59 Lebovic, *Free Speech and Unfree News*, 161.

60 Pressman, *On Press*.

61 Nicole Hammer, "From 'Faith in Facts' to 'Fair and Balanced': Conservative Media, Liberal Bias, and the Origins of Balance", in *Media Nation: The Political History of News in Modern America*, ed. Bruce J. Schulman and Julian E. Zelizer (Philadelphia: University of Pennsylvania Press, 2017), 126–43.

62 Richard Butsch, "Six Decades of Social Class in American Television Sitcoms", in *Race, Class, and Gender in Media*, ed. Gail Dines and Jean M. Humez, 4th ed. (Thousand Oaks, Calif.: Sage, 2015), 750–65.

63 Poniewozik, *Audience of One*, 25.

64 Upton Sinclair, *The Brass Check: A Study of American Journalism* (Pasadena: published by the author, 1919), 222.

65 이 같은 탈과격화는 이탈리아 공산당이 공산당을 권력에서 배제하도록 만들어진 정치 체제를 옹호하는 수준까지 진행되었다. 이 부분을 짚어준 카를로 인베르니치에게 감사한다.

66 Timothy Snyder, "Fascism Is Back. Blame the Internet", *Washington Post*, May 21, 2018, www.washingtonpost.com/news/posteverything/wp/2018/05/21/fascism-is-back-blame-the-internet/?utm_term=.a73641422a11

67 Katherine Viner, "How Technology Disrupted the Truth", *Guardian*, July 12, 2016, www.theguardian.com/media/2016/jul/12/how-technology-disrupted-the-truth

68 Yochai Benkler, Robert Faris, and Hal Roberts, *Network Propaganda: Manipulation, Disinformation, and Radicalization in American Politics* (New York: Oxford University Press, 2018).

69 같은 책. "보수 엔터테인먼트 집단"이라는 표현은 다음에서 인용한 것이다. Levitsky and Ziblatt, *How Democracies Die*.

70 1980년에는 미국인의 90퍼센트가 주요 방송 채널 가운데 하나를 보거나 들었는데, 2005년에는 이 수치가 32퍼센트로 떨어졌다. Lessig, *They Don't Represent Us*, 79.

71 Stefano DellaVigna and Ethan Kaplan, "The Fox News Effect: Media Bias and Voting" (*NBER working paper* no. 12169, April 2006), www.nber.org/papers/

w12169.

72 Brian Rosenwald, *Talk Radio's America: How an Industry Took Over a Political Party That Took Over the United States* (Cambridge, Mass.: Harvard University Press, 2019).

73 전문가가 생산한 뉴스가 없다고 해서 시민이 반드시 각자 자신의 의지 대로 움직이는 것은 아니다. 잘못된 정보를 생산하는 전문가 외에도, (거짓말 없이) 영향력을 행사하고 돈을 벌면서도 언론인의 규범은 따르지 않는 행위자가 넘쳐난다. 2014년 기준 미국의 전문 언론인은 4만 7000명인 데 반해 홍보 컨설턴트는 26만 4000명에 달한다. 다른 나라에서도 이 비율은 비슷하다. Timothy Garton Ash, *Free Speech: Ten Principles for a Connected World* (London: Atlantic, 2016), 192.

74 Patrícia Campos Mello, "Empresários bancam campanha contra o PT pelo WhatsApp", *Folha de S.Paulo*, Oct. 18, 2018, www1.folha.uol.com.br/poder/2018/10/empresarios-bancam-campanha-contra-o-pt-pelo-whatsapp.shtml

75 Luca Belli, "WhatsApp Skewed Brazilian Election, Proving Social Media's Danger to Democracy", *The Conversation*, December 5, 2018, theconversation.com/whatsapp-skewed-brazilian-election-proving-social-medias-danger-to-democracy-106476

76 Silvana Krause et al., "Die brasilianische Präsidentschaftswahl 2018: Ein neues Paradigma der Finanzierung, Anti-Politik, und Soziale Netzwerke", *MIP* 25 (2019): 106.

77 Freedom House, *Freedom on the Net Report 2019: The Crisis of Social Media*, www.freedomonthenet.org/report/freedom-on-the-net/2019/the-crisis-of-social-media

78 이 부분에 대해서는 제이 로젠에게 많이 배웠다.

79 여기에는 분명 중요한 차이점이 있다. 언론인과 정치인은 쉽게 가까워질 수 있다. 유착 관계까지 가지는 않더라도, 언론인 자신들이 정치 게임의 일부라는 신호를 정치권에 (미디어 비평가 제이 로젠의 표현대로) "요령 있게" 전달할 수도 있다. 반면 의사가 "접근성"을 유지하기 위해서 환자와 결탁하는 일은 (환자가 듣고 싶어하는 진단을 내려주는 것을 결탁이라고 한다면 모를까) 일어나지 않는다.

80 트럼프는 2017년 6월 아이오와 유세에서 "나는 부유한 사람, 가난한 사람 가리지 않고 모든 이를 사랑합니다. 그렇지만 특정한 자리에는 가난한 사람을 앉히지 않을 겁니다. 이해가 되시나요?"라고 말했다.

81 이 질문에 대한 답은 다음과 같았다. "미셸 씨, 관광업은 다시 돌아올 겁니다. 가능한 한 빨리, 강하게, 영국이 회복할 수 있도록 할 것입니다."

82 Clay Shirky, "Stop Press—and Then What?", *Guardian*, April 13, 2009, www.theguardian.com/commentisfree/cifamerica/2009/apr/13/internet-newspapers-clay-shirky

83 Clara Hendrickson, "Local Journalism in Crisis", *Brookings*, Nov. 12, 2019, www.brookings.edu/research/local-journalism-in-crisis-why-america-must-revive-its-local-newsrooms/

84 Sam Schulhofer-Wohl and Miguel Garrido, "Do Newspapers Matter?" (*NBER working paper* no. 14817, March 2009, rev. Dec. 2011), www.nber.org/papers/w14817

85 물론 이런 인식은 앞마당 민주주의front-porch democracy를 낭만화할 위험이 있다. 이웃 간의 분쟁도 얼마든지 크게 격화될 수 있으며, 지역의 문제에 지역적인 해결책으로는 부족한 경우도 많다.

86 지역 신문이 처한 상황이 전국 언론이 처한 상황과 반드시 같지는 않다. 미국에서는 주요 신문으로 간주되는 언론사들이 2016년 이후 '트럼프 효과'

로 인해 이익을 본 것으로 드러났다. 시민들이 미국 민주주의의 미래를 우려하게 되었고 제대로 된 보도에 투자할 의사를 보였기 때문이다.

87 David Runciman, *How Democracy Ends* (New York: Basic Books, 2018), 155.

88 불명예 퇴진한 케임브리지 애널리티카 CEO 알렉산더 닉스의 어처구니없는 하원 청문회 답변("우리는 유권자들이 가장 관심을 갖는 이슈와 정책에 대한 메시지를 받도록 하기 위해 최선을 다했으며 (…) 그것은 민주주의에 이로울 수밖에 없습니다.")도 이 같은 맥락에서 나왔다.

89 Shoshana Zuboff, *The Age of Surveillance Capitalism* (New York: PublicAffairs, 2019).

90 Andrew Guess et al., "Avoiding the Echo Chamber About Echo Chambers: Why Selective Exposure to Political News Is Less Prevalent Than You Think", Knight Foundation, knightfoundation.org/reports/trust-media-democracy/

91 Runciman, *How Democracy Ends*, 158. 레식의 지적대로 "디지털 중독과 관련된 과학은 게임 회사들이 가장 효과적으로 이끌어가고 있다." Lessig, *They Don't Represent Us*, 115. 소셜미디어와 젊은이들의 정신건강에 대한 다음 보고서도 참조할 것. www.rsph.org.uk/static/uploaded/23180e2a-e6b8-4e8d-9e3da2a300525c98.pdf

92 Manuel Horta Ribeiro et al., "Auditing Radicalization Pathways on YouTube", dl.acm.org/doi/abs/10.1145/3351095.3372879; Zeynep Tufekci, "YouTube, the Great Radicalizer", *New York Times*, March 10, 2018, www.nytimes.com/2018/03/10/opinion/sunday/youtube-politics-radical.html

93 Richard S. Katz and Peter Mair, "Changing Models of Party Organization and Party Democracy: The Emergence of the Cartel Party", *Party Politics* 1 (1995): 5-31.

94 Paolo Gerbaudo, *The Digital Party: Political Organisation and Online Democracy* (London: Pluto Press, 2019), 5-6, 14.

95 Runciman, *How Democracy Ends*.

96 Karin Priester, "Bewegungsparteien auf der Suche nach mehr Demokratie", *Forschungsjournal Soziale Bewegungen* 31 (2018): 65.

97 다음 책에서 재인용했다. Gerbaudo, *Digital Party*, 81.

98 Enrico Biale and Valeria Ottonelli, "Intra-party Deliberation and Reflexive Control Within a Deliberative System", *Political Theory* 47 (2019): 500-526.

99 Chris Bickerton and Carlo Invernizzi Accetti, *Technopopulism: The New Logic of Democratic Politics* (Oxford: Oxford University Press, 출간 예정).

100 이 지점에 대해서는 잭 발킨의 글에서 많이 배웠다.

4장 민주주의 다시 열기

1 피게로아 대 캐나다 정부 재판(2003)에서 캐나다 대법원은 모든 정당에 최소 50개 선거구에서 후보를 출마시키도록 요구한 법이 잘못되었다는 근거, 더 넓게 보자면 민주주의 절차에서 소규모 정당의 역할을 지지하는 의견을 제시한 바 있다. 소규모 정당이 개인 참여의 의미를 높인다는 것이었다.

2 "No Joke as Brazil Clown Tops Votes for Congress", *BBC News*, Oct. 4, 2010, www.bbc.com/news/world-latin-america-11465127

3 정치 경쟁에 대한 반독점적 접근에 반대하는 논리 역시 비슷하다. 두 개 정당이 독점하는 체제라도 '정치의 소비자'인 유권자에게 이익이라면 괜찮다는 논리다(독점도 소비자에게 이익이 된다면 괜찮다는 로버트 보크의 주장과 같다).

4 Samuel Issacharoff and Richard H. Pildes, "Politics as Markets: Partisan

Lockups of the Democratic Process", *Stanford Law Review* 50 (1998): 643–717.

5 Brian Klaas, *The Despot's Apprentice: Donald Trump's Attack on Democracy* (New York: Hot Books, 2017), 106.

6 Virginia Alvino Young, "Nearly Half of the Twitter Accounts Discussing 'Reopening America' May Be Bots", *Carnegie Mellon School of Computer Science*, May 20, 2020, www.cs.cmu.edu/news/nearly-half-twitter-accounts-discussing-%E2%80%98reopening-america%E2%80%99-may-be-bots

7 Julia Cagé, *The Price of Democracy: How Money Shapes Politics and What to Do About It*, trans. Patrick Camiller (Cambridge, Mass.: Harvard University Press, 2020), 239.

8 Garton Ash, *Free Speech*, 204.

9 폭스뉴스의 자기포장은 객관성("우리는 보도하고 판단은 여러분이")과 자칭 투명한 편파싱 사이를 오간다. 일례로 빌 오라일리는 노동자 계급의 관점에서 뉴스와 분석을 전달한다고 주장한 바 있다. Reece Peck, *Fox Populism: Branding Conservatism as Working Class* (New York: Cambridge University Press, 2019).

10 같은 책, 69–70.

11 Ingrid van Biezen, "Political Parties as Public Utilities", *Party Politics* 10 (2004): 701–22; Leon D. Epstein, *Political Parties in the American Mold* (Madison: University of Wisconsin Press, 1986).

12 정당과 언론 시스템에 대한 감독은 정치적 균형을 갖춘 기구, 또는 아예 탈정치화된 기구에 위임하는 것이 이상적이다. 그와 같은 초당적인 기구의 임무는 당파성을 감소시키는 것이 아니라 정치적·직업적 경쟁 관계를 규제하는 것이다. 서로 다른 정치적 지향을 가진 구성원들로 규제 기구를 채워야 한다는 의미다. 폴란드의 '법과 정의'당 같은 권위주의적 포퓰리스트 정당은 즉시 규제 기구의 인사에 의회 단순 다수의 원칙을 적용하는 조치를 취했다.

13 Hansen, *Athenian Democracy*, 316.

14 로렌스 레식에 따르면 유의미한 기부자는 미국 인구의 0.5퍼센트에도 미치지 못한다.

15 줄리아 카제의 연구에 따르면, 프랑스와 영국에서 '메가 기부자'에 해당하는 10퍼센트가 전체 기부액의 3분의 2 이상을 기부하고 있다.

16 포퓰리스트들이 공적 자금을 공격하고 있다는 건 놀랍지 않다. 오성운동은 정당에 대한 공적 지원이 실질적으로 중단되는 상황을 초래했다.

17 Cagé, *Price of Democracy*, 74.

18 같은 책, 248.

19 Lawrence Lessig, *Republic, Lost: How Money Corrupts Congress—and a Plan to Stop It* (New York: Twelve, 2011); Bruce Ackerman and Ian Ayres, *Voting with Dollars: A New Paradigm for Campaign Finance* (New Haven, Conn.: Yale University Press, 2004).

20 정당은 여전히 당원들로부터 당비를 받을 수 있다. 당비로만 당을 유지하기가 어렵다고 해서 당비가 중요하지 않은 것은 아니다. 당원을 많이 확보하는 능력에 보상을 지급하는 방향으로 공적 자금 지원 관련법을 만들어갈 수 있을 것이다(독일이 좋은 예다).

21 뉴욕시에서는 소액 기부에 대한 6대 1 매칭 지원 방식이 비슷한 태도를 독려한다. 다만 그래도 기부는 여전히 고소득자에게서 나오는 경향이 크다. 더 나은 시스템에서라면 시민이 주머니 사정이 좋지 않을 때라도 정치 후원금을 내는 행위에 실질적인 기회비용이 따른다고 느끼지 않을 것이다.

22 Markovits, *Meritocracy Trap*, 53. 제피어 티치아웃은 의원들이 매주 근무 시간의 30~70퍼센트를 후원금 모금 활동에 쓰고 있다고 주장한다. *Corruption in America* (Cambridge, Mass.: Harvard University Press, 2014), 252.

23 Sarah Kliff, "Seattle's Radical Plan to Fight Big Money in Politics", *Vox*,

Nov. 5, 2018, www.vox.com/2018/11/5/17058970/seattle-democracy-vouchers

24 물론 선거가 깨끗하게 치러진다는 감각을 하나의 기준으로 삼는 것은 선거의 무결성이 특정 유권자를 배제하는 무기로 사용되는 맥락에서 위험할 수 있다. Pamela Karlan, "Citizens Deflected: Electoral Integrity and Political Reform", in Robert C. Post, *Citizens Divided* (Cambridge, Mass.: Harvard University Press, 2016), 141–51.

25 여론 조사를 준헌법적인 도구로 활용하자는 제안은 다음에서 찾아볼 수 있다. Stein Ringen, *Nation of Devils: Democratic Leadership and the Problem of Obedience* (New Haven, Conn.: Yale University Press, 2013), 202–203.

26 부시는 턱시도 입은 나이 든 백인 남성들로 가득 찬 모금 행사에서 이렇게 말했다. "어떤 사람들은 여러분을 엘리트라고 부르지만, 저는 여러분을 저의 지지 기반이라고 부릅니다." 매해 개최되는 앨 스미스 자선 만찬 행사에서는 자학 개그를 선보이는 것이 관례라고는 하지만, 부시의 농담은 (그가 선보인 다른 여러 농담들과 마찬가지로) 진실을 있는 그대로 드러냈다. www.c-span.org/video/?c4506459/user-clip-haves-mores

27 수신료 폐지안이 무산되기는 했지만, 공공 부문에서 여러 가지 중요한 개혁을 촉발한 것은 사실이다. 정보 수집에 더 많은 투자를 하고, 온라인상에서 무료로 볼 수 있는 문서를 줄임으로써 민간에서 불공정 거래라고 지적해온 행위가 줄어들게 되었다.

28 Julia Cagé, *Saving the Media: Capitalism, Crowdfunding, and Democracy*, trans. Arthur Goldhammer (Cambridge, Mass.: Harvard University Press, 2016).

29 Stephanie L. Mudge, *Leftism Reinvented: Western Parties from Socialism to Neoliberalism* (Cambridge, Mass.: Harvard University Press, 2018), 74–75. 미라보는 뚜렷한 편집 노선을 가진 언론인이었다는 점에서 최초의 현대적 '캠페인 저널리스트campaigning journalist'라고 할 만한 인물이다. 또 다른 예로는 그람시를

꼽을 수 있고, 보리스 존슨도 어쩌면 이에 해당할 수 있다. 물론 마르크스는 종국에 엥겔스라는 자본가의 지원을 받는 혜택을 누렸다. 이 부분의 통찰에 대해서는 카스 머드에게 감사한다.

30 비영리 비당파 저널리즘을 자처하면서도 실제로는 당파적 취재원에 의존한다는 문제도 있다. Magda Konieczna, *Journalism Without Profit: Making News When the Market Fails* (New York: Oxford University Press, 2018), 59–61.

31 Jay Rosen, "Questions and Answers About Public Journalism", *Journalism Studies* 1 (2000).

32 제이 로젠의 통찰력 넘치는 에세이 「미국의 신문과 진실을 향한 비대칭 전쟁America's Press and the Asymmetric War for Truth」에 노먼 온스타인의 말이 인용되어 있다. 많은 영감을 준 이 에세이는 다음에서 볼 수 있다. www.nybooks.com/daily/2020/11/01/americas-press-and-the-asymmetric-war-for-truth/

33 Onora O'Neill, "The Rights of Journalism and the Needs of Audiences", *Kings Review*, March 18, 2013, kingsreview.co.uk/the-rights-of-journalism-and-the-needs-of-audiences

34 Samuel Issacharoff, "Outsourcing Politics: The Hostile Takeover of Our Hollowed-Out Political Parties", *Houston Law Review* 54 (2017): 845–80; Daniel Schlozman and Sam Rosenfeld, "The Hollow Parties", in *Can America Govern Itself?*, ed. Frances E. Lee and Nolan McCarty (New York: Cambridge University Press, 2019), 120–50.

35 내부의 다원주의에 대한 합리적인 판단이 가능해야 한다(앞서 살펴본 바와 같이 다원주의가 까다로운 기준이기는 하다. 내부에 실질적인 토론의 여지가 있는지를 가리는 일은 가능하지만 정당원이나 기자들에게 반드시 다른 의견을 가지고 대립하라는 의무를 지울 수도 없다).

36 민주주의 정치 갈등의 기본이 여기도 역시 적용된다. 반대파도 목소리

를 내되, 다수가 원하는 바를 얻는다는 것이다. 이런 기본을 지키지 않는 정당은 내부 다툼이 많은 조직으로 비칠 것이고 투표소에서 대가를 치르게 될 것이다.

37 '건강한 민주주의Healthy Democracy'라는 비영리 단체가 시민검토단 표준 절차 모델을 개발했다. healthydemocracy.org/cir/

38 John Gastil et al., "Assessing the Electoral Impact of the 2010 Oregon Citizens' Initiative Review", *American Politics Research* 46, no. 3 (2018): 534–63.

39 Lessig, *They Don't Represent Us*.

40 많은 것이 국민투표나 시민 검토가 이루어지는 특정한 상황적 조건이나 더 큰 정치적 구조에 달려 있다. 2018년 한 해에만 641차례의 국민투표가 이루어진 스위스에서는 (밖에서는 이슬람교 첨탑 금지 여부와 같이 비합리적이거나 자유를 제한하는 소수의 사안에 대해서만 소식을 듣게 되지만) 직접 민주주의가 잘 작동할 것이라고 믿을 근거가 충분하다. 국민투표에 대한 최근의 반감은 브렉시트와 같은 기회주의적 일회성 투표, 즉 명백한 제안이 실종된 자문적 성격의 투표이거나, 국가가 기울어진 운동장을 방치한 상태에서 치르게 된 국민투표 때문에 생겨났다. 순서도 완전히 잘못됐다. 내용도 없는 EU와의 조약을 유권자들에게 승인해달라고 한 다음, 정부가 조약의 내용을 협상하도록 했기 때문이다. John G. Matsusaka, *Let the People Rule: How Direct Democracy Can Meet the Populist Challenge* (Princeton, N.J.: Princeton University Press, 2020), 85–87, 150. 도미닉 커밍스는 EU 탈퇴 여부와 명확한 탈퇴안 두 가지를 각각 국민투표에 부쳐야 한다고 제안하기도 했다.

41 과두제하에서 부유층의 권력에 대한 더 직접적인 저항은 '평민 기구'를 표방하는 기구의 설치일 것이다. 고대 로마의 호민관 제도를 예로 들 수 있다. 무작위로 선발된 빈자들로 구성된 패널이 1년에 하나의 법안에 거부권을 행사할 수 있도록 하거나, 특정 로비스트나 의원을 탄핵할 수 있도록 하거나, 한 회기당 대법원의 판결 하나를 거부할 수 있도록 하는 것이다. 이처럼 계급을 확

고하게 드러내고 고착화하는 제도는 앞서 논한 정치적 기회의 평등이라는 개념
과 분명히 충돌한다. 또한 이 같은 제도가 갈등이 이해되는 방식의 변화에 어떤
식으로 대응할 것인지는 불분명하다. 이러한 계열의 제안에 대해 보다 자세하
게 알아보려면 다음을 참조할 것. John P. McCormick, *Machiavellian Democracy*
(New York: Cambridge University Press, 2011); Jeffrey Edward Green, *The Shadow
of Unfairness: A Plebeian Theory of Liberal Democracy* (New York: Oxford University
Press, 2016).

42 Przeworski, *Crises of Democracy*.

43 빌더르스는 결국 특정 인종 집단을 모욕한 혐의로 기소되었지만, 차별
이나 혐오 선동 혐의는 인정되지 않았다.

44 Samuel Issacharoff, Fragile Democracies: Contested Power in the Era of
Constitutional Courts (New York: Cambridge University Press, 2015), 37.

45 전투적 민주의라는 개념의 기원은 다음에서 찾아볼 수 있다. Karl
Loewenstein, "Militant Democracy and Fundamental Rights I", *American Political
Science Review* 31 (1937): 417-32; Karl Loewenstein, "Militant Democracy and
Fundamental Rights II", *American Political Science Review* 31 (1937): 638-58.

46 1933년 공화국 종말에 대한 설명을 살펴보면 중요한 세부 사항이 빠
져 있는 경우가 많다. 특히 제대로 기능하는 민주적 의회가 민주주의 정부의 실
질적인 종언을 승인하지 않았다는 사실은 잊혔다. 1933년 3월에 전권위임법을
통과시킨 독일 의회는 민주적 의회로 볼 수 없다. 이미 의원들이 구속되거나 심
각한 수준의 괴롭힘을 당하고 있었기 때문이다(물론 나치의 '권력 장악'이 민주
적 헌법의 틀 밖에서도 이루어질 수 있었을지에 관해서는 여전히 토론의 여지가 남
아 있다). 나아가 바이마르 공화국에는 극단주의를 억압하기 위한 여러 제도적
장치가 있었고 이것이 실제로 사용되기도 했다. 실제로 나치당은 1923년 금지
되었다가 1925년에 재창당 허가를 받았고, 프로이센의 정치 경찰은 1932년까

지 나치당을 주시하고 있었지만 나치당을 약화하지는 못했다. Gereon Flümann, *Streitbare Demokratie in Deutschland und den Vereinigten Staaten: Der staatliche Umgang mit nicht gewalttätigem politischem Extremismus im Vergleich* (Wiesbaden: Springer VS, 2015), 94. 전투적 민주주의에 대한 서술은 대중이 의식적으로 '극단주의' 또는 노골적인 독재를 투표소에서 선택했다고 너무 쉽게 주장하는 경향이 있다.

47   Edoardo Caterina, "Die Ursprünge des Art. 21 GG: Die Idee der Parteiregulierung in Verfassungsdebatten der Nachkriegszeit", *MIP* 25 (2019): 60-73.

48   Alexander Kirshner, *A Theory of Militant Democracy* (New Haven, Conn.: Yale University Press, 2014).

49   Gerard N. Magliocca, "Huey P. Long and the Guarantee Clause", *Tulane Law Review* 83 (2008): 1-44

50   매카시즘의 공포를 부정하는 것은 아니지만, 큰 타격이 된 쪽은 미국 정부 전복 옹호를 불법화한 1940년의 스미스법이다.

51   전투적 민주주의에는 '자살에 의한 사망 방지 가능성'보다 더 큰 역설이 존재한다. 전투적 민주주의를 가진 나라는 아마도 전투적 민주주의를 필요로 하지 않을 것이고, 전투적 민주주의가 필요한 나라는 전투적 민주주의를 가질 수 없다는 점이다. 달리 말해 가장 강력한 행위자가 민주주의에 대한 심각한 위협(그 위협이 좌우 어느 쪽에서 오건 관계없이)임에 동의할 수 있는 헌법적 맥락이라면, 특히 그 행위자들이 절차의 일부로 동료 평가를 신뢰할 수 있는 상황이라면, '민주주의에 대한 도전은 그 스스로 실패한다'는 민주적인 합의가 이미 강력하게 자리 잡고 있을 가능성이 크다. 반대로 양극화가 심각하고 불안정한 정치 체제, 즉 의견의 대립이 첨예하고 정적의 적법성을 부인하는 경향이 높은 사회에서는 전투적 민주주의가 말이 되겠지만, 바로 그 양극화와 의견 대립 때문

에 전투적 민주주의의 수립이 방해를 받게 된다. 전투적 민주주의가 가능하더라도 동료 평가는 절차에 포함되지 않을 가능성이 크다. 상대 정당을 동료로 보지 않거나 신뢰하지 않을 것이기 때문이다. 이 부분에 대해서는 크리스토프 묄러에게서 많이 배웠다.

52 Issacharoff, *Fragile Democracies*.

53 Svetlana Tyulkina, *Militant Democracy: Undemocratic Political Parties and Beyond* (London: Routledge, 2015), 72.

54 같은 책, 73.

55 베네치아 위원회는 터키 같은 국가를 금지하는 문제와 관련하여 "정치적 필터", 즉 정말로 심각한 위협만을 통과시키는 필터라는 개념을 명시적으로 받아들이고 있다. 다르게 표현하자면 금지가 순수한 법적 결정이 아니라 정치적 판단이어야 한다는 점을 강조하는 것이다. 관건은 정당이, 이를테면 검찰과는 달리 "정치적으로 민주주의적인"(베네치아 위원회의 표현) 견제와 균형의 일부여야 한다는 것이다. '정치'는 여기서 부정적인 의미로 쓰인 단어가 아니라 오히려 정치적 절차, 그리고 동료 정치인을 가장 잘 평가할 수 있는 사람은 정치인일 수 있다는 가능성에 대한 어느 정도의 믿음을 시사하는 단어다. Venice Commission (European Commission for Democracy Through Law), *Opinion on the Legal and Constitutional Provisions Relevant to the Prohibition of Political Parties in Turkey* (2009), www.venice.coe.int/webforms/documents/default.aspx?pdffile=CDL-AD(2009)006-e

56 로런스 트라이브와 조슈아 매츠는 동료 평가의 논리에 대해 다음과 같이 썼다. "어떤 의미에서 의회의 정치적 성격은 덕목이지 악덕이 아니다. 탄핵은 정치인들이 정치적인 문제를 해결하기 위해 사용하는 정치적 처방이다. 정치인들은 정치에 통달했기 때문에 특정 혐의와 더 큰 맥락을 파악함에 있어 솜씨 좋은 판사 역할을 한다. 연방 정부 내에서 권력의 사용이나 남용에 대해 이들보다

더 잘 이해하는 사람, 대통령이 진정 선을 넘었는지에 대해 더 잘 판단할 수 있
는 사람은 없다." Laurence Tribe and Joshua Matz, *To End a Presidency: The Power
of Impeachment* (New York: Basic Books, 2018), 141.

57 Jonathan Quong, "The Rights of Unreasonable Citizens", *Journal of
Political Philosophy* 12 (2004): 314-35.

58 변호를 해보자면, 이들이 공공 토론에 여전히 의미 있는 기여를 하
기 위해 노력하고 있다거나, 이들의 말이 혐오 발언일지라도 발언권을 주지 않
고는 법에 대한 복종을 요구할 수 없다는 이야기가 종종 나온다. 이 같은 관용
의 문제점은 약칭 '혐오자'들이 권력을 잡지 않더라도 여전히 피해자가 존재한
다는 것이다. 법대 교수들은 아프리카계 미국인들이 모여 사는 동네에서 십자
가를 태우는 행위가 민주적 담론의 일환이라고 주장할 수 있겠지만, 그 같은 공
격 행위로 인해 심리적 압박을 받는 쪽은 그런 주장을 하는 법대 교수들이 아
니다. 인종차별적 발언이 '경제적 불안감' 같은 '진짜 문제'를 드러내므로 용서
해야 한다는 사회 문제 전문가들의 진단에는 어딘가 가부장적인 구석이 있다
는 것도 중요한 지점이다. 나아가 동료 시민들의 입지를 부정하지 않고서도 특
정 주장을 펼칠 수 있는 방법이 얼마든지 있다. 발언의 자유를 옹호하는 일부 리
버테리언의 견해는 잠재적 발언자들로 하여금 그 같은 대안을 모색하지 않도
록 독려하는 셈이다(동료 시민에 대한 존중을 저버리지 않고 의견을 표출하는 방
법을 탐색하는 과정에서 스스로의 정치적 입장을 돌아보게 될 가능성 역시 사라진
다. 소수자만이 범죄를 저지르고 소수자가 모든 일자리를 빼앗아 간다는 주장을 증
명하려는 과정에서 경험적 근거가 전혀 없다는 점을 깨닫고 놀랄 수도 있는데 말이
다). Ronald Dworkin, "The Right to Ridicule", *New York Review of Books*, March
23, 2006, www.nybooks.com/articles/2006/03/23/the-right-to-ridicule/. For the
case for hate speech prohibitions, see Jeremy Waldron, *The Harm in Hate Speech*
(Cambridge, Mass.: Harvard University Press, 2014). 2016년 미국 대선에서 인종적

분노가 경제적 지위나 전망에 대한 인식에 어떤 영향을 미쳤는지를 보려면 다음을 참조할 것. John Sides, Michael Tesler, and Lynn Vavreck, *Identity Crisis: The 2016 Presidential Campaign and the Battle for the Meaning of America* (Princeton, N.J.: Princeton University Press, 2018).

59 이 이야기는 다큐멘터리 〈웰컴 투 리스Welcome to Leith〉에 등장한다.

60 이 방면의 여러 기발한 아이디어는 다음을 참조할 것. Corey Brettschneider, *When the State Speaks, What Should It Say?* (Princeton, N.J.: Princeton University Press, 2012).

61 Stephen Gardbaum, "Comparative Political Process Theory" (출간 예정).

62 추가로 한 공화당 인사는 트럼프가 후보를 상원으로 올려보낸 직후, 중요한 선거가 치러지는 한 해 동안 위원회가 정족수를 채울 수 없도록 사임했다.

63 Kim Lane Scheppele, "Autocratic Legalism", *University of Chicago Law Review* 85 (2018): 545-83.

64 마리아 고르니카라는 예술가가 무대에서 사람들에게 헌법을 노래에 실어 부르도록 했는데, 이 무대에는 다양한 정치적 성향을 가진 55인이 참여했다. Susanne Baer, "The Rule of—and Not by Any—Law. On Constitutionalism", *Current Legal Problems* 71 (2018): 337-38.

65 Adom Getachew, "Living Constitutions", *Dissent* (Fall 2020), www.dissentmagazine.org/article/living-constitutions. 다음도 참조할 것. Adam Clinton and Mila Versteeg, "Courts' Limited Ability to Protect Constitutional Rights", *University of Chicago Law Review* 85 (2018): 293-336.

66 우익 민병대보다는 좀 덜 노골적인 예시로는 행정국가에 대한 불복종을 촉구한 다음을 참조할 것. Charles Murray, *By the People: Rebuilding Liberty Without Permission* (New York: Crown, 2015).

67 포퓰리스트가 정권을 잡지 않은 상황에서 법 위반이 부적절해 보일 수

있는 것은 사실이다. 권력을 잡지 않은 포퓰리스트가 공개적이고 의식적이며 널리 알려진 법 위반을 통해 특별히 부당하다고 여겨지는 법을 통과시킬 수는 없었을 것이기 때문이다. 앞서 주장한 대로 기회주의적인 주류가 포퓰리스트들이 요구해온 바로 그 법을 채택하는 경우도 있다. 그렇게 통과된 법에 특별히 반다원주의적인 면이 있다는 사실이 늘 명백히 드러나는 것은 아니다. 앞서 논한 대로, 정책 자체가 포퓰리즘적이거나 반포퓰리즘적인 게 아니다. 그렇더라도 시민 불복종이라는 간접적인 전략을 통해 법을 어김으로써 포퓰리스트가 주류의 기회주의적 경향을 이용해 권력을 잡은 방식에 대해 다수의 주의를 환기하는 것이 가능하다.

68 Amia Srinivasan, "The Aptness of Anger", *Journal of Political Philosophy* 26 (2018): 123-44

69 Erica Chenoweth and Maria J. Stephan, *Why Civil Resistance Works: The Strategic Logic of Nonviolent Conflict* (New York: Columbia University Press, 2013). 물론 상황이 쉽지 않고, 어떤 전략도 결과를 보장할 수는 없다. 저항에 참여하는 이들은 미래에 대한 대안적인 비전을 제시하고, 사회 전반에 걸친 참여를 이끌어내며, 정권 내부 인사들의 이탈을 촉구할 방안을 모색해야 한다. 평균적으로 비폭력 캠페인은 3년가량 지속된다.

70 마거릿 로버츠가 중국에 대해 썼던 것처럼, 영리한 권위주의자들은 가능한 한 노골적인 검열을 피해가고자 할 것이다. 검열은 검열당한 이야기에 시선을 집중시키고 만리방화벽The Great Firewall을 뛰어넘을 인센티브를 제공한다. 더 효과적인 방법은 어마어마한 정보 속에 뉴스가 묻히게 하거나, 인터넷 접속을 느리게 하는 방식 등으로 맞서는 것이다. Margaret Roberts, *Censored: Distraction and Diversion Inside China's Great Firewall* (Princeton, N.J.: Princeton University Press, 2018).

71 다음에서 영상을 볼 수 있다. www.facebook.com/TordaiBencePM/

videos/456964691658893/?utm_source=InsightHungary&utm_campaign
=4265fc2322-EMAIL_CAMPAIGN_2018_12_12_11_00&utm_medium=e
mail&utm_term=0_af2f0a89f2-4265fc2322-106033493

72 Markovits, "Democratic Disobedience."

73 여기에 또 다른 역설이 있다. 만일 민주주의가 유지된다면 저항할 근
거가 없고, 민주주의가 무너진다면 저항하는 이들은 성문화된 권리를 구실로 삼
을 수 없다. 유일하게 가능한 시나리오는 비국가 행위자 가운데 하나가 모든 악
조건을 뚫고 저항에 성공하는 것이다.

74 켐니츠에서 열린 #우리는생각보다많다#wirsindmehr 콘서트 영상은 다
음 링크에서 볼 수 있다. www.youtube.com/watch?v=p4GxBY_uXgg

75 Markovits, "Democratic Disobedience."

76 Peter Beinart, "Left-Wing Protests Are Crossing the Line", *Atlantic*, Nov.
16, 2018, www.theatlantic.com/ideas/archive/2018/11/protests-tucker-carlsons-
home-crossed-line/576001/

77 Robin Celikates, "Disobedience and the Ideology of Civility",
Contemporary Political Theory (forthcoming 2020).

결론: (낙관주의는 아니지만) 민주주의에 희망을 품는 다섯 가지 이유

1 Erik Voeten, "No, People Really Aren't Turning Away from Democracy",
Washington Post, Dec. 9, 2016, www.washingtonpost.com/news/monkey-cage/
wp/2016/12/09/no-people-really-arent-turning-away-from-democracy/; 인터넷상
의 논의는 다음에서 볼 수 있다. www.journalofdemocracy.org/.org /wp-content/
uploads/2018/12/Journal-of-Democracy-Web-Exchange-Voeten_0.pdf

2 Hofstadter, *Idea of a Party System*, ix; Nancy Rosenblum, *On the Side of* *the Angels: An Appreciation of Parties and Partisanship* (Princeton, N.J.: Princeton University Press, 2008).

3 Piketty, *Capital and Ideology*, 959.

4 이 부분은 잭 발킨의 표현에서 빌려온 것이다.

5 Samuel Issacharoff and Pamela S. Karlan, "The Hydraulics of Campaign Finance Reform", *Texas Law Review* 77 (1999): 1705–38.

6 Claude Lefort, *Democracy and Political Theory*, trans. David Macey (Cambridge: Polity Press, 1988), 39.

감사의 말

초고의 여러 부분을 꼼꼼하게 읽고 유용한 코멘트와 제안을 달아준 후베르투스 브로이어Hubertus Breuer, 로빈 셀리카테스Robin Celikates, 피터 지라우도Peter Giraudo, 카를로 인베르니치 아체티Carlo Invernizzi Accetti, 댄 켈러멘Dan Kelemen, 야니스 케브리키디스Yannis Kevrekidis, 스티브 마세도Steve Macedo, 존 모레인John Morijn, 샘 모인Sam Moyn, 카스 머드Cas Mudde, 하이드룬 뮐러Heidrun Müller, 그리고 폽-엘리케쉬Grigo Pop-Eleches, 애니 스틸츠Annie Stilz, 나디아 우르비나티Nadia Urbinati에게 감사의 인사를 전합니다. 혹시라도 빠뜨린 이름이 있다면 미리 용서를 구합니다. 실수가 있었다면 역시 사과드립니다. 책 속의 모든 실수는 당연히 전적으로 저의 책임입니다.

크리스 에이큰Chris Achen, 카를레스 보슈Carles Boix, 찰스 데 라 크루스Charles de la Cruz, 마다브 코슬라Madhav Khosla, 에리카 A. 키스Erika A. Kiss, 마자르 발린트Magyar Bálint, 볼프강 메르켈Wolfgang Merkel, 크리스토프 묄러스Christoph Möllers, 킴 레인 셔펠Kim Lane Scheppele, 폴 스타Paul Starr, 실비아 폰 슈타인스도르프Silvia von Steinsdorff, 발라즈 트렌세니Balázs Trencsényi, 나디아 우르비나티와 나눈 민주주의 이론에 대한 대화에서 큰 도움을 받았습니다. 복잡한 법 관련 질문에 답해준 자말 그린Jamal Greene, 애나 카이저Anna Kaiser, 코리 브렛슈나이더Corey Brettschneider에게 고마움을 전합니다. 미국 언론이 기본적인 민주적 의무를 다하지 못하고 있을 때 줌으로 언론과 민주주의 세미나에 참석해 유익한 토론을 만들어준 제이 로젠Jay Rosen에게 감사드립니다.

오리건 모델에 대해 알려주고, 오리건 모델을 집중적으로 다룬 제네바 학회에 저를 초청해준 네나드 스토야노비치Nenad Stojanović에게도 감사드립니다.

피터 지라우도는 리서치에 큰 도움을 주었습니다. 팬데믹으로 어려운 시기임에도 불구하고 열심히 도와주었기에 그 흔적이 책 곳곳에 묻어 있습니다.

민주주의 방어 산업이 생산한 또 하나의 제품에 그치지 않고자 노력한 이 프로젝트에 믿음을 보여준 출판 에이전트 세라 챌펀트Sarah Chalfant와 세라의 어시스턴트인 제임스 풀렌James Pullen에게 감사드립니다. 담당 편집자 알렉스 스타Alex Star, 카시아나 이오니처Casiana Ionita, 이언 밴 와이Ian Van Wye, 하인리히 가이젤베르거Heinrich Geiselberger에게도 감사드립니다. 특히 알렉스와 하인리히는 저와 수년간 활발한 지적 교류를 나누며, 적절한 압박감으로 저를 이끌어주었습니다.

프린스턴대학교 정치학과, 특히 앨런 패튼Alan Patten 학과장님께 감사드립니다. 2020년, 모든 것이 멈춰섰을 때도 과가 잘 돌아갈 수 있게 애써주신 학과 직원 여러분 감사합니다. 프린스턴대학교 인간가치센터Princeton's Center for Human Values에서도 도움을 주셨습니다.

베를린고등학술연구소Wissenschaftskolleg zu Berlin 바바라 슈톨베르크-릴링거Barbara Stollberg-Rilinger 소장님, 토르스텐 빌헬미Thorsten Wilhelmy 사무총장님께 큰 빚을 졌습니다. 베를린고등학술연구소는 저술 막바지에 시간과 안전한 공간을 비롯한 필수 인프라를 제게 제공해주었습니다. 베를린의 SCRIPTS(Contestations of the Liberal

Script) 연구 클러스터에서도 많은 도움을 받았습니다.

이 책의 많은 부분은 2019년 5월 23일 자 『런던 리뷰 오브 북스』 에 실린 「포퓰리즘과 국민Populism and the People」, 나디아 우르비나티 가 편집한 『민주주의의 미래The Future of Democracy』(Feltrinelli, 2019) 에 실린 「민주주의와 공론장Democracy and the Public Sphere」, 울라지슬 라우 벨라부사우Uladzislau Belavusau와 알렉산드라 글리슈친스카-그 라비아스Aleksandra Gliszczyńska-Grabias, 그리고 지치지 않는 민주 투사 보이체흐 사두르스키Wojciech Sadurski가 편집한 『압박받는 입헌주의 Constitutionalism Under Stress』(Oxford University Press, 2020)에 실린 제 글, 2018년 6월 8일자 『NYR 데일리』에 실린 「이탈리아: 포퓰리즘의 밝 은 면?Italy: The Bright Side of Populism?」, 『철학과 사회 비평Philosophy & Social Criticism』에 실린 「민주주의의 필수 인프라The Critical Infrastructure of Democracy」에서 온 것입니다. 프로젝트 신디케이트Project Syndicate에 낸 여러 편의 글도 이 책에 포함되었습니다. 프로젝트 신디케이트를 통해 오랫동안 함께 일해온 편집자 켄 머피Ken Murphy에게 감사드립 니다.

이 책은 미국의 제45대 대통령과 팬데믹의 그늘에서 집필했지만 트럼프학에 기여하고자 한 글도, 코로나19의 정치적 파장에 대한 탐 구도 아닙니다. 물론 위험한 시대의 흔적이 글에도 남아 있어, "첫 번 째 원칙으로 회귀"할 수밖에 없었습니다. 어려운 시기에 저의 가족은 하나로 뭉쳐 제 곁을 지켜주었습니다. 프린스턴대학교 및 다른 기관 의 제자들은 제게 큰 가르침을 주었고, 민주주의가 최고라는 믿음을 저버리지 않았습니다. 가족과 제자들에게 이 책을 바칩니다.

추천의 글

전 세계 곳곳에서 민주주의가 왜 후퇴하고 있는지 궁금한 이들에게 이 책은 크리스마스 선물과도 같다. 트럼프의 깜짝 당선, 유럽 곳곳에서 놀라운 득표율을 잇따라 기록하는 극우 정당들, 심해지는 양극화와 함께 '민주주의의 후퇴 Democratic Backsliding'는 오늘날 정치학에서 가장 뜨거운 주제가 됐다.

권위주의에서 민주화로의 이행을 연구하던 학자들이 이제 다시 민주주의의 쇠퇴를 연구하고 있다. 그렇다면 민주주의는 정말 후퇴하고 있을까? 이 질문에 답하려면 먼저 민주주의의 필수 요소를 이해해야 한다. 『민주주의 공부』는 가짜 민주주의와 진짜 민주주의를 구분하는 기본 원칙에서부터 오늘날 포퓰리스트 정치 세력이 어떻게 민주주의의 근간을 서서히 파괴하려 하는지를 정확히 짚고 있다.

정치적 경쟁자를 부패하고 사악하며 도덕적으로 결함 있는 사람들로 규정하고 오직 나만이 '진짜 국민'을 대표한다고 선전하는 포퓰리스트의 방식이 어떻게 특정 시민의 자유와 평등을 침해하는지, 자기 편이 이길 수 없으면 정치 시스템 자체가 망가졌다고 주장하는 포퓰리스트의 주장이 어떻게 정치에 대한 시민의 신뢰를 무너뜨리고 정치 혐오를 키워내는지 날카롭게 분석해냈다.

민주주의의 핵심은 이번엔 우리 편이 졌어도, 잘 준비하면 다음에 이길 수 있다는 제도화된 불확실성이다. 『민주주의 공부』는 이러한 불확실성의 제도화를 위해 민주주의의 핵심 인프라라고 할 수 있는 정당과 언론이 해야 할 역할에 관한 사유를 제공한다. 지금 우리 정치에서 희망을 보지 못해 답답한 사람들이 해법을 찾기 위해 꼭 읽어야 할 책이다.

유혜영 | 뉴욕대학교 정치학과 교수

민주주의는 완벽했던 적이 없고, 앞으로도 그럴 것이다. 이 딜레마의 현대적 결과물인 극우 포퓰리즘에 맞서 모범적 민주주의를 '다시 회복'해야 한다는 진단과 제언은 그래서 허무하다. 오히려 오늘날 필요한 것은, 민주주의의 아버지들이 찾으려 했던 '민의를 통치에 반영할 최선의 제도'를 참여자들이 각자의 자리에서 변화하는 현실에 맞게 끝없이 고쳐가는 방법을 배우는 것이다. 이 책은 그걸 위한 교과서다.

김민하 | 작가, 정치평론가

권위주의와 포퓰리즘의 전세계적인 부상과 함께 '민주주의의 위기'라는 말이 부쩍 자주 들려오는 시대, 민주주의는 위기를 과연 극복하고 새로운 모습으로 거듭날 수 있을까? 프린스턴대학교에서 정치이론을 연구하고 가르치는 저자는 고대 그리스 도시국가의 아고라, 모두 민주주의자를 자처하지만 양극화와 포퓰리즘이 득세하는 21세기 정치판과 인터넷을 오가며 민주주의의 본질을 논하고, 민주주의가 여전히 유효한 이유는 무엇인지, 희망의 실마리는 어디서 찾아야 할지를 살핀다. 두 차례의 중요한 선거가 치러지는 2022년, 상대적으로 짧은 민주주의의 역사 속에서 '희망편'과 '절망편'을 압축적으로 경험 중인 한국의 독자들에게도 유용한 통찰을 제공할 것이다.

권채령 | 옮긴이

생동감이 넘친다. 급박한 주제를 다루면서도 강요받은 행진이 아닌 즐거운 산책처럼 읽히는 드문 책. 『민주주의 공부』는 사고력과 관찰력, 분별력을 일깨우는 책이다.

제니퍼 살라이 |《뉴욕 타임스》

저자가 민주주의의 중요한 덕목으로 불확실성을 강조한 점은 특히 유용하다. 쓸모 있는 도발을 걸어오는 책. 뮐러는 민주주의가 자유로운 선거 이상의 의미를 갖는다는 점을 명확히 보여줌으로써 동시대 정치에 대한 독자의 이해도를 높인다.

E. J. 다이언 |《워싱턴 포스트》

『민주주의 공부』는 자유민주주의의 수호자들이 민주주의의 근본적인 원칙과 가치를 되찾아야 함을 우아하고 예리한 언어로 분명히 보여준다.

G. 존 아이켄베리 |《포린 어페어스》

어렵지 않게 읽히면서도 매혹적인 이 책을 통해 뮐러는 독자들이 민주주의가 본래 어떤 체제인지를 잘 이해할 수 있도록 돕는다. 이처럼 광범위하고 지저분하기 쉬우며 논쟁의 여지가 있는 주제를 다룬 책임에도, 저자는 유익한 정보로 가득 찬 간명한 기술로 주요 개념과 이론적 틀을 잘 설명하여 더 넓은 독자층에게 가닿는다. 민주주의는 무엇이고 또 무엇이 될 수 있는지, 민주주의가 어떻게 오용되고 또 강화될 수 있는지, 우리는 어떻게 앞으로 나아가야 할지에 대한 핵심을 담은 책.

《커커스 리뷰》

얀-베르너 뮐러는 이 놀라운 책을 통해 유동적이고 창의적이며 지저분하고도 역동적인 민주주의 정치를 상상하고 있다. 그는 동료 시민들 간에 엄청난 견해 차이가 있을 때라도 서로의 정치 참여 권리를 존중할 것을 호소하고, 공공의 선을 찾아가는 여정에는 끊임없는 성찰이 필요하다고 이야기한다.

로 칸나 | 미국 하원의원

지은이 얀-베르너 뮐러 Jan-Werner Müller

1970년 독일에서 태어났다. 베를린자유대학교, 옥스퍼드대학교, 프린스턴대학교에서 공부했고 2005년부터 프린스턴대학교 정치학과에서 정치이론과 정치사상사를 가르치고 있다. 한국에서 번역된『누가 포퓰리스트인가?』를 비롯해『또 다른 나라Another Country』,『위험한 정신A Dangerous Mind』,『헌정적 애국심Constitutional Patriotism』,『민주주의 경쟁Contesting Democracy』등 여러 권의 저서를 펴냈고《뉴욕 타임스》,《가디언》,《런던 리뷰 오브 북스》,《뉴욕 리뷰 오브 북스》등에 정기적으로 칼럼을 기고한다.

옮긴이 권채령

전직 통번역사. 지금은 라디오 피디로 일하고 있다. 서울대학교 외교학과와 한국외국어대학교 통번역대학원에서 공부했고, 외신 큐레이션 사이트 〈뉴스페퍼민트〉 필진으로도 활동하고 있다. 역서로『우리는 멈추지 않는다』,『마지막 전쟁포로』등이 있다.

민주주의 공부

개나 소나 자유 평등 공정인 시대의 진짜 판별법

펴낸날 초판 1쇄 2022년 4월 1일

지은이 얀-베르너 뮐러

옮긴이 권채령

펴낸이 이주애, 홍영완

편집2팀 최혜리, 박효주, 홍은비, 김혜원

편집 양혜영, 유승재, 문주영, 장종철, 김애리, 강민우

디자인 박아형, 김주연, 기조숙, 윤신혜

마케팅 김미소, 김태윤, 김예인, 김슬기

해외기획 정미현

경영지원 박소현

펴낸곳 (주)윌북 **출판등록** 제2006-000017호

주소 10881 경기도 파주시 회동길 337-20

전화 031-955-3777 **팩스** 031-955-3778

홈페이지 willbookspub.com **전자우편** willbooks@naver.com

블로그 blog.naver.com/willbooks **포스트** post.naver.com/willbooks

페이스북 @willbooks **트위터** @onwillbooks **인스타그램** @willbooks_pub

ISBN 979-11-5581-456-7 03340